はじめに

東日本大震災から一〇年の月日が流れた。まずは犠牲になられた方々のご冥福をお祈りするとともに、厳しい生活が続いているすべての人々の安心と安全を一緒に願いたい。

あの日、何もかもが流されて変わり果てた野田村を目にしたときの驚きと戸惑い、そして、あの日からの言葉にできないような苦しみや悲しみは、おそらく私だけでなく野田村のすべての人々にとって今も昨日のことのように甦ってくるだろう。一方で、あの日から、村の中に多くの方々が入り、後片付けを手伝い、仮設住宅での生活を支え、そして、復興住宅での交流を通じて関係をじっくりと紡いできた。私自身、村外からの皆さんと交流しながら、村外の皆さんとともに歩んで来られたことに充実した気持ちも抱いている。

本書は、大津波で被災した野田村に駆けつけ、そしてそれ以来村民との協働を重ねながら野田村の復興まちづくりに関わっている方々との一〇年にわたる活動の記録である。具体的には、八戸工業高等専門学校を中心とした八戸の皆様、弘前大学を中心とした弘前市の皆様、また、阪神・淡路大震災の被災地兵庫県西宮市の災害NPO・認定特定非営利活動法人日本災害救援ボランティアネットワーク（NVNAD）や大阪大学、京都大学、関西学院大学など関西の皆様と一緒に結成したボランティアネットワーク「チーム北リアス」の活動の記録である。また、野田村に拠点を設置し学生さんの教育・研究を通して野田村の方々と交流し、さらには協定を締結して将来にわたって持続的な関係を約束している大阪大学大学院人間科学研究科の皆さんとの活動記録である。

本書は、編者二人の目を通して、この一〇年間を振り返るところから始まっている。まずは、事実関係はもとより、二人の出会い、復興への想いの部分を中心に、全体の流れを掴んで頂ければと思う。その後、全体は二部から構成される。第一部は「チーム北リアス」に焦点を当て、四人の共同代表がそれぞれに展開してきた特徴的な活動を紹介してもらった。さらに、津波で流された写真を洗浄して持ち主に返す活動を継続しているチーム北リアス写真班の取り組みを紹介した。各章の間には、活動の中で出会った野田村の村民の中から、農業に関わる人々、漁業に携わる人々、商工会の人々、そして、各所で活躍する女性の方々に集まって頂き、共同代表との座談会を開催し、その様子を収録した。ちょうど新型コロナウイルス感染症が蔓延している時期となり、座談会はすべてオンライン開催となった。第二部は大阪大学との関係を四つのテーマに分けて紹介した。最初の二つは大阪大学が野田村に開設した「大阪大学野田村サテライト」を拠点として展開された大学院生のフィールドワーク実習「コミュニティ・ラーニング」、および、五年間にわたり毎月の月命日に開催された「サテライトセミナー」である。続いて、大阪大学の教員と野田村の村民が取り組んできたコミュニティラジオ「のだむラジヲ」の軌跡を振り返り、最後に二〇二一年現在も実施されている「野田学」の試みを紹介した。巻末には、これまでチーム北リアスや大阪大学の野田村での活動について執筆したり、国内外の学会等で発表してきた記録を一覧で付した。

思えば一〇年にわたって様々な紆余曲折があった。災害復興といっても定型があるわけではない。まずは、岩手県野田村で村民と外部の人々が懸命に取り組んだ姿をお伝えし、これからも起こるであろう災害への備えになればと願っている。

貫牛利一

目次

第2部　大阪大学の取り組み

第1章　五〇にして天命を知る

毎年、夏が来ると大阪大学の大学院生がコミュニティ・ラーニングという授業で野田村にやってくる。大阪大学野田村サテライト（現交流センター）に集まった一五名ほどの学生に対して、まずは貫牛が野田村の現状を報告することになっている。

「貫く牛と書いて、貫牛《かんぎゅう》です。」

と大きな声で挨拶し、元号の変わるときの内閣官房長官のように、「貫牛」と縦書きに大書したシートを見せる。ちょっと緊張して座っていた学生たちは少々戸惑いながらも緊張がほぐれた様子。私が津波の前の野田の様子、津波のこと、そして、津波から復興してきた姿を伝えると、熱心すぎるぐらいに聞き入ってくれる。今年の学生も素直だなぁと感じる。大津波の碑や資料室といった東日本大震災関連施設、十府ヶ浦海岸やマリンローズパークなどの観光地も紹介し、野田塩や荒海ホタテをはじめ数々の特産品を知ってもらう。野田塩ソフトも是非食べてほしいというところで、一旦熱弁も休止。そこから方言講座をやることにしている。「くるびあじがする」というのは、クルミのような味がする＝美味しいという意味の方言だ。もはや高齢者しか使わなくなっているが、野田に滞在すれば、高齢者と話をする機会もあるだろうし、地元のアクセントで言うと「きっとウケるよ」と教えて、みんなで練習する。

野田に生まれ、野田で育ったけれど、野田が全国的には知られていないことを少し恥ずかしく思ったこともあった。いつも「八戸の下です」とか「久慈の下にある村です」などと紹介していたものだった。でも今はこうして毎年、大阪や弘前、八戸、東京など全国から来てくれる学生さんに話したり、興味をもって滞在してもらう機会を作らせて頂いている。

東日本大震災の被災は、本当に悲しいし、悔やんでも悔やみきれないことがたくさんあるが、頑張って復興して多くの皆さんと語り合い学び合っていきたい。そして、そんなことがあちらこちらで起こっている村になっていければ、少しは救われるような気がする。

東日本大震災の被災地となった岩手県九戸郡野田村では、八戸、弘前、関西のボランティアたちが結成したチーム北リアスと大阪大学の未来共生プログラムを中心とした学生や教職員が一〇年にわたって活動を展開してきた。今も、チーム北リアスの構成団体による恒例行事（例えば、シャレットワークショップ）や大阪大学による大学院の実習（コミュニティ・ラーニング）など、村外から多くの若者が集う機会がある。

本章では、野田村に生まれ育ち、地元で様々なまちづくり活動に取り組んできた貫牛利一と、阪神・淡路大震災で被災して以来、災害ボランティアに注目して実践と研究を行ってきた渥美公秀の視点から、その時々の活動に賭けた想いや、活動の背景にあるねらい、そして、これからの展望を伝えたい。二人は、二〇二〇年七月一八日、二五日、二七日にそれぞれ二～三時間程度、手元にはチーム北リアス活動年表や当時の手帳などを置いて随時振り返りながら、オンライン会議を通じて一〇年間を振り返る作業を行った。本書の編集作業を補助している大門大朗氏（京都大学防災研究所）と大阪大学から渥美とともに野田村での活動を展開してきた石塚裕子特任講師が同席し、事実確認などに参加した。会議は音声とともに録画され、文字起こしを整序した上で、貫牛、渥美が確認を行った。それを渥美が再構成し、貫牛が校閲した。この手法は、木村・西風（二〇一九）において、人類学者である木村が、被災地のリーダー西風氏と七年を振り返り、テープ起こしをして、テーマを選んで整理したことを参考にしつつ、さらに一歩踏み込んで、二人が登場する物語として再構成を試みたものである。

一　天命を知っていく二人

東日本大震災と野田村、チーム北リアスを語る上で主人公となる貫牛利一は、一九六一年六月、岩手県野田村に生まれた。その後就職で野田村を離れることはあったが、その期間も短く、人生の大半を野田村に拠点をおいて過ごしてきた。東日本大震災が発生した時、貫牛は、久慈市の職場で仕事をしていた。

一方、渥美は一九六一年八月、大阪に生まれ大阪で育った。神戸大学に勤務しているときに阪神・淡路大震災に遭い、認定特定非営利活動法人日本災害救援ボランティアネットワーク（ＮＶＮＡＤ）を設立して代表を務めている。東日本大震災が発生した時は、前年の秋から滞在していたカリフォルニア大学ロサンゼルス校で一報を聞いた。滞在を中断して、災害ＮＰＯの一員として野田村を訪れたのは三月二三日だった。

渥美たちが訪問したことが三月二四日の地元紙デーリー東北に写真入りで掲載され、貫牛はその記事で初めて渥美の姿を見ることになった。

津波から一ヶ月ほどが過ぎた頃、群馬県から来ていたボランティアが、貫牛さんは地域のキーパーソンですよ、一度お会いになった方が……と渥美に紹介する。活動に奔走していてなかなかお互いに会える日が見つからなかったが、ついに五月六日、二人で会うことになった。貫牛が指定した場所は、久慈市内の「ひさご」。八〇歳になるご夫婦が長年営んでいる居酒屋だ。大阪大学の教授様に失礼のないようにといつもより少し早くやってきた貫牛。一方、渥美も地域のキーパーソンだといえばきっと貫牛様も威圧感のある人だったりするのかなぁ、ボランティアはけしからん！など一喝されたりしないかなぁなどと心配しながら到着。内ポケットには、活動の趣旨や見通しを整理したメモを認めていた。

まぁまぁまずは一杯などと始まったけれども、お互いが相手をかなりの年上だと感じて遠慮し、必要以上に緊張していた。被災状況に関する対話も、ボランティア活動に関する情報交換も、いかにも情報交換といった具合で、妙に堅苦しかった。それでも、阪神・淡路大震災の時は駆け出しの教員でしたとか、今息子が小学校で野球をやってましてなどと会話の端々に年齢を探り合うやりとりもあって、ついに、二人は偶然にも同学年だと知ることになった。このことはどちらにとっても驚きだった。初対面の会話とはそんなものかもしれないが、同学年ということから急に距離が縮まって、互いに危惧していたことを出し合っていった。

「ボランティアさんっていろんな形のボランティアさんがあると思うんだけど、やはり地元を知らない中で活動してもらうので、案内人がつかないとなかなか活動できないみたいで。」

「そうでしょうねぇ。」

「実は、単発の場合、言葉は悪いですけど手間だって思えば手間ですっていうのも現場の気持ちではありますね。」

「そうですよね。でも言えないですよね。」

「そうそう。」

「われわれの団体としては、今日、明日っていう単発ではなくて、五年あるいは一〇年というスタンスで関わりたいと思っています。」

「着替えとかどうされてますか？毎回ボランティアバスの中というわけにはいかないでしょ。」

「確かに、バスで着替えるのは大変です。また、毎回同じ道具を運んだりするのも無駄に思えます。だから、野田村に拠点となる場所があればいいなと思っています。」

「なるほど。」

「国道四五号沿いのあの建物はどうでしょう？」

「いやいや、あそこは次にまた地震や津波があると危ない。今回もギリギリ津波が来たから……。」

「え、あそこまで？」

「そうなんです。そこで一つの案なのですが、私の自宅の庭に〝猫の額ほどの土地〟があるんですけど、そこを拠点にされてはどうですか？」

こうして一時間ほどの間に意気投合。なんでも貫牛の自宅は仮設住宅が建設されることに決まった野田中学校のすぐ近くだという。そうであれば、今後の支援活動にとっては絶好の場所である。しかし、貫牛は猫の額ほどの土地だと謙遜。実際、どの程度の広さなのか。貫牛からは、拠点にされてはどうかとのこと。ただ、こちらとしては厚かましいにも程がある。また、拠点に使わせてもらうなら支払いもあるし……と渥美は戸惑いを隠せない。とりあえず

「貫牛さん、ありがとうございます。では、明日、お訪ねします。」

と言って初会談は終わった。

翌日、渥美が貫牛の自宅を訪問してみると、なんとも広大な敷地に田んぼと畑が広がり、その奥に貫牛の自宅が建っていた。その一部について農地転用を申請して、無償で貸すから拠点として使えという。渥美は所属する災害NPO（NVNAD）に電話連絡を入れ、その場所に拠点のプレハブを建てることを即決した。

出会ったその日から、「一〇年は関わる！土地を貸す！施設を建てる！」とお互いの本気度を確かめ合うような場であった。二人は当時ともに四九歳。それからの一〇年、五〇歳代という時間を、お互いに支え合いつつ切磋琢磨し、野田村の復興に賭けてきた。「ひさご」の夜から、二人の天命を知る時間が始まった。

二　チーム北リアスの結成

渥美は、津波当初から野田村で救援活動を展開していた青森県八戸市の八戸高専や八戸工業大学を中心としたグループ、また、青森県弘前市の弘前大学を中心としたグループを訪問し、関西（日本災害救援ボランティアネットワーク（NVNAD）、大阪大学、京都大学、関西学院大学等）のボランティアたちとの緩やかなネットワーク形成に奔走していた。八戸チームも弘前チームも前向きな反応で、「協力し合って一緒にやりましょう」との発言が出た。このことには、生涯忘れることのない感激を受け深く感謝している。まもなくネットワークができ、「チーム北リアス」と命名された。拠点は、「ひさご」の夜に決まった貫牛の自宅。六月一一日には拠点においてチーム北リアスの事務所開き、そして、八月二六日には、役場や仮設住宅の住民をも交えてバーベキューパーティを盛大に行っている。チーム北リアスは、八戸、弘前、京都、西宮からそれぞれ一名が出て共同代表制をとり、貫牛は、チーム北リアス現地事務所長に就任。渥美は、災害NPO（NVNAD）の代表でもあり、かつ、大阪大学のチームのリーダーでもあったので、共同代表には就いていない。チーム北リアスの唯一のルールは、お互いの活動を批判しないということだけであり、これは今も続いている。

ボランティアは野田村の外からやってくるので、よそ者だとわかる。しかし、当時、野田村にはボランティア以外にも作業員や応援職員など様々な方々が村外から訪れていた。そこで、お手伝いするよそ者としてのボランティアであることを一目でわかるようにしたいという貫牛のアイデアで、チーム北リアスのメンバーは黄緑色のウィンドブレーカーを着ることになった。村民からすれば、あの色を着ている人はボランティアさんという具合にわかるから安心という訳である。ボランティア団体や災害NPOは、ともすれば、他の団体とは異なる独自の支援活動を展開していきたいと思う場面もあるようだが、チーム北リアスでは、野田村の方々にどう映るのが良いかという点を中心にして、慎重に検討された。現在採用されているロゴマークは、学生ボランティアから「寝台特急のマークっぽくてレトロ！」などと言われた。ただ、目立つので採用され、ウィンドブレーカーの色とともに野田村の皆さんには馴染みのマークとなっていった。

本書の第一部ではチーム北リアスの様々な活動について紹介していく（巻末の年表も参照）。一〇年という節目で貫牛は、「共同代表の方々との目指す所がぶれていないことで一〇年続いてきたということではないか」とチーム北リアスを総括している。

三　一年目　奔走し、仕掛ける

チーム北リアスでは、野田村に最も近い八戸チームが連日日帰り、バスで数時間の弘前チームが毎週日帰り、そして、関西チームは、片道一八時間におよぶバスで月に一～二回ほど二泊三日程度で野田村を訪問して活動を展開していった。現地事務所長となった貫牛も、大阪大学として大きく動き出す前の渥美も、まずはチーム北リアスの一員として活動していった。渥美は、七月までのアメリカ滞在を返上して帰国していたので、野田村にずっと滞在するスタイルを続け、ほぼ毎日、野田村での活動を展開していた。貫牛とは連日ずっと顔を合わせていたわけではないが、一日の終わりには活動の様子を貫牛に報告しながら過ごしていた。大阪で乗っていた自家用車も野田村に乗って来たまま現地でチーム北リアスのロゴを貼って使っていた。

「今日、車で村の中を通ったら、『渥美先生だ』と声をかけられました。やっぱりロゴが目立つんですかねぇ。この前は子どもが手を振ってくれました。」

「野田の人たちは、徐々に時間が経って、付き合いがわかってくれば、そうやってどこの誰々って思うんだよね。活動を継続して繋がって一緒にやっていけるもんだよねっていうのを知らせた方がいいし、あとは動きながら、その中身をチーム北リアスの内部で調整したり共有したりっていうふうな手法がいいんじゃないかなって思いますね。」

一方、貫牛も関西での活動を展開する。最初に大阪にやってきたのは二〇一一年八月二〇日。テレビ局の東北支援番組の関係で地元産品を売るという活動であった。その後、大阪生野コリアタウンではチヂミとマッコリ、上町台地でお好み焼きを食べて、ついにはお好み焼き台を持ち帰るということになりプロパンガス用に改造・調整してもらった。このときのお好み焼き台は後日様々な活動に登場する。また、京都大学で開かれた日本グループ・ダイナミックス学会では、その後チーム北リアスセッションとして恒例化するセッションが立ち上がり、学会の題字を書いていた大学院生を野田村に招き、書道教室を始めることが決まったりした。野田村で積極的に仕掛けていった活動の種を仕入れていった時期だった。

こうして、貫牛と渥美は様々な活動を仕掛けていった。チーム北リアスが仮設住宅で展開していた交流会を月例会として定例化した。すると、月例会での何気ない会話から様々なニーズが読み取れた。大阪から持ち帰ったお好み焼き台を仮設住宅に持ち込んで「お好み焼きを焼いて三〇〇年第一三代」との触れ込みで大阪の上町台地で活動していたまちづくりプランナーに関わってもらうこともあった。お好み焼き台を囲んで交わされる会話からは、新しい復興まちづくりへの声が聞こえてきた。さらに、仮設住宅の住民がお好み焼きの作り方を学ぶことで、お好み焼き台を通じた住民主体の交流の場づくりができそうな気配も漂うようになった。救援物資として提供された大人用おむつを貫牛の運転するトラックに渥美が乗り込み、雪の降るクリスマスイブに東京まで受け取りに行って野田村で配布した「ホワイトクリスマス」は今でも語り草だ。また二人は、招待を受けた日帰り旅行に仮設住宅の皆さんと一緒に参加することもあり、二人で共同作業をすることそのものに喜びを感じていた。村民にとっても、いつも野田村にいる渥美、いつも一緒に活動している貫牛と渥美というイメージが定着していった。

チーム北リアスの活動も様々に展開され、秋を迎えた。この頃になると、二人は目的を絞っていった。そこには、長期的に見て野田村全体の復興へとつなげるためには、直接津波の被害を受けていない村民の声も聞くべきであるとの想いがあった。そこで、仮設住宅を中心とした被災者に集中しがちであったチーム北リアスの活動を、被害と無関係に参加できる場に変えていくための仕掛けづくりをしていった。例えば、書家でもあった京都大学の大学院生（当時）に、被災地支援とは無関係そうに見える書道教室を（仮設住宅ではなく）役場近くの会場で開いてもらったのは、被害の有無に関わらず多様な住民が集う場をつくることを目的としていたからであった。無論、試行錯誤の活動であって、個々の活動から明確な成果が生まれたかどうか検証するすべもない。ただ、チーム北リアスや外部支援という存在が野田村の将来にとって意味をもつ一つの選択肢として認識されていったことは確かであろう。

四　貫牛の「譲れない点」

渥美は、貫牛と一緒に活動することを通じて、貫牛には譲れない点があるのだと気づいていった。それは、「役場だけが野田村のすべてではない」という点で、そのように言葉として出てくることもあれば、活動の姿勢の中に垣間見えることもあった。渥美にとっても行政を中心とした復興だけがその地域の復興ではないという点は、阪神・淡路大震災での被災以来、各地で身に染みて感じていたことだったので、貫牛に深い理解と強い共感を示していた。大切な点は、役場や社協、商工会などの諸団体に対抗するというつもりでは断じてないこと。そうではなく、役場などの支援も活用しながら、野田村民による野田村民のための野田村民の活動が多様に展開されることこそが野田村の復興にとって有意義だと考えていたのである。実際、二人の活動もチーム北リアスの活動も役場から依頼を受けて行ったものでも、災害ボランティアを統括することになっている社会福祉協議会から依頼を受けたものでもなかった。

最初の二年は、文字通り、無我夢中の怒濤の時期であった。被災地野田村の現状はまだまだ大変で、チーム北リアスのボランティアが取り組む活動も次から次へと拡がり、貫牛・渥美のコンビもアイデアをどんどん出しながら、ありとあらゆる活動に取り組んでいった。そして、その成果をまとめて国内外の学会で発表するようにもなった。そこにもう一組のパートナーとなる大阪大学が加わっていくことになった。

五　大阪大学未来共生とサテライトセミナー（二〇一三年〜二〇一八年）

二〇一三年から大阪大学では、未来共生イノベーター博士課程プログラムが始まり、渥美もそのメンバーの一人となった。チーム北リアスに拠点を提供した貫牛は、大阪大学からサテライト教室を建てたいという要請にも応じ、「大阪大学野田村サテライト」を敷地内に建設することに協力した。その結果、冒頭で貫牛が触れている夏の実習授業（コミュニティ・ラーニング）が野田村で企画された。また、プログラムの特任助教であった石塚の全面的サポートを得て、サテライトセミナーが毎月一回、五年間にわたって継続的に開催された（第八章参照）。

「最初は石塚先生もまだ本格的には関わっていただける状況ではなかったので、学生さんらと細々とやってました。なかなか大変でした。」

「そうだよね。サテライトセミナーというものが当初は村民が希望を持てるような事例の紹介とか、村民が知っておくと便利な情報とかいろんなものが準備されているんだけど、先生方が工夫をしてくれている割には参加者が限定されていましたね。」

「半年ほど経って秋ぐらいにセミナーの次の展開なんかを貫牛さんといろいろと議論したような気がしますね。」

「確かに、いろいろな人のお気持ち、その気にさせると言うか自ら立ち上がってもらうというか、そういうことには粘り強くきちっと向き合って継続して行くしかないという話ですよね。」

「石塚先生と年間計画を立てて、村民計画というのも立ち上げたりしてね。」

「そうそう。短期間だと押し付けになったかもしれないけど、先生たちがずっと続けたというのがよかった。」

「単発だと、確かにやった感はあるけれども、その気になるっていうスイッチが入るところまではいかなかったかもしれないですよね。」

「サテライトセミナーという機会を通じて、いろんな皆さんの外の力を借りて、また新しい村づくりにつながっていけばよかったんだけど、まだまだ拡がりには欠けていましたね。」

「五年間続ける中では、村の人に企画して頂く村民企画なども始めて、楽しく学ぶ機会も増えていったんだけど、拡がりという点ではなかなか難しかったですね。」

「そうだよね。」

「六〇回で一旦終わりましたが、今度は住民の方々が主体となって色々なセミナーを開催できればいいですね。大阪大学としてもOOS協定（第九章参照）を結んでくださっている間柄として協力していきたいと思っています。」

六　五年を前に

二〇一五年も押し詰まってくると、津波から五年という節目が見えてきた。「ひさご」で渥美が「五年、一〇年と関わります」と言っていたその五年がやってきたわけである。二〇一三年から始まった大阪大学サテライトセミナーも二年目となり、ようやく定着してきた。また、東日本大震災直後に地元野田村の情報が不足した教訓から、コミュニティFMの開局準備会「のだむラジヲ開局準備会」が結成され、貫牛とともに野田村民から有志が数名、渥美、石塚など外部からもメンバーに加わって、地元でのFM局の開設に向けた動きが活性化した。

チーム北リアスとしても、それまでの五年間でできたことを振り返り、今後行うべきことを話し合っていくことになった。二〇一五年一一月一三日、東京有楽町にある岩手県関係の企業の入るビルの会議室に集まったのは、チーム北リアス共同代表四名、チーム北リアス現地事務所長貫牛、そして、大阪大学から渥美と石塚であった。これまでの五年を振り返る場面では、多様な活動をしてきただけに、互いの活動が見えにくくなってくるので、情報共有をもっと密にしていくべきだが、チーム北リアスとして一元化する必要はないという意見が共通していた。

貫牛は、ここで「チーム北リアスが緩やかな連携がとれたことは素晴らしい。連続して来てくれるという安心感がありがたい。二年目以降、それぞれの団体のカラーが出てきている。チーム北リアスとして情報共有することに意味がある。統一は必要ないのでは」と発言している。チーム北リアスが野田村の人々にとって目には見えない財産になっているという評価も貫牛から出た。今後に向けて、地元の人間である貫牛自身がやりたいことをやっていってはどうかという声が上がり、貫牛もきちんとした組織・会社を立ち上げたいと応じたのもこの会議であった。

第二回会議（二〇一六年一月二二日）も東京で開催されたが、今後の活動についてチーム北リアスの構成団体が報告し始めると、それぞれにつきあいのある野田村の人々や団体が異なること、団体の財政状況も異なることから、五年経過するからといって何もチーム北リアスとして統一した活動をすべきだということではないと改めて実感できた。貫牛も「設立当初は、五人が五通りの説明をするよりは、一人が一人に言えば、同じ想いがすべて伝わるようにという思いで創った団体であるが、五年経過してくると、受け手の野田の人も変化し、つきあい方も変化してくる」と感慨深く述べた。もちろん、野田村の人々が逆にチーム北リアスの各団体の都合によって分断されてはいけないという当然だけれども重大な指摘がなされ、それを踏まえて活動を継続することになった。

八戸高専で開催した第三回会議（二〇一六年二月一六日）で六年目以降のチーム北リアスの活動を決定することになった。その結果、第二回会議で示されたように、それぞれの団体がそれぞれに活動を継続するということが確認された。この頃、ようやく仮設住宅からの高台移転がピークを迎える時期に入っていた。そこで、チーム北リアスとして、仮設住宅への引っ越しで行ったように、今度は高台の復興住宅への引っ越し支援を展開することが提案された。もはや多くのボランティアが各地から駆けつけるような時期でもなく、各団体の代表が交代で相談に応じる活動となった。

この時期から一〇年目の今日まで、チーム北リアスを構成する団体や学生ボランティアが大勢やって来てチーム北リアス現地事務所を活用して村内でボランティア活動を展開するという流れは止まっている。しかし、チーム北リアスは、会議で合意したとおり、最初の数年で築き上げた村民との信頼関係のもとで構成団体それぞれが恒例となった活動を継続してきている。具体的には、年表（巻末）に見られるように今や恒例の行事となった夏の宿泊学習（弘前チーム）、シャレットワークショップ（八戸チーム、京都大学）、夏祭り参加および子どもたちの野田村-西宮交流（日本災害救援ボランティアネットワーク）などである。

大阪大学との関係も二〇一八年にサテライトセミナーが第六〇回を迎えて終了した。その後は、冒頭で触れたコミュニティ・ラーニングという夏のフィールドワーク実習は継続している。また、野田村と大阪大学のOOS協定に基づく交流活動の一環として「野田学」が継続している（第九章参照）。

七　のだむラジヲの盛会と休止

津波から五年という節目とピッタリ重なるわけではないが、先述したのだむラジヲ開局準備会にも変化が見られた。初期の活動として、県域に放送しているエフエム岩手との共同番組作りや野田村でのイベントにおける試験放送などを経て、二〇一六年からは岩手県の助成金も得て動きが本格化した。実際、のだむラジヲもようやく村民に浸透し始め、スタジオが必要だという盛り上がりを見せつつあった。しかし、二〇一八年頃から活動は低迷し、現在では休止している。

もちろん、地元の情報を確保し共有することが目的であったので、ラジオ電波、受信機、アンテナといったことにそれほど強いこだわりはなかった。が、結局免許取得の難しさ、あるいは資金調達の難しさというよりも、何より放送する人の確保が問題であった。貫牛は、公共的な機能だと思ってもなかなか自分のこととして考えてもらえるようになるのは難しいと悩んでいた。外部からの参加者としての渥美は、資金の問題でも人材確保の問題でももっと素早く解決できるのではないかと思うこともあったが、じっくりと取り組む野田村の方々の姿勢に合わせることこそ大切だと判断していた。

しかし、今から振り返れば、例えば、どこかのタイミングで役場をうまく巻き込むこともできたのではないかという思いが残る。もちろん、自治体行政の予算に頼らず、野田村民の村民による村民のための独自のメディアであろうとする譲れない考えがあったことは言うまでもない。

「やっぱり手をあげた限りは声を出した側の責任として民間の力でやっていこうという考えが、野田村のメンバーの皆さんの心の底に流れていたということですかねぇ。」

「そういう意味ではやれるところまでは自分たちがやるべきじゃないかなって思いもありましたね。」

確かに、メンバーの誰かがどこかで何が何でも開局だと決断できれば開局が実現したのかもしれない。しかし、ようやく野田村が落ち着いてくる時期に、誰がどこまで何について本気になれるかが改めて問われる場を経験したように思える。

八　改めて振り返り、次の一〇年に向けて

東日本大震災から一〇年目となる二〇二〇年は、新型コロナウイルスによる感染症が蔓延し、貫牛も渥美も画面越しに話すことが多くなった。

「貫牛さん、この一〇年間で何が変わったのかなぁ。」

「津波の前までは、地域に仕掛けていくっていうことがちょっと足りなかったかな。敏感に動く人と、これをやらなければならないのにっていうところでちょっと尻込みをするような人がいて。」

「そこへ大津波。」

「そして、先生たちのように、外からたくさんのボランティアが来てくださった。」

「すると、次々と新しいことに関わっていく人たちがどんどん出てきた？」

「とはなかなかうまくいかないよね。全ての人たちが一緒にやらないまでも、互いに認め理解し合うというのが理想の地域なんだよなぁ。」

「でもこの一〇年で随分変わったという実感はありますか？」

「震災前にあるべき姿だと思っていたことがようやく一つずつできてきて、二〇一一年以前よりは比べ物にならないくらい強くなってきたように思う。それが自分としての一〇年の財産かなというふうに思ってる。」

「じゃあいつものように、振り返るだけでなくって、これからのことを夢のように語ることにしましょう。まずせっかくオンラインに慣れてきたから、のだむラジヲをちゃんとしたいですよね。」

「そうですね。それからやっぱりセミナーもいいなぁ。」

「結局、地元の貫牛さんご自身が、どんな村になっていくことを目指すか。」と喧々囂々話していって出てきたアイデアを渥美が整理したものが次の三点である。

地域メディアの再興：役場が敷設している「のんちゃんネット」というイントラネットもあるが、それは元来役場の公的な情報網である。のだむラジヲがコミュニティラジオとして開局まで至らなかったことの要因は、人材と資金の不足と、役場の巻き込み方が巧くなかったことにある。そこで、特定の人員に負担をかけることなく、資金もかけず、役場職員も一緒に活動できる方法を考える。コロナ禍でのオンライン体験を基盤に、いわば「全村民YouTuber」になってもらう計画を夢見よう。野田村では、多様な組織が存在し、活動が活発である。例えば、歴史の会は定期的に会合をもって地元誌に投稿しているし、コーラスグループは神戸を中心に活動しているグループとも繋がっている。それぞれが活動をネット上にプレゼンしていく場を準備することによって、野田村民の村民による村民のためのメディアを身近に整え、緊急時にも特定の人ではなく、村民それぞれが発信、受信できるような体制を整えていく。

サテライトセミナーの再興：六〇回のセミナーは、途中から村民企画が加わって好評を博したものの、主として大阪大学の企画であった。そこで、セミナーというスタイルを野田村民に渡し、村民が企画した村民による村民のためのセミナーを開催してもらう。外部者はいつでも参加でき、外部者も直接あるいはオンラインで参加して、セミナー自体を記録してアーカイブしていくという動きを整えていく。

「一人二役の村」を作る：別の仕事をやっている人が災害に備えて別の動きをする。消防団が典型例である。過疎高齢化の進む野田村において、例えば、福祉が重要で社協が担当だから社協の職員を増やせばいいという議論は現実的ではない。社会福祉を理解している村民がいざというときに社協を助けていくという動きを作っていく。今自分が携わっている仕事は誰かの役に立つのか、自分が抜けると誰かが困るのかと自分に問えば、心許ないと思う人もいるであろう。しかし、もう一つ役割を持てば、仕事の上でのストレスは和らぐのではなかろうか。そもそも役場の職員だけで考えているものが村の住民のためになるものばかりではなかろう。住民の声を聴くことが十分にできていないし、その場もまだ乏しい。村民の側も発信しなければならないし、子ども、女性、高齢者、障害者、外国人など、多様な人々の声ももっともっと聞かれるべきであるし発信すべきである。そうしたコミュニケーションの面で村民が一人二役のつもりで関わりを拡げ、また深めていくことが次の一〇年に求められているものだと考えている。

「貫牛さん、どれもなかなかいいですね。」

「前向き、前向き。どれもこの一〇年間の活動を礎として活用していくことになりますね。」

貫牛と渥美にとって、ちょうど五〇歳からの一〇年間は、こうした礎を準備する一〇年であったようである。それが二人にとっての天命であることを自覚する一〇年でもあった。東日本大震災から一〇年が過ぎれば、二人とも還暦が目前に迫る。今度は、村民の一言一言に耳順うことが求められる一〇年になるのだろうか。

（渥美公秀・貫牛利一）

参考文献

木村周平・西風雅史（二〇一九）「現在から過去へ、そして未来へ：「復興」への手探りの協働」関谷雄一・高倉浩樹（編）『震災復興の公共人類学』二一五―二三八．東京大学出版会．

第1部

チーム北リアスの活動

第2章　野田村との出会いとボランティア活動

一　はじめに

認定特定非営利活動法人日本災害救援ボランティアネットワークは、一九九五年一月一七日発生の阪神・淡路大震災を契機に兵庫県西宮市に発足した非営利組織である。当時全国から駆けつけてくださったボランティアの皆さんと、地元西宮市内のボランティア団体とが一緒になって、西宮市役所内に発足したのが、前身となる西宮ボランティアネットワーク（略称：ＮＶＮ）である。一九九六年一月に西宮での被災者支援活動の教訓を今後の災害に生かしていくため、名称を現在の日本災害救援ボランティアネットワーク（以下、ＮＶＮＡＤ）に改称し、日本各地で発生する災害に対し救援活動を行うこととなった。これまでの活動実績としては、日本海重油事故災害（一九九七年一月）、新潟県中越地震（二〇〇四年一〇月）、新潟県中越沖地震（二〇〇七年七月）、兵庫県佐用町水害（二〇〇九年八月）、東日本大震災（二〇一一年三月）、兵庫県丹波市土砂災害（二〇一四年八月）、熊本地震（二〇一六年四月）、九州北部豪雨災害（二〇一七年七月）、西日本豪雨災害（二〇一八年七月）、台風一九号豪雨災害（二〇一九年一〇月）、令和二年七月豪雨災害（二〇二〇年七月）の被災地支援が主に挙げられる。

本章では、二〇一一年三月に発生した東日本大震災において、当団体がなぜ岩手県野田村を支援先に決めたのか、また、被災者に寄り添った活動とはどういうものであったのか、チーム北リアスの設立も含め紹介していきたい。

二　東日本大震災発生直後の団体の動き

三月一一日、筆者は兵庫県西宮市にある団体の事務所（一階）で勤務していた。午後二時四六分、大きな揺れはまったく感じなかったが、めまいを感じるような妙な感覚になったのを覚えている。たまたま近くの西宮市役所に打ち合わせに行っていたスタッフが血相を変えて戻ってきて「今大きく揺れましたよね」と言うので、事務所のテレビをつけると、東北地方で大きな地震が発生したことが速報で流れていた。しばらくして、ヘリコプターからの映像で（確か宮城県名取市周辺）、津波が民家や田畑を飲み込んでいく状況が映し出されていた。これは大変なことになると直感し、すぐに渥美理事長に連絡をとった。まずは、事務所でできることから着手するべく、テレビから刻々と流れてくる被災地の状況や、インターネットで検索した情報をもとに、情報収集活動が始まった。そして、その日の一八時の時点で、団体として支援活動を開始することを決め、口座による募金活動の広報を、当団体のホームページやマスコミ各社にプレスリリースという形でスタートさせた。これまで関係のあった東北のＮＰＯなどにも直ちに連絡をして安否を確認しようと思ったが、電話が思うようにつながらなかった。被災地の状況はまったくわからなかったが、翌日になって被害状況が少しずつ見えてきて、ある地域では救援物資が足りないという情報が入ってきた。ただ、被災地域が広範囲で、内陸部から沿岸部に行く道が通行できない可能性も高く、また、ガソリンなど車の燃料も、いつどこで調達できるかわからない。また、福島県では福島第一原子力発電所が津波の大きな被害を受けているということもあり、被災地では自衛隊や消防、警察などによる人命救助が最優先されることが想像できたので、我々がすぐに被災地に先遣隊として駆けつけるには、とても厳しい状況が続いた。現地入りができなくても何かできることがないかを考え、事務所がある西宮市内の鉄道の主要ターミナルで、地元の関西学院大学や大阪大学の学生さんにご協力いただき、数か所で街頭募金を実施した。そして、中越地震や中越沖地震で交流のあった新潟県小千谷市や新潟県刈羽郡刈羽村で福島県内の被災者を受け入れるという情報が入り、衣服や下着など生活に必要な物資を送った。これは、ＮＶＮＡＤがこれまで行ってきたことで、阪神・淡路大震災の被災地（西宮）から新潟県中越・中越沖地震の被災地（小千谷市や刈羽村）へ、そして、新潟県中越・中越沖地震の被災地（小千谷市や刈羽村）から、東日本大震災の被災地（福島）へと支援がつながる、いわゆる「被災地のリレー」の一環である。

三月一九日時点で、団体内で決定した活動方針は、①被災地の中で行う支援活動（東北の被災地支援を模索する）、②被災地から避難されている方々への支援活動（福島から新潟に広域避難された方々への間接支援）、③西宮での支援活動（西宮市、西宮市社会福祉協議会と連携して、必要な救援物資を一般から募集して東北に送る支援）、の大きく三つであった。

ここでは、①被災地の中で行う支援活動（東北の支援）で、なぜ我々の団体が岩手県野田村の支援に関わることを決めたのか、その経緯を具体的に記述していきたいと思う。

三　野田村に支援を決めた経緯

東日本大震災は、青森県から関東までの広範囲で被害が発生し、特に福島県、宮城県、岩手県での被害が甚大であった。これまでの災害救援の経験からボランティアの動きを考えたときに、関東方面から多くのボランティアが東北に行くことが予想できたので、岩手県より北部にはなかなかボランティアが到達できないのではないかと考えた。ちょうどその頃、当団体の理事（米山）が阪神・淡路大震災で被災した当時、自分の子どもを青森県八戸の夏休みキャンプに受け入れてもらったことを思い出し、八戸に連絡を取ってもらうことにした。すると当時の関係者に連絡がつながり、団体の理事長（渥美）と理事（矢守）が急遽先遣隊として、青森県八戸に三月二二日から二四日の日程で行くこととなった。この時点では八戸の沿岸部も津波で被害を受けていたので、そのあたりを支援する予定であったが、実際に八戸市災害ボランティアセンターで担当者に話を聞くと、八戸よりもっと南側の岩手県が大変なことになっているということで、レンタカーを借りて南側（岩手県の北部地域）へ向かうことになった。

まず岩手県の久慈市内に入ったところ、沿岸部を中心に被害は出ていたが、「もっと南下してください」と久慈市災害ボランティアセンターの担当者から言われ、もう少し南に下った。すると、沿岸部の町が壊滅的な被害にあった野田村に差し掛かった。海岸線から野田村役場周辺

図2-1　野田村中心街の被災風景

まで約一キロ四方が津波による甚大な被害を受けていた。震災から約一〇日が経過しているにも関わらず、すれ違うのは自衛隊や消防などだけで、ボランティアの姿をまったく見かけなかった。また、野田村より南に位置する田老町にも足を延ばしたが、そこにもボランティアの姿は少なく、田老町（二〇〇五年より宮古市）以北の岩手県北部地域は支援の手が入りにくい地域になることが容易に想像できた。こうして、関東方面からのボランティアがなかなか入って来られないことが予想されている岩手県北部地域、特に野田村を中心に支援を行っていくことにした。我々兵庫県西宮市からのメンバーだけではなく、同時期に野田村に支援に入っていたチーム・オール弘前の皆さん（第三章参照）や、八戸の皆さん（第四章参照）

とも連携した支援を模索していくこととなった。この動きが後のチーム北リアスというネットワーク組織誕生のきっかけとなる。

四　兵庫県西宮市からの具体的な支援活動

西宮市から野田村までは片道約一三〇〇キロである。現地に入るとしてもまず、飛行機、新幹線、バスなど、どの交通手段を使うべきかが課題となった。野田村は、飛行機や新幹線だと最寄りの空港や駅から遠く、かつ空港や駅からの移動手段の確保も難しい。また、公共交通機関を使った移動では、作業用の用具や救援物資なども限られた量しか持ち込むことができない。その点、貸切大型バスであればトランクに荷物を積み込むことができるうえ、現地までの移動のロスや不安が少ないという利点があったことから、我々は西宮からボランティアバスを運行することとした。そして第一弾として、三月二九日〜四月一日の車中二泊、現地一泊の行程で救援に行くことにした。結果として、五年間で二五回のボランティアバスを野田村に運行し、延べ約三〇〇名以上の社会人や大学生などに現地でのボランティア活動に参加してもらったことになる。活動内容としては、当初は家屋に流れ着いたがれきや土砂の片付けを中心に行い、

図2-2　ボランティアバスがのんちゃん広場に到着

避難所や体育館などでの救援物資の仕分けや配布作業などを担当した。仮設住宅が完成してからは、仮設に入居される方の引っ越しや物資の無料青空市のお手伝いをしたり、仮設の集会所をお借りして、炊き出しや食事会、手芸や足湯、あるいは、子どもの遊び活動（プレーパークについては次に詳細を説明する）なども行った。そして、毎年恒例の野田まつりでは、関西学院大学や大阪大学の学生さんたちと、ステージや神輿のほか、地元商工会青年部の出店のお手伝いなどにも関わった。

五　プレーパークの活動

プレーパークとは、デンマークが発祥の地で、子どもたちの冒険遊び場のことを言う。子どもたちは「自分の責任で自由に遊ぶ」をモットーに、公園などでは禁止されているボール遊びや木工遊びなど、思い思いの遊びを自由にできる。我々の事務所がある兵庫県西宮市でも、理事の米山が代表を務める「にしのみや遊び場つくろう会」主催でプレーパークを定期的に実施しているが、震災後の野田村内においても、野田小学校の校庭や野田村役場前ののんちゃん広場などで、プレーパークを幾度も開催した（巻末の年表参照）。震災でストレスが溜まるのは大人だけではなく、子どもたちも同様である。特に子どもたちは、震災の影響で普段遊んでいた遊び場がなくなったり、大人側に子どもと遊ぶ余裕がなくなったり、あるいは、友達と離ればなれになってしまうなどの理由で、思いきり遊べる環境が少なくなりがちである。加えて、子どもたちは「怖い」「さみしい」「悲しい」「気持ちがしんどい」といった感情を言葉で表現することが苦手であることから、心身に不調をきたしたり、保護者やまわりの大人に暴言を吐いたり、暴力的になったりするケースをこれまでも被災地で数多く目にしてきた。そのような状況の中で、子どもたちにとって遊びはとても大切であり、被災地でのプレーパークのような子どもの遊び場支援も大切な活動の一つである。

六　チーム北リアスの発足

五月二日、青森県八戸市社会福祉協議会の会議室にてネットワーク構築に関する会合が開かれ、NVNADの関係者も同席した。この会合には、東日本大震災発生直後から八戸・野田村に入り、八戸から野田村への支援について、様々な調整活動をしてこられた京都大学の永田先生の呼びかけに応じたメンバーが集まった。永田先生からは、「今後、野田村など岩手県北部被災地の復興を長期的に支援するためのネットワーク体制を、八戸、弘前、関西の諸団体が中心となって構築することが提案され、我々も合意した。五月四日の青森県弘前大学での会合では、ネットワークの名称は「三陸地方を北から支援する会（仮称）」とすること、共同代表数名の体制にすること、息長く被災地を支援するとともに、ネットワークに参加するメンバーの情報交換、共同活動の拠点となる現地事務所を設ける方向で努力することなどでも意見が一致した。その後、五月中旬にネットワークの正式名称を「チーム北リアス」と決定した。六月一一日には、現地事務所開設準備室が立ち上がり、プレハブが二棟建設されることになり、一棟は事務所に、もう一棟は支援物資や作業用具等の倉庫兼ボランティアの宿泊場所として活用することになった。八月二六日には現地事務所でオープニングセレモニーを開催し、野田村役場や野田村社会福祉協議会、また、野田村商工会青年部やその他地元の皆様にたくさんお集まりいただいた。現地事務所の設置にあたっては、遠方からボランティアが来て活動を継続していくことへの理解と協力のもと、貫牛氏に自宅の敷地を提供いただいた（第一章参照）。

七　阪神・淡路大震災の被災地ＫＯＢＥと野田村のつながり

阪神・淡路大震災が発生した一月一七日は、毎年神戸の東遊園地で追悼式典が開催されている。チーム北リアスのメンバーをはじめ、新潟県中越地震の被災地（小千谷市塩谷）や新潟県中越沖地震の被災地（刈羽村）からも関係者が被災地ＫＯＢＥに集い、追悼式に参列する。西宮で被災地交流会を開催し、被災地の関係者同士がつながりを深めると共に、被災地の現在の状況をお互い報告し合う機会を続けてきた。被災地交流会で行ったワークショップで出た意見から「コナモンＷＯＲＬＤ選手権」を開催することにもなった。この選手権は、会場を野田村や刈羽村などで持ち回りとし、野田村チーム、刈羽村チーム、関西チームが中心となって、コナモン（粉もん）を使って料理対決をするというものである。来場者には自分が食べて気に入ったチームに、自分が使用した箸により投票するというスタイルで、一番お箸の数が多いチームが優勝となり、トロフィーが授与される。このようなイベントを通じて、被災地同士のつながりをより一層深めていくことができると共に、復興へのアドバイスや他の被災地支援など、情報交換の大切な機会になっている。

八　被災地での寄り添った活動とは

野田村では、五ヶ所（野田中、米田、泉沢、門前小路、下安家）に仮設住宅が建設された。仮設では集会所を借りて、被災地での活動経験が豊富なＮＶＮＡＤ事務局スタッフの戸口を中心に、様々な支援・交流活動を行った。特に、仮設にお住いの方々一軒一軒をまわっていく戸別訪問はとても大切にしていた活動である。集会所などで行事を実施しても、身体的・精神的な理由から、そのような場になかなか参加できない方も多く、こちらからあえて訪問していくことによって、支援の手をより多くの被災者に届けていくことができると考えていた。そして、戸別訪問する際には、一人ではなく複数で訪ねるようにし、男女比や年齢構成などのバランスも考慮し、事前にチーム分けを行った。我々の活動で大切にしていたことは、ボランティアのための活動ではなく、あくまでも被災者のため、被災者に少しでも喜んでいただける活動にするには、どのようにしていけばよいのかということである。被災地に向かうバスの中でも、毎回必ず被災地での活動内容や注意点などについてオリエンテーションを行うようにし、また現地でも、活動終了後には参加ボランティア全員で、宿舎で活動の振り返りを行うようにしていた。ボランティアの中には何回も被災地で活動した経験者もいるが、初めてボランティアに参加した者もいる。経験の有無によって良い面もあれば悪い面もあるので、年齢や性別、経験の頻度に関わらず、一人ひとりの意見や感じたことなどを尊重し、一日の活動でできたこと、できなかったこと、良かったこと、課題に思ったこと、気になったことなどを、参加者全員で出し合っていく場を大切にしてきた。これらのふりかえりはグループに分かれてワークショップ形式で

図2-3　仮設住宅での活動風景

図2-4　津波の被災家屋での活動風景

行うことが多かったが、プログラムの進行は関西学院大学社会学部の関嘉寛先生に担当いただいた。活動だけやって終わり、ということも意味のないことではないとは思うが、これまでの被災地でのボランティアの活動を見ていると、ボランティアがすることすべてが被災者に喜ばれていると決めつけている節があるのではないかと気になる場面が多数あった。野田村ではないが、過去のわかりやすい事例を紹介すると、ある災害ボランティアセンターに、炊き出し五〇〇人分を準備して何月何日に支援に行きたいがどこか避難所を紹介してほしいという依頼が入った。「場所は一ヶ所で行いたい」「大きなお鍋とガスコロンも借りたい」というような条件もついていた。被災地に余裕があればいいが、調整する側には相当な負担になる。担当者が五〇〇人分の炊き出しはどこの避難所もニーズがないことを依頼してきたボランティアに伝えると、「行く日程も炊き出しの材料もすでに購入して準備しているので、なんとかやらせてもらわないと困る」とのことであった。誰のための支援活動なのかと考えさせられた事例である。被災者はきっと喜ぶだろうと思っていた活動が、被災地や被災者の負担や迷惑になっていた事例を色々と見てきたので、ボランティア側の想いややりたいことだけではなく、被災者の立場になって活動を組み立てていくことを忘れてはいけないと思っている。被災者に寄り添うということは、ボランティア自身がこれまでの活動の経験や実績に関わらず、また、効率性や義務感などにも縛られず、被災者一人ひとりのことを想い、その人の立場になって考え、一つずつ丁寧に支援していくことではないだろうか。

九　まとめ

東日本大震災からもうすぐ一〇年を迎える。西宮から片道一三〇〇キロも離れた野田村に幾度も訪問した。縁もゆかりもない、震災までは名前すら知らなかった場所である。それが今では多くの野田村の村民とつながり、交流する間柄になっている。テレビのニュースで野田村のことが流れると、つい手がとまる。絶対に起こってほしくない震災だが、このようなつながりを持つことができたことが、せめてもの救いなのかもしれないと自分自身に言い聞かせている。これまでの一〇年間、野田村の皆様をはじめ、多くの方々との出会いがあった。二〇一一年三月末に初めてボランティアバスで野田村に到着した日のことは、今でも鮮明に覚えている。野田村役場に入ると、入り口にボランティア連絡所が設置されていた。通常なら地元の社会福祉協議会が窓口となり、ボランティアの受け入れを行っているという認識だったが、津波で社会福祉協議会の建物も流され、役場の入り口付近に机一本でボランティアの連絡所を設けていた。我々はこれまでの常識がそのまま通用しない場面をいくつか見てきたが、この時も、ボランティア側の考えや想いだけでは、通用しないのではないかと思った。被災地の風土や文化、被害状況などに沿った活動を行うことが、とても大切ではないかと気づき、我々にできることは「ただただ被災者のそばにいること」ではないかと改めて感じた。一〇年経過したからと言って、被災者の方々にとっては区切りとなるわけではなく、実際、復興と呼ぶにはまだ道半ばである。これからもこのご縁を大切に、交流を続けていきたいと強く願っている。

（寺本　弘伸）

第３章　チーム・オール弘前
――大学と市民の協力の力――

一　チーム・オール弘前

チーム・オール弘前は、東日本大震災をきっかけに結成した弘前大学、弘前市、市民団体、弘前市民が一つになったボランティアネットワークである。チーム・オール弘前の名称は、当時の弘前市長であった葛西憲之《かさいのりゆき》氏の発案だった。それ以降、様々なボランティア活動において、大学と行政、そして市民が一緒になって活動することが弘前市に定着している。

二　東日本大震災の発生と無防備な大学

災害はいつも突然我々の日常を襲う。二〇一一年三月一一日も同じだった。普段通りに学校へ行き、いつもの会議を行っている最中だった。突然大きな揺れが二〜三分程度続いた。青森県弘前市はほとんど地震のない地域なので、大きな揺れと停電にはビックリはしたものの、しばらくすればいつもの通りに戻ると誰もが考えただろう。

しかし、その日は少し様子が違った。すぐにでも復旧すると思っていた電気は停電のままだった。翌日に後期入試を控えていたので、早めに家に帰ることにした。帰る途中の信号機は点滅信号のままで、心の片隅に不安がよぎった。自宅に帰ると当時小学校五年生と二年生の娘が、停電が珍しかったのかロウソクなどを出してきて楽しそうに話していた。地震がほとんどない韓国から留学生として来日して二〇年、地震が起きるとテレビをつけるということぐらいは知っていたが、停電でテレビが使えなかった。その時はまだ、そのうちにテレビがつくだろうと軽く考えながら冷蔵庫の残り物とカセットコンロで湯を沸かし、キャンプ気分で一夜を過ごした。翌朝も停電のままで、なにか変だなと一抹の不安を感じた。入試業務のために大学に向かうと、正面玄関前に大勢の受験生が群がっていた。すぐに監督者控室に行くと、机一面に朝刊が広げられていた。一瞬で言葉を失った。しばらくすればいつもの日常に戻るだろうと思った日常は、もうそこにはなかった。

入試は試験開始直前に中止となった。大学からは中止の張り紙以外の情報提供はなかった。しかし、後で知ったのだが一部の同僚教員が先頭に立って、県外から来た受験生への支援を始めていたようだった。募金を集め、受験生の宿泊費を補助したり、宿泊先が確保できていない受験生に大学の寮をあっせんしたりするなど、不安いっぱいの受験生にとっては大きな支えになったのではないかと思う。

その後、日に日に明らかになる被害の甚大さとメディアから流れる被災地の映像や被災した方々の声を聞きながら、何もできない自分の無力さに対する大きな失望感で押しつぶされそうになった。

三月二三日、同じような思いで悩んでいる同僚たちが集まり、大学の教員として何ができるかを考える場が開かれた。その場で山下祐介氏（現東京都立大学）から「被災学生のケアにとどまらず、弘前大学として震災への取り組みが必要。大学には学生というマンパワーがある。支援の母体にもなりうる」という提案があった。どう動けばいいかもわからなかった自分にとって、大きなヒントを得たような気がした。一人の力はわずかでも、学生のパワーを借りれば何かできるかもしれない。教員仲間に相談したら、一刻も早く動こうと背中を押してくれた。そして、略式ながら形式を整え、三月二八日に弘前大学人文学部ボランティアセンター（現弘前大学地域創生本部ボランティアセンター）を立ち上げた。

三　動き出した支援の母体

設立当日の午後、教員仲間に学生らへのボランティア募集の呼びかけを依頼するメールを配信したところ、あっという間に登録者が五〇名を超えた。何かしたいという若者の熱い志とパワーを結集する支援母体として大学が動き始めた。

学生からの登録が増えるにつれて、被災地までどのように行くか、どこに行けばいいのかという具体的な実施方法に悩み始めた。その時、山下さんから被災地の視察に行くので一緒に行かないかと誘いがあった。行き先は、岩手県九戸郡野田村だった。現地に行く車の中で、なぜ野田村だったのかと山下さんに聞いた。以前から交流があった大阪大学の渥美公秀氏に誘われて八戸を視察したことや、八戸からさらに南下していた渥美さんから「野田村が大変なことになっている。弘前は野田村を助けてほしい」という救援要請があったことを聞いた。渥美さんによると、次のような状況とのことだった――南からの支援だけでは岩手県北部には支援が手薄になる恐れがあるので、多方向からの支援が必要である。また、北からの支援を考えた場合、八戸市、久慈市、野田村と続くが、八戸市や久慈市の被害は湾岸施設に集中していた上、八戸市の場合は八戸市社会福祉協議会を中心に支援の体制が整いつつあったのに対し、野田村は中心市街地が甚大な被害に見舞われていたことや役場職員が不足していてボランティアの受け入れもままならなかったということから、至急支援が必要である――。このことを聞きながら野田村へ向かった。

四　はじめて見る被災地との出会い

はじめて見る被災地は予想をはるかに超える悲惨さだった。まず、ショッキングだったのは匂いだった。なにかが燃えるような異臭がしていた。また、全ての景色が煙などで灰色に見えた。現地に到着したのは、午前一〇時頃だった。ちょうど作業中の休み時間だったか、役場の斜め向かいの体育館の前から高校生らの甲高い笑い声が聞こえた。灰色の景色がいっぺんに明るくなったような感じがした。同行していた当時本学部の先輩教員だった作道信介氏（現弘前大学名誉教授）と「何にもできない大学生でも、ここで笑ってくれたら町が明るくなるね」と話していたことを鮮明に記憶している。

最初に向かったのは役場だった。役場では副村長から村の現状を聞いた。そして、二階のベランダから町を見渡した。すべてが壊れ、瓦礫の山になっている村をみて、言葉を失った。その後に向かったのは、体育館だった。体育館には支援物資が山積みにされていて、支援物資の重さで床が沈んでいた。先ほどの高校生らはここで支援物資の仕分け作業をしていた。次に向

図3-1　三月二九日の視察の様子　役場二階から（上）、体育館支援物資の山（下）

かったのは避難所となっていた野田村唯一の寺院である海蔵院だった。集会場が避難所となっており、高齢の方々が畳の部屋で休んでいた。一人に話を聞くと、動ける人はみんな片付けに行って、膝が悪かったりして動けない人は休んでいると話していた。喪失感と何にもできない無力感が顔ににじみ出ていた。一緒にいった学生らが少し肩をもむと少し笑顔がこぼれた。

その後、下安家地区、米田地区を視察し、最後に久慈工業高校の避難所を訪ねた。避難所となった合宿所の前に、四〜五名が焚火をしていた。「こんにちは」とあいさつをしてその輪に入った。皆さんの顔には、疲労と喪失感が見て取れて、どのような言葉をかければいいのかわからず、しばらくだまって火にあたっていたら、その中の一人から「何しに来たんや」と怒りの一言があった。そして、ため息のように「もう遅いよ」。返す言葉が見つからなかった。弘前に戻って即、弘前市長に視察内容の報告を行った。その場で、大学と市民、そして行政の協働チームによる被災地支援活動が提案され、葛西憲之氏（弘前市長・当時）により「チーム・オール弘前」と名付けられた。

五　チーム・オール弘前第一号発進

四月一二日に、弘前大学ボランティアセンター主催の支援バスが晴天のもと弘前大学を出発した。弘前市から野田村までは片道三時間半の長距離移動であった。出発前までに、移動時間をどのように過ごすかをいろいろと検討した。その結果、顔の見える支援活動として、ボランティア同士がまず知り合うことが大事であると判断した。そこで、移動時間を利用して自己紹介を行ってみると、なかなかユニークな方が大勢集まっていることがわかった。後期高齢者になりましたと紹介する人や、善良なる市民ですと自称する人、看護師、教師、役場職員などなど。これから被災地に向かうようには到底思えない、大変明るい雰囲気だった。その背景として、参加者た

図3-2　チーム・オール弘前第一号の参加者（上）、バス内の様子（下）

ちにとって、何もできないという無力感からの解放と、支援活動に向かうのだという高揚感があった。

　自己紹介の後、全国社会福祉協議会のホームページで紹介されていたボランティア活動への注意事項を説明した。がれき撤去作業ではケガが多く発生していること、手袋を二重にしてほしいということや、こまめに休憩をとること、水分補給などを説明した。その後、野田村社会福祉協議会と連絡を取りながら、作業班や担当作業の振り分けを行った。作業班を作るにあたっては、できるだけ市民と学生が一緒に作業ができるように構成した。また、各作業班の班長は学生らが担当するように構成した。

朝六時に弘前を出発し、一〇時過ぎに野田村に到着した。実際の被災現場を目にして、ボランティアの皆さんも言葉を失った様子だった。バスを降りると各班に分かれ、すぐに作業場に向かった。最初はがれきを片付けた。村民の方も誰一人見当たらず、ボランティアの皆さんも黙々と作業を行った。重い沈黙が流れていた。突然、善良なる市民と自称していた清藤さんが、

図3-3　個人宅のがれき撤去作業（上）、作業終了後ご挨拶（下）

「班長休みじゃないの」と大きな声で呼びかけた。思わずみんなの目線が集まり、笑いがこぼれた。被災地の現状を目にして、何とかしたいという使命感がより一層強くなり、黙々と必死に作業に取り組んでいた現場の緊張感がこの瞬間和らいだ。このままの雰囲気で作業が続けばおそらく長

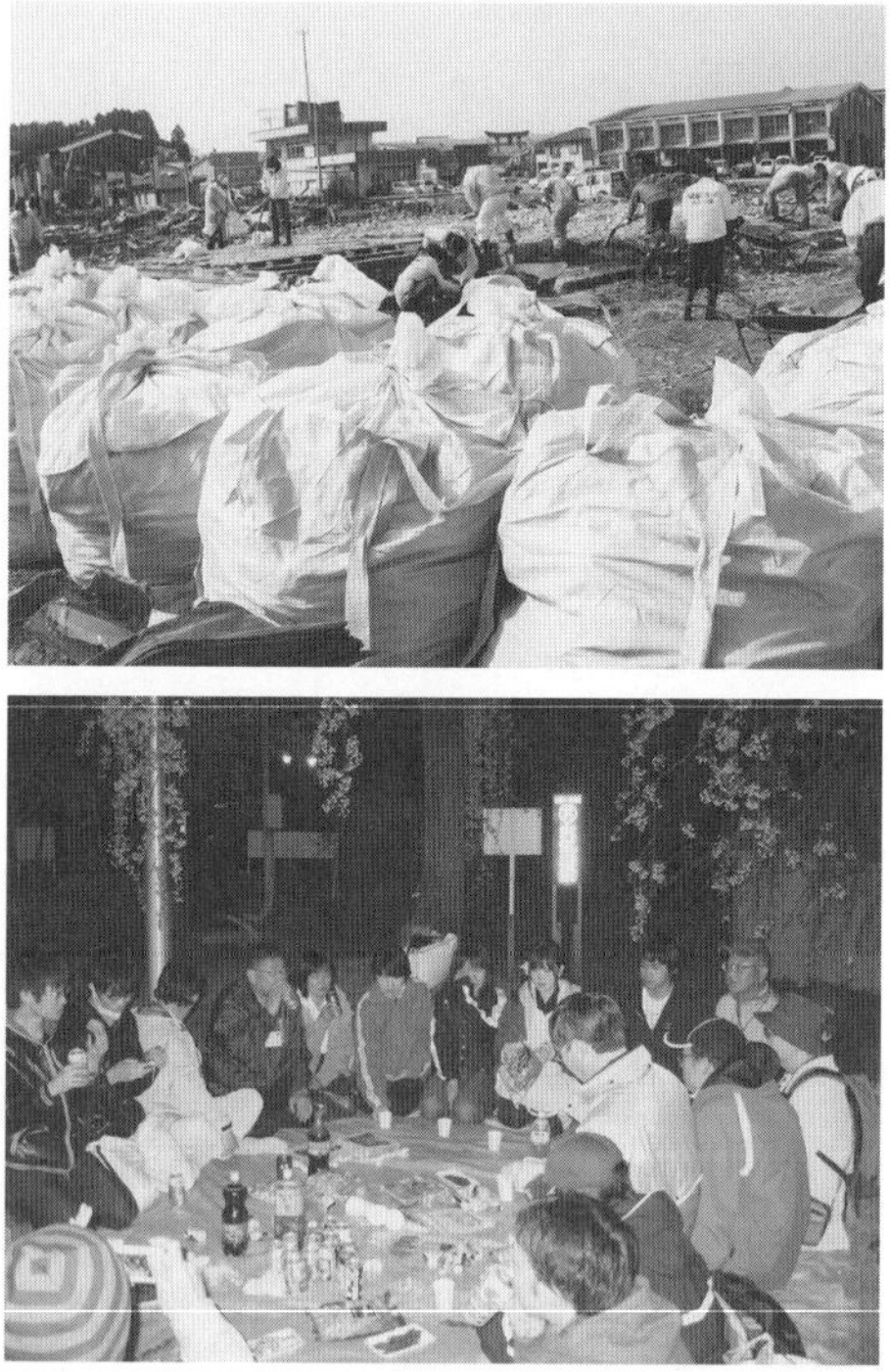

図3-4　市中心部がれき撤去作業（上）、弘前に戻って花見の様子（下）

続きしない。誰かがケガをするかもしれないと思っていた筆者は内心ほっとした。

市民の皆さんは、長年、様々な職場でいろんなことを経験したことから生まれる余裕から、学生らの作業ペースをコントロールしてくれた。時には優しく声をかけ、時には若者に通じないダジャレをいい、時には彼女いるの、と意地悪な質問をしたりしながら被災現場ならではの緊張感を和らげ、学生らの注意力や体力のバランスをとってくれた。おかげで、野田村ではがれき撤去や支援物資の搬入、仮設住宅への引っ越し作業など様々な力仕事があったが、誰一人ケガをすることなく、作業を終えることができた。これは、市民と学生が一緒に作業できたからだと確信している。

六　支援から交流へ

チーム・オール弘前のボランティアバスは週一回の定期便を続けた。毎週水曜日、市民と学生らが顔を合わせ、一緒に汗を流した。活動が続くにつれ市民と学生の間に大きな絆が生まれた。活動の帰りにそのままみんなで弘前公園に行き、一緒に花見をして、一緒にお酒を飲み、一緒に笑い、互いを労った。暑さが増すにつれ、作業は大変だったが、時々村民の方が顔を出し、時には飲み物などを差し入れてくれたりした。村民の方との交流も少しずつ深まっていた。

図3-5　作業前の準備体操（上）、ボランティアニーズ調査（下）

米田地区での作業の時だった。米田地区で出会った米田やすさんから、ボランティアの皆さんにおにぎりでもご馳走をしたいから集会所に来てほしいとの連絡があった。せっかくのお誘いだったので、みんなで集会所へ行った。集会所では、米田さんと地区の婦人会の皆さんが、新鮮な野菜とよせ豆腐、イカ焼き、松茸ご飯を用意してくださっていた。大変な状況の中、心尽くしのご馳走を用意してくださった心遣いに感激した。後期高齢者を名乗っていた高橋さん（二〇一六年に他界）は今まで食べた中で一番美味しかった、冥途の土産ができたと心から喜んでいた。ボランティアのみんなにとって忘れられない出来事だった。

図3-6　支援物資の仕分け作業中の様子（上）、仮設住宅への引っ越し作業（下）

　支援活動は徐々に変

図3-7　弘前市の子どもたちの野田村訪問事業

化していった。がれき撤去と支援物資の仕分けが主な作業だったのが、六月の後半には、がれきは徐々になくなり、個人宅の清掃作業、農地の整備作業へと移っていった。六月三〇日には仮設住宅が完成し、引っ越し作業が始まった。引っ越し作業ではチーム北リアスの各団体と共同で作業を行った。被災者の皆さんの生活が徐々に落ち着くにつれ、ボランティアに対するニーズも減っていた。そして、その日は突然訪れた。八月三一日の昼休みに野田村社会福祉事務所に呼ばれ、野田村社会福祉協議会の小谷地要治さんから、ボランティアへのニーズが落ち着いたので、本日をもって県外のボランティアの受け入れを終了したいということだった。無

図3-8　二〇一六年の台風一〇号支援ボランティアバス（上）、岩泉町支援活動（下）

事に終わったという安堵感より、まだまだ大変な状況なのにもう手伝うことができないのかという無力感に襲われた。帰りのバスでも労いの言葉より、中途半端に終わりたくはないという悔しさが多く聞こえた。

　帰りに渥美さんに電話したところ、渥美さんから「李さん、まだまだだよ。ボランティアが必要なのはこれからだから」とエールをいただいた。国内外の様々な災害現場を経験したチーム北リアスとの緩やかな結びつきの有難さを改めて実感した。

七　野田村から地域へ

　支援活動が一段落した八月以降は、チーム北リアスの皆さんと情報交換をより一層密にしながら交流活動へ移行した。交流活動では、和佐羅比《わさらび》山の交流登山会や押し花教室、ヨガ教室、歌声喫茶、おもちゃ病院、津軽三味線などの文化交流と茶話会を行った。和佐羅比《わさらび》山交流登山会では、山の中腹で本学津軽三味線部による三味線の演奏や青森県の歌手の佐々木泰三さんによるミニコンサート、そして最後は野田村の皆さんと一緒に輪になって「上を向いて歩こう」を合唱した。忘れられないシーンだった。

　交流活動で特に力を注いだのは、野田村の子どもたちとの交流事業だった。活動は主に野田村城内地区児童クラブで行われた。大学生が児童クラブを訪問すると、子どもたちが飛び込んでおんぶや肩車を求めた。学生らはいつも笑顔で子どもたちを精一杯甘えさせてあげていた。仮設住宅などでは思い切り声を出してじゃれあったり、叫んだりできないだろうから、その日だけでもめいっぱい遊べるように心がけていた。子どもたちはひととおり遊ぶと、学校の宿題を持ってきたり、将棋をしたりと思い思いに大学生との時間を満喫していた。そして、帰るときはいつも「今度いつ来るの」とバスが見えなくなるまで手を振ってくれた。

　学生らも子どもたちとの時間を楽しんでいた。「小さな子どもと触れ合うのは初めてだったけどとっても楽しかった」とか、「またすぐにでも会いたい」との声が多かった。そのような声に応えるべく企画したのが、夏休み宿泊学習会だった。震災の翌年から毎年、八月一一日～一二日の一泊二日で、村唯一の国民宿舎えぼし荘で子どもたちと一緒に泊まり、バーベキューをした。また、二日目は一緒にワークショップをしたり、地域産業体験として塩づくり、ホタテ養殖、豆腐作りなどを体験したりした。

子どもたちの支援活動を通して、大学生の力を改めて発見することが多かった。子どもたちと一緒の目線で遊べる、体力がある。また、なぜか子どもたちがあっという間に心を開き、自分の身の回りのできごとを話してくれるということだ。両親が出稼ぎに行っていて、週末以外はいつも一人でいることや、学校での悩みごと、勉強嫌いだということなどなど。大学生が子どもたちの近くにいることが、子どもたちの大きな支えになっていることを改めて感じた。大学生の力は果てしない。

二〇一五年に大きな転機があった。二〇一二年一〇月にボランティアセンターが本学全学組織として承認されてから、平時の活動をいろいろと模索していた（本章九節参照）。ボランティアセンターを平時に維持できていれば、万が一の災害でも即対応が可能である。そのためには平時の地域内での活動が非常に重要である。そして、二〇一二年の冬から通学路などの除雪活動を始めた。また、街づくりイベントなどにもボランティアを派遣するようになった。ただ、活動のニーズは限定的であった。

二〇一五年の生活困窮者自立支援法の改正に伴い、子どもに対する学習支援事業が全国的にはじまり、弘前市からもぜひボランティアセンターの力を借りたいとの相談があった。野田村で実践してきた学習支援を地域に還元する絶好の機会だと思い、センターの主力事業として学習支援を始めた。学生らも非常に意欲的で、学習支援に参加した子どもたちの高校入学が決まると、自分のことのように喜んだ。大学生は子どもたちの勉強の指導のみならず、身の回りの相談や良い話し相手にもなっていた。そこから、もっと学習支援の輪を広げられないかとスタートしたのが、地域の子ども食堂との連携だった。子どもの貧困や孤食防止のために始まった子ども食堂で学習支援を行うことで、貧困の連鎖を断ち切り、地域の学力向上、ゆくゆくは所得向上につなげたいという思いで、学習支援の活動に力を注いでいる。東日本大震災をきっかけに始まった支援交流活動が、今や地域の中でなくてはならない大きな力となっている。

また、ボランティアセンターの平時の活動が安定したために、その後に発生した熊本地震、二〇一六年の台風一〇号、九州北部豪雨、北海道胆振東部地震、台風一九号など多発する緊急事態にも迅速な対応が可能になった。組織的な募金活動やボランティアバスの派遣など、東日本大震災の時にはできなかったことが、迅速かつ的確に行えるようになった。

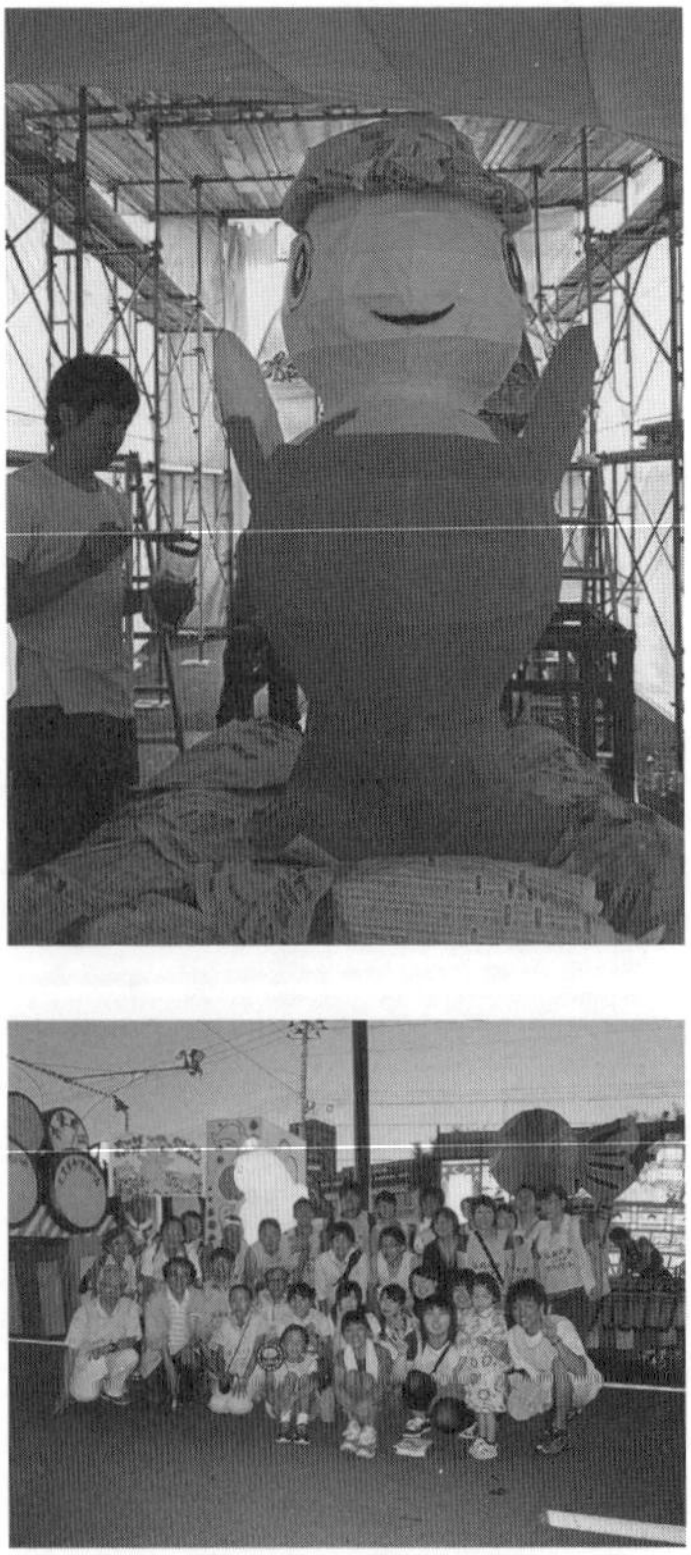

図3-10　二〇一一年七月ののんちゃんねぷた制作の様子、弘前ねぷたまつり運行の様子

図3-9　北海道胆振東部地震の支援活動の様子

八　確実に人は育っている

図3-9は、二〇一八年九月六日に発生した北海道胆振東部地震により、甚大な被害があった厚真町での支援活動の様子である。この活動は、ボランティアセンター学生事務局のOBである南部真人さん（現小樽市役所職員）の要請によって実現したものである。

南部さんは、本学の三年次在学中に東日本大震災を経験した。震災直後には何もできなかったが、センターのボランティアバスの話を友人から聞き、四月の第二便から参加した。持ち前の明るい性格と学生時代の生徒会活動で培ったリーダーシップを野田村でも惜しみなく発揮し、市民の方と学生をつなぐ役割を自然にやってくれた。また、学生リーダーの不足で悩んでいた当時、学生事務局としてボランティア活動を取りまとめてほしいと要請すると、すぐに「いいですよ」と快い返事が返ってきた。

その後、彼は学生事務局の代表として、ボランティア活動の取りまとめや、学生らへの広報活動、市民と学生、そして被災者とのコミュニケーションなどをリードするようになった。彼が提案したことの中で忘れられないのは、「のんちゃんねぷた」だった。北海道出身でねぷた制作の大変さもまったく知らなかった彼は、ワークショップの場で、「弘前のねぷたまつりに野田村のシンボルであるのんちゃんねぷたを作って運行すればいいPRになるのではないですか」

といつものように軽い口調で提案した。市民ボランティアにも疲労感が出て、気力が後退しつつある時期でもあったので、良い広報活動になるのでは思い、彼の提案を実現させることにした。

ねぷた制作はふつう半年以上をかけて行うものだという事実を私自身もまったく知らなかったのだが、ここでも事情をよく知っている市民の皆さんが率先して動いてくれた。学生らの夢をかなえてあげたいという市民の皆さんの温かい心に感服した。結局、のんちゃんねぷたは、弘前ねぷたまつりだけでなく野田村の夏祭りにも出動し、野田村のみなさんにも弘前のねぷたまつりの雰囲気を味わってもらうきっかけになった。

南部さんは、往復のボランティアバスの中でも公務員試験の勉強に熱心だった。その甲斐あって、無事に地元の市役所に勤めることになった。本学卒業後にも時々、野田村をプライベートで訪問し、支援活動の中で交流が深かった村民のお宅を訪問し、泊まったりしていた。

彼は、役場に勤めながら、小樽運河の清掃活動や学習支援などのボランティアサークルに参加し、東日本大震災での経験をしっかり地域の中で実践していた。北海道胆振東部地震直後には、役場にボランティア休暇を自ら申請し、震災直後には厚真町に入っていた。また、ボランティアセンターでは、野田村での経験を活かし、トイレの補修作業、駐車場の整備など、ボランティアセンターの設置運営にもその経験を活かしていたようである。

九月一〇日に彼からメールと電話で、現地の状況の報告と支援要請があった。大学内の手続

所属	年	月	区分	内容
	2011	3		東日本大震災発生
人文学部		4	A	人文学部ボランティアセンター発足　チームオール弘前として野田村災害支援を開始
			A	野田村交流活動開始
弘前大学	2012	10	E	弘前大学ボランティアセンターに改組　A／Bのまちづくり事業受付開始
	2013	1	F	弘前市内の除雪活動開始
		8	A	野田村宿泊学習開始
	2015	6	G	市民ボランティア講座の実施を開始
		7	D	学習支援開始
	2016	3	G	活動報告会を実施
		4	C	緊急災害支援募金活動を開始（熊本地震）
		8	B	台風10号緊急災害支援実施（野田村）
			C	台風10号緊急災害支援実施（久慈市・岩泉）
	2017	7	C	九州豪雨救援支援募金活動を実施
	2018	6	E	サイバー防犯ボランティア開始
		7	C	平成30年7月豪雨支援金募金活動実施
		9	C	北海道胆振東部地震現地視察及び支援活動を実施
		10	C	北海道胆振東部地震支援金募金活動実施
	2019	5	D	A事業での子ども食堂学習支援開始
		8	D	研究室公開事業開始
		10	C	台風15号災害支援金募金活動実施
		10	C	台風19号災害支援金募金活動実施
		11	B	台風19号野田村災害支援活動実施
弘前大学地域創生本部	2020	4		弘前大学地域創生本部ボランティアセンターに改組

A：東日本大震災
B：緊急災害支援野田村
C：緊急災害支援
D：学習支援
E：街づくり
F：除雪
G：広報活動

図3-11　弘前大学ボランティアセンター活動年表

きを経て、九月二四日に現地にむかった。千歳空港の近くで彼と合流し、翌日厚真町のボランティアセンターに出向いた。活動が始まると、彼は後輩たちや現地で合流した市民ボランティアへ的確に指示を出し、一緒に作業していた被災者の方の声に常に耳を傾けながら、お話を聞いていた。その様子には、深く感銘を受けた。

東日本大震災の尊い犠牲の上に、このような人材が育ったことの意義を改めて感じた。また、野田村の村民や弘前市民、被災地で出会ったすべてのものが彼を育んだことも改めて実感した。震災を経験していない学生らにそのような経験をどのように間接的にでも味わってもらえるかがこれからの最大の課題である。

九　一〇年続けられた原動力

図3-12、表3-1は、弘前大学ボランティアセンターの全ての活動に参加したボランティア参加人数の推移である。東日本大震災が発生した二〇一一年は教員七八名、学生七六六名、市民五二八名で合計一三七二名が活動に参加した。二〇一一年は全ての活動が野田村支援・交流活動であった。二〇一二年からは野田村の支援・交流活動の回数が減り、その代わりに街づく

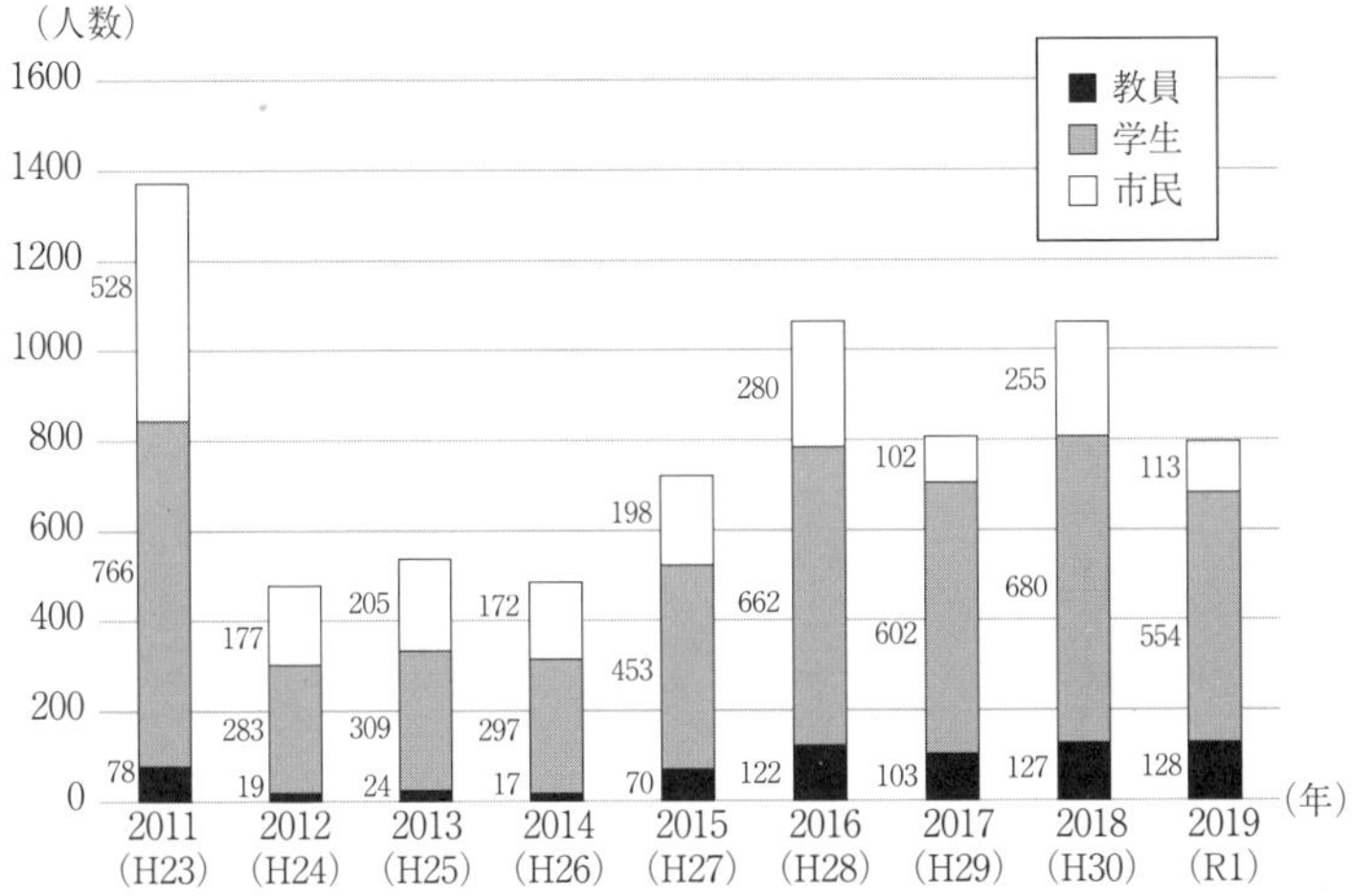

図3-12　ボランティア活動参加者の推移

	東日本大震災（A）	緊急災害支援 野田村（B）	緊急災害支援（C）	学習支援（D）	街づくり（E）	除雪（F）	広報活動（G）	その他	合計	教員	学生	市民
2011（H23）	1372								1372	78	766	528
2012（H24）	387				3	89			479	19	283	177
2013（H25）	480				48	10			538	24	309	205
2014（H26）	415				47	21		3	486	17	297	172
2015（H27）	409		0	166	42	21	83		721	70	453	198
2016（H28）	144	18	282	405	38	63	114		1064	122	662	280
2017（H29）	102		42	390	115	55	96	7	807	103	602	102
2018（H30）	80		65	422	127	26	323	19	1062	127	680	255
2019（R1）	76	61	24	416	98	3	94	23	795	128	554	113
2020（R2）									0			
	3465	79	413	1799	518	288	710	52	7324	688	4606	2030

表3-1　弘前大学ボランティアセンター参加者数表

り、除雪活動、学習支援活動などが加わった。ただ、参加者数は大幅に減少し、各年五〇〇名前後であった。また、二〇一五年からは、東日本大震災から地域内の重要課題である子どもの貧困、経済格差の是正の取り組みとしての学習支援へと活動の軸が移っていった。学習支援事業は野田村支援・交流事業の教訓を活かし、子ども一人ひとりに寄り添うことに重点を置いている。現在は市内の各子ども食堂、子どもの居場所づくりをしている各市民団体や弘前市と連携し、きめ細かな支援に努めている。

筆者は、当センターが任意団体として発足した当時から管理・運営に携わっている。筆者の立場から、なぜ、一〇年間この活動が続けられてきたか、そして弘前大学ボランティアセンターが存続できたのかについて、できるだけ客観的に分析してみたい。

第一の要因は、人との出会いである。野田村で出会った村民の皆さんの優しい笑顔や心遣いが、市民・学生ボランティアの大きな力となった。その笑顔をもう一度見たいからまた行きたい。次はもっと頑張りたいという気持ちが自然と沸き起こっていた。また、被災者と支援者の関係ではなく、人と人との関係として、時には人生の先輩・後輩として、時にはお祖母さんと孫としての関係が築かれていった。その結果、プライベートで交流しあう学生や市民が次から次へと現れ、交流関係がますます深まった。

そして、ボランティア同士の関係性も日に日に深まっていった。ボランティアバスでは移動時間を利用し、自己紹介や近況報告などの時間を設けていた。時には、学生から就職の内定をもらったとの嬉しい報告や、来週面接があるとの心配の声がある。そうすると、市民の皆さんからお祝いの拍手が自然と起こる。また、市民からは何歳になったとの誕生日の報告や孫が生まれたとの報告など、野田村に向かうバスは笑顔でいっぱいだった。そして、学生らが企画した花見や卒業生を送る会などにいつも市民の皆さんを招待し、みんなで喜びを分かち合っていた。このようなボランティア同士の関係性が持続の最大の力となっていったことは間違いない。

第二の要因は組織化である。教員有志によって任意団体としてスタートした弘前大学ボランティアセンターは、二〇一二年一〇月に全学組織として承認され、弘前大学ボランティアセンターとして再出発をした。組織化に伴って全学部の教員からなる運営委員会が組織され、活動に関するすべての事案は運営委員会の審議を通さなければならなくなった。そのため、守らなければならないルールや規範は大幅に増え、意思決定のスピードも大幅に遅れるようになった。ただ、その代わりに少額ではあるが予算の配分があった。また事務室が設置され、事務員が常駐するようになった。そして、学生らのボランティア保険加入や健康状況のチェックなど、きめ細かな調整が可能になった。

また、事務員が常駐することによって、ボランティアニーズをつねに受け付けることができるようになった。当センターの設立時からの設立目的は、「自治体や各種NPOなど地域社会と弘前大学との間に立ち、ボランティア派遣を円滑に行うための仲介機能を果たすとともに、ボランティアを通じて青森県内地域の課題解決に資する取り組みを行い、地域社会に貢献すること」である。つまり、地域社会のボランティアニーズと大学生らをつなぐ役割が最大の目的である。その両者が出会う場としてセンターの機能が組織化を通して充実したのである。

そして、最後にあげたいのは、ボランティア団体同士の横のつながりである。筆者をはじめ設立当時に関わっていた同僚教員らは、災害ボランティア活動についてはほとんど経験を持っていなかった。ボランティアバスを企画した当時は、全国の社会福祉協議会のボランティアマニュアルを読み込んで、ボランティアへのオリエンテーションや帰りのバスでの振り返りなどのマニュアルを作った。後から市民ボランティアの方に話を聞くと、他の団体が運行していたボランティアバスでは往復のバスの中ではずっと寝ていたという。大学が運営しているから明らかに違っていて感心したと話していた。移動中のオリエンテーションや活動経緯の説明、被害地域の現状の報告、そして振り返りの感想などはボランティア活動を支える大きな力になっていた。

ただ、時間の経過と共に刻々と変化する被災者のニーズに合わせてどのように活動を展開すればよいのかについては、なかなか考えが及ばなかった。その時、大きな力となったのが渥美さんらとのボランティアネットワーク「チーム北リアス」の存在である。阪神淡路大震災から支援活動を継続し、全国各地、世界各地で災害現場を経験した方だからこそ、中長期の支援の必要性やこれから何をしていくべきかという明確な活動方針を示すことができたと思う。その後、チーム北リアスでは、村民から受けた要望、活動の情報を交換しながら、活動を組み立ててきた。チーム北リアスの緩やかな横のつながりが今日までのチーム・オール弘前を支えている。

一〇　新たな壁と次の一歩

ボランティアセンターを平時に維持することを目指したのは、東日本大震災直後に被災者が一番必要とした時にボランティアを派遣することができなかったという痛切な経験によるものである。そのため、平時からセンターを通して防災訓練を実施し、様々な被災現場からの声を市民ボランティア講座などで勉強することにより、次にボランティアが必要となる事態に備えてきた。しかし、二〇二〇年三月末からの新型コロナウイルス感染症の拡大には、今まで学んできたどんなことも通用しなかった。大学から自粛要請が出されると全てのボランティア活動が中止となった。学校も休みとなり、ひとり親家庭や共働き家庭などでは子どもの居場所が確保できず、困った状況に陥っているにも関わらず、子どもたちへの学習支援も行えなかった。

そこで、ボランティアセンター学生事務局の学生らとウェブ会議を開催した。まず、誰がもっとも困っているのか、そしてボランティアセンターとしてできることは何かについて話し合った。子どもたちや大学の新入生などへの支援を急ごうと動き出した。すぐに、ネットを使ったリモート学習支援と大学新入生向けのリモート大勧誘会を開催することになった。新入生に大学生活を紹介し、興味のある団体とウェブ上でつながれば、新入生の孤立を防ぐことができるのではないかという学生らのアイデアだった。素晴らしい企画だし、自粛以外のことについての情報が全くない中、新入生や在学生にほっと一息できる場になるのではと思い、実施を勧めた。ＳＮＳで広報すると、五〇団体以上から申し込みがあり、参加者は一〇〇名を超えた。自粛が求められている中、ここまでできたことに自信が湧いてきた。しかし、実施翌日、大学から自粛要請に応じていないと注意を受けた。何とも言えない怒りを感じ、東日本大震災直後を思い出した。大学から承認が得られず、任意団体として出発した時と全く変わっていなかった。いや、その時以上に自粛要請は厳しかった。大学としても初めて経験する事態だったのでやむを得ないことだろう。

学生たちは大学が行動指針作成に追われている最中も、学生目線で感染拡大対策の徹底を呼びかけるメッセージや正しい手洗いの動画などを独自で作成し、ＳＮＳなどで次から次へ配信した。また、ＴｅａｍｓやＺｏｏｍなどウェブを使った学習支援の試行とマニュアルの作成など、リモートでの活動が認められればすぐにでも実施できる体制を整えていた。また、毎週のように事務局会議を開き、ボランティア活動への意欲が低下しないように後輩たちへのケアを行っていた。このすべては、ボランティアセンター内の先輩から後輩へ、そして市民から学生へ、野田村で学んだ教訓が活かされていた結果である。

人と人とのつながりを基本に据え、常に一番困っている人を真ん中に考えてきたチーム・オール弘前の精神は、どんなに困難な状況でも続いている。ここに明日への希望を託したい。

（李　永俊）

コラム

村民座談会

農業からみた野田村の震災

総務省の国勢調査（平成二七年）によると、野田村の農業従事者は一九七名であり、全就業者の九，〇%、つまり一割に満たない。主な作物は、米、野菜、果物で、その中でも野菜の産出額が最も多く約六千万円で、岩手県内で三一位となっている。弘前大学ボランティアセンターと野田村の農業関係者とのつながりは、震災直後の支援活動中に、米田地区の皆様から昼食をご馳走になったことがきっかけとなった。その後、ボランティアのお弁当を野田村で購入することになり、幅広い関係を築くことになった。

参加者

野田村

米田やす（米田地区、米、食用菊、豆腐作りなど）

小野寺信子（農家食堂つきや運営、野菜作りなど）

小野紀行（シイタケなど）

チーム北リアス

河村信治（八戸高専）

渥美公秀（大阪大学）

石塚裕子（大阪大学）

永田素彦（京都大学）

山口恵子（東京学芸大学）

大門大朗（京都大学・野田村在住）
弘前大学ボランティアセンター学生事務局
南部真人（OB、小樽市在住）
小林弘樹（OB、静岡市在住）
武藤春香（三年）
田口唯（博士前期課程二年）
柴田絢（一年）
李永俊（弘前大学）

震災前の野田村について

――震災前の野田村の印象やそれに関するエピソードなどをお話しください。（司会・李）

米田：震災前は、自然が豊かで新鮮な食材をいつでも食べられる、そして、村民以外の人達には排他的というのが印象にあります。ですが震災後は、野田村の外から来た人を笑顔で受け入れるということができるようになったということが印象に残っています。

小野寺：震災前は野田村という枠の中で、閉じこもって生活してしまうようなところがありました。震災後は、被災者とどう関わるべきなのか悩んでしまうことがありましたが、ボランティアの方々のおかげで気持ちが通じあって来ているのだと感じています。

小野：震災前には伝統的な農業を行っていたのですが、震災後は農業に関する捉え方も広く考えられるようになった気がします。

震災直後の様子

――震災直後のみなさんの状況をお話しください。

米田：八七軒ある集落のうち、一五軒は津波の影響で流されてしまいました。流されていなかったとしても、水道や電気などが止まってしまうといった状況でした。なので、集会所に避難しましたが、最高で一三〇人ほどが避難してきた時がありましたね。だけど、薪でお米を炊いたりもしていたので、その時に農業の経験が生きて、農業をやっていてよかったなと実感できました。

小野：私の住んでいる地域はほとんど流されてしまっていて、近くの小学校に避難しました。電気がない分、懐中電灯を持って来ている人もいましたね。途中からは発電機も使い始めました。一番困ったのはトイレでした。ほとんどが水洗だったので使えなかったです。使えるトイレが一箇所しかなかったので、場所が遠いこともあり、我慢していた人も多かったと思います。

小野寺：私の方は被害が少なくて、電気は通ってなかったけど、水道は通じたままだったので、貯めておいたりしましたね。家が給食センターに近いこともあって、電気が早く通じたので、炊き出しに力を入れましたね。

――仮設トイレが来るまでにどれくらい時間がかかりましたか？

米田：多分一週間くらいですね。

小野：仮設トイレはなかったけど、小学校だと一週間ぐらいで水洗トイレが使えるようになりました。

――避難所で生活していく中での思い出などはありますか？

米田：私は避難所では生活していなかったけど、避難所の炊き出しを手伝う中で、いろんな人たちの内面を垣間見ることが多くなって、嬉しくなることもあれば、逆に虚しくなってしまうこともありました。でも、若いお母さんたちが炊き出しなどを私たち以上に精力的にやってくれたこともあって、普段あいさつする時にもつながっているんだなって今まで以上に感じられるようになりましたね。

小野：良くも悪くもその人たちのイメージが変わったり変わらなかったりしましたね。今までに気づけなかった親戚同士のつながりにも気づけたような気がします。

外部ボランティア（チーム北リアス）に対する印象

――ボランティアとの思い出はありますか？

米田：ボランティアの方はがれきなどを片付けるだけじゃなく、話を聞いてくれたり、精神面でのケアもしてくれて、私ができること以外のことをたくさんしてくれたので本当に感謝の気持ちで一杯です。

南部：最初はがれきの片付けとかだけで、住民の方と顔を合わせるという機会はなかったけど、後になって、交流することも増えてきて、「ありがとう」の言葉を聞くたびに頑張ろう頑張ろうっていう気持ちになったので僕の方こそ感謝しています。

小野寺：私は膝が悪かったのでできることは多くなかったけど、ボランティアの方々が私たちではなかなか手に負えないようなところも手伝ってくれたので、本当に感謝しています。

小野：月に一回ボランティアの方々とお酒を飲むという機会があったのですが、被災した方たちと飲むことに（打ちとけられるかという）不安もありましたが、この集まり自体も何度か続いていったので、よかったと思います。

河村：小野さんがおっしゃった月一回の飲み会で交流を深めていったり、農業体験などでやすさんのお家にお邪魔したりとどんどん交流を深めていけた気がします。

永田：ボランティアを行ったという実感よりも、いろいろな体験をさせてもらって、こちらの方がお世話になったという感じで楽しかったということが印象に残っています。

渥美：辛い状況の中でも月一回の飲み会というきっかけの中で、お話を聞いたり、和やかに接していただいて、いい印象が残っています。

石塚：私は皆さんとはボランティアに参加した時期も違ったので、思い出と呼べるほどのものはないのですが、今までのお話を聞いて、とても嬉しく感じました。

小林：私はほうれん草畑の収穫のお手伝いをしたのですが、ボランティアを行った後は僕たちの方がかえって元気をもらった気がしました。

震災から一〇年間を振り返って

――野田村の一〇年間で、ご自身の周りで変化した物事はありましたか？

米田：新町ができても新町に足を運ぶということはあんまりなかったので、昔の野田らしさがもう少しあればよかったと思います。

小野寺：家がなくなってしまった人たちにも新しい家が建って、新しい安らげる場所が早くできてよかったなと思っています。人と人との絆は変わらないでいて欲しいなと思います。

小野：ダンプカーや工事の車が多くて、工事が終わってこれがなくなったときにどうなっていくのかが気になるところですね。

将来に向けて

――みなさんが仕事をしていく上で困ったことや、今後の希望などはありますか？

米田：農業だと後を継いでくれる人が決まっているところがほとんどいないけど、自分の都合のいい時間で働いたり休んだりできるから、だれかに使われて働くよりも楽だと感じることもあるし、機械化も進んでいて、あまり手間がかからなくなってきているから、若い人もやりやすいんじゃないかと思っています。

――なるほど。震災の前後で農業の規模の変化はありましたか？

米田：規模に関しては大きくなっていると思います。

――今後のことを考えたら誰かに農業をやって欲しいと考えることはないですか？

米田：収益を多くするよりも、品質にこだわってやっている人が多いから、これを発信して収益を多くするようにしないと、誰かに勧めるということもできないよね。

――遠方の学生たちが農業体験のような形で民泊をすることはどう感じますか？

小野寺：私は環境的には問題ないけど、膝が悪いから、体力の面――民泊にくる学生さんたちの層、例えば小学生は体力の面で不安があるかなぁ。

――今後について希望はありますか？

米田：私たちの農業をやりたい人に、どうやったらうまく農業の魅力を伝えられるか、後を次ぐ人がいるのかを考えますねぇ。

小野寺：農業をやっているおかげで、食料品の値段が高くなっている現代でも、安く野菜なども手に入れられます。暮らしだったり、子育ての面で、すごくいい場所なので、そういうところに魅力を感じてこっちに住んでくる人が増えればいいなぁと思います。

座談会を通して

河村：その場所に積極的に行きたいと思えるような、農業という生業が持つ魅力をもっと伝えていければなと思います。

渥美：農業を実際に行って生活をするというイメージを作り上げることが、後継を増やす上でも必要なんだと思います。小野さんの手伝いをして農業の大変さを知ることができましたし、小野さんはそれを毎日続けておられるのだと改めて感服しました。

永田：農業は一箇所から給料をもらうような仕事とは違うのが印象的でした。野田村に関わって行く上で、さらにいろんなことを学んでいきたいと思います。

――震災当時の話などを聞けてとても参考になりました。貴重なお話に加えて、リモート形式で座談会に参加してもらいありがとうございました。

二〇二〇年七月二六日収録

第4章　野田村で学生ワークショップを続ける意味

一　はじめに

本章では、震災後の野田村の復興支援を目的として筆者らが東京の建築・まちづくり系の大学研究室とともに毎年実施している学生ワークショップ「野田村復興まちづくりシャレットワークショップ（以下、野田村CWS）」の一〇年間の活動の軌跡とその意味をふりかえる。地域外からの学生たちが地元の方と一緒に地域の復興を考えようとすることの意義と可能性について考えたい。

野田村CWSは、東京都立大学（二〇二〇年三月まで首都大学東京、以下、首都大）、工学院大学、

八戸高専の建築・都市計画系のまちづくり研究室(1)が共同主催する、課題解決型の学生ワークショップである。工学系でもコミュニティ・デザイン、まち育て、防災まちづくり、まちづくり教育などソフト的なテーマを指向する専門研究室による、復興まちづくり支援の実践と学生トレーニングを兼ねたワークショップである。二年目（二〇一二年度）からは野田村の後援を得て多くの職員の方々の協力を得ているが、公的な要請や地元からの依頼に基づくわけではない。あくまで自主企画であり、開催規模もけっして大きくなく、趣旨も必ずしも明確化されておらず、いまだ村中でも協力者以外にはあまり認知されていないであろう。

元来「シャレット Charrette」とは、アメリカのまちづくりで市民参加手法として実施されており、当事者（住民、行政、専門家）が一堂に会し、数日間で集中的に議論して解決策を探る方法である。ここで専門家としてのデザインチームは、地元の当事者・利害関係者の意見・意向を汲み取り、議論で出てくる提案や意図をその場でどんどんドラフトとして描き、図化して皆に読み取れるようにすることが重要な役割とされる。

一方、国内で大学研究室が実施してきたCWSには、概して地域貢献と（主に学生の）教育目的の両面のねらいがある。日本建築学会は学生の教育を主眼とするCWSを、二〇〇五年度から国内各地で毎年開催している。これは当該地域のまちづくり当事者の意見を参考に、学生主体で空間デザインのプランニングと提案を行うものである。

野田村CWSは、当初この建築学会の学生シャレットをモデルに、震災後の逼迫した被災地の状況の中で、専門研究室と学生による復興支援活動を目的として企画した。

二　開催までの経緯

東日本大震災発災後、八戸の高台にある職場の混乱が落ちついたところで筆者は三月末から有志の同僚・学生とともに、八戸市から沿岸を南へ六〇キロメートル程の岩手県野田村への緊急支援ボランティア活動に動き始めた。震災発災の後、テレビには限られた大規模被災地の映像が繰り返し流されるのに対し、県境を越えた近隣の岩手県北地域についてはは空白といえるほど具体的情報が少なく、地元の新聞記者や、三月下旬に現地視察に入った（その後チーム北リアスとして連携する）関西の災害救援の専門家チームからの口伝で、野田村から南の被災状況がひどいとの情報を得ていた。

ほどなく筆者と縁のある首都大（当時）のまちづくり研究室が、北東北沿岸の被災状況を視察に来訪し、弘前大の社会学研究者（当時）とともに四月中旬、物資運搬用の一・五トントラックとレンタカーに分乗して八戸～釜石の被災地を巡り、役場等で住民の避難状況や支援体制についてヒアリングを行った。その帰途、首都大の市古太郎氏（防災まちづくり・防災教育）から、東京のまちづくり系研究室の復興支援活動として、野田村で学生シャレットワークショップをできないだろうか、と提案があった。

しかし平時のまちづくりならともかく、被災地で学生ワークショップを開催するには被災地の方への負担（協力）が大きく、その成果が実際どれだけ地域のためになるかはやってみなければわからない。この点はチーム北リアスの活動原則としてきわめて大事な点であった。直截的に被災地のためではなく学生・大学本位の活動ではないかと懸念される向きはあった。ただチーム北リアスのメンバーである筆者が他の活動と併せてフォローするつもりで、とにかくやってみる、やらせてもらうことにした。野田村住民でありチーム北リアス現地事務所長の貫牛利一氏に相談し、協力をお願いした。

三　被災地での学生シャレットの展開

第一回　野田村CWS（二〇一一・七・二八〜二九）
第二回　野田村CWS（二〇一二・八・一八〜二〇）

第一回野田村CWSは、発災から四ヶ月後、まだ津波の爪痕が生々しい野田村で「先を見越して復興空間像を考えてみる」ことをテーマに開催された。主催する三学のほか弘前大学・京都大学・北海道教育大学・函館高専から、学生三〇名と教員九名が参加した。いっぽう地元の協力者は、貫牛氏と、ボランティア学生と交流のあった下安家の漁師澤口氏の二名のみで、被災地で早期にCWSを実施することの無理を思い知らされた。

ただし参加した学生たちにとって被災地の現状を実際に見て考えることは確かに貴重な経験であったし、被災地と学生を深くつなぐ機会になることを期待していた。じっさい正味一日半の日程で、村中心部の被災現場を歩いたのは二〜三時間足らず、その後教員スタッフの容赦ない指導を受けつつ学生たちはエスキス（概念や企画の素描スケッチ）を繰り返し、ほぼ徹夜で作業を続けた。そして最終提案の内容は、直ちに実現できる具体性には欠けるものの視

図4-1　企画作業と提案発表の様子（第二回 CWS）

点や着想として十分参考にし得るものがあり、次年度以降につながる手応えを得ることができた。この成果（提案）は村役場に報告した。

第二回ＣＷＳの開催に向けては入念に準備を行った。二〇一一年一一月に策定された野田村復興計画は防潮堤整備や防災集団移転等の復興事業方針を概略的に図示したもので、詳細な整備内容はその後の事業化の段階で示される。そこで具体的な生活像をイメージして復興計画を読み解き住民に示し、復興プロジェクトを補完し質を高めようということが、第二回ＣＷＳへの方針となった。

二〇一二年一月からは野田村商工会青年部および野田村青年会（主に村職員）メンバーとチーム北リアスの間で「復興まちづくり勉強会」が開始され、このグループが第二回ＣＷＳの現地協力者になる（巻末の年表参照）。ＣＷＳスタッフ教員は、漁協、農協、森林組合ほかの村内組織へ復興課題について聞き取りを実施した上で、復興まちづくり勉強会を通してＣＷＳの検討テーマとプログラムを企画した。また東京の学生メンバーは事前合同ゼミを重ね、村の一連の復興計画と復興事業の資料を読み込んだ上で、合宿前に、①高台住宅や中心街商店街のデザイン、②高台団地と中心街等の移動手段など関係性（空間構造）の課題、③避難訓練や、公園の自主管理などの空間利活用プログラムを野田村の生活者目線から見直すという三つの視点をまとめた。

第二回ＣＷＳ合宿では、東京の二大学に加えて、八戸高専、弘前大学、京都大学、大阪大学からの参加学生が六つのグループに分かれ、（ａ）高台住宅地、（ｂ）中心市街地再生、（ｃ）堤防公園、（d）居住地変化に合わせたモビリティ、（e）津波避難計画、（f）なりわい再建、のテーマでの提案がなされた。合宿最終日の発表会では小田村長から、個別の学生グループ提案へのコメントに加え、総括して「外からの目は大事と改めて思った。生活している視点からは気づかない点もあった」との感想をいただいた。

第二回CWSの成果は、九月九日の野田村のボランティア祭りにてポスター展示として一般に公開され、さらに東京で野田村復興計画作成に携わったコンサルタントも招いた講評会でブラッシュアップして、二〇一三年三月に村役場へ提出された。

ここまでで当初我々が企図した物理的な復興まちづくり提案に重点をおいた学生シャレットのプログラムとしては、一応完結した形にはなった。

そこで第二回CWSについて、村の協力者と学生の双方からの評価をみると、参加学生への事後アンケートからは、CWSへの参加の満足度は総じて高いものの、「村の人との交流」「（自分たちの）提案の質」といった要素でやや満足度が低くなっていることが読み取れた。一方、地元協力者へのヒアリングからは、CWS開催を肯定的に受け入れつつ、「（復興まちづくりは）本来自分たちが主体で考えるべき」であり、それでも「若い人が来てくれるだけで良い、刺激になる」といった意見をいただいた。つまり学生側は自分たちの提案内容（成果）そのものにCWSの意義を求めているのに対し、村民主体で復興に取り組んでいこうとする村の側からは、CWSのプロセスを通しての学生たちとの交流とその刺激に期待しているところが大きいという、思惑のズレがあることがわかった。

四　シャレットから「体験から提案する」ワークショップへ

第三期（二〇一三．八．一一〜一四　夏合宿、二〇一四．二．一一最終報告会）
第四期（二〇一四．八．一八〜二一　夏合宿、二〇一五．二．一〇〜一一最終報告会）
第五期（二〇一五．八．二四〜二七　夏合宿、二〇一六．三．一二最終報告会）

第二回のふりかえりをふまえ、もっと現地体験と交流に重点を置き、野田村に寄り添った提案をしようということになった。これまでは野田村滞在（二泊）の大部分を提案のプランニング作業に費やしたのに対し、夏合宿（三泊に延長）は野田村の「なりわいと生活」体験中心の日程とし、最後にふりかえってテーマや課題を見つけ、大学に持ち帰って提案を練り上げる。年度末に野田村を再訪し、夏合宿でお世話になった地元の方を招いて提案報告する、ということにした。また第四回（二〇一四）からは村で立ち上げた民泊協議会の協力で、夏合宿の一部を民泊交流体験とした。

ここに至って「シャレット」（一堂に会して集中的に解決策を議論する）の様式からははずれることになるが、学生が地域に則して提案を行おうとする趣旨はより深化させられると考え、継続す

るプログラムとして「野田村ＣＷＳ」の名称で続けている。（野田村ＣＷＳ２．０ともいうべき段階）

第三期（二〇一三年度）～第五期（二〇一五年度）のＣＷＳでは、参加学生がグループに分かれ、数日間、漁業、農業、工房等での仕事を手伝い（体験させてもらい）、〝なりわい〟と〝くらし〟のリアリティを知るとともに、その再建の視点から野田村の復興を支援できるような実践的提案を行った。

この中で漁業班は、深夜未明から始まる定置網漁の現場に同行（乗船）し、港に帰って漁師さんたちと一緒に番屋で朝食を食べるという、ハードながら得難い体験をさせてもらう。その感動を基に、六次産業化と観光対応で野田村の漁業を守っていくイメージと、漁師さんと一緒に漁師メシを食べながら交流できる新しい番屋のデザインを模型にして、番屋まで報告に行った。そこではじめて漁師さんたちが学生に向き合い、興味を持って耳を傾けてくれたという。

また農業班では、生花の出荷から露天販売などの体験を経て、学生たちは村の人との交流を深め、相手の顔の見えるリアルな場所や関係のデザインを提案した。「共感」と「見える化」による相乗効果で、顔見知りとなった村の方々との対話が盛り上がるようになった。コミュニケーションを促す「きっかけ」としての模型は、提案内容同様、自己完結した完成度より、粗くてもリアルさが重要であることを学ぶ。

四年、五年と野田村ＣＷＳが回数を重ねるなかで、複数回にわたってリピート参加する学生も多く現れた。毎年学生の民泊を受け入れていただく農家や漁家の方に親しくしてもらい、卒業後も個人的に野田村を訪問する学生も出てきた。

工学院大のKさんは学部三年生（二〇一三年度）から大学院修士二年修了（二〇一六年度）まで、野田村CWS四回の参加で、修士一年次（二〇一五年度）には、第五回CWS合宿前から一ヶ月間ほどインターンシップと研究を兼ねて村に滞在し、役場、民泊事業をコーディネートするNPO、そして懇意の農家の世話になりながら仕事の手伝いに勤しんだ。この年度の最終報告では、Kさんを中心とするグループが、特産物の調理法をまとめたレシピブックにアクセスでき

図4-2　なりわい体験からのアイデア提案
（第三、四期 CWS）

るＱＲコードや、オリジナルバーコードによって野田村の農業の魅力を発信するという、野田村と都市を結ぶアイデアを提案した。

また首都大のグループは二〇一四年一一月の大学祭で野田村の屋台ブースを出店し、お世話になった農家・漁家さんを招いてホタテ、シイタケ、豆腐田楽の実演販売を行った。

二〇一五年度、全国の自治体で「まち・ひと・しごと創生総合戦略」（地方創生）の策定が進められた。野田村でも震災以降、人口減少が加速しており、震災復興と併せて深刻な地方の人口減と経済衰退の課題に向き合わねばならない。伝統産業や文化の衰退による風土の荒廃とコミュニティの弱体化は防災上の観点からも大きなリスクである。同年一一月に野田村で地方創生を考える村民ワークショップが開催された。その際、復興まちづくりを考える学生としてＣＷＳメンバーも参加を呼びかけられ、〝よそ者、若者〟目線で野田村の魅力等についての議論に加わった。

五　ＣＷＳ提案テーマの模索

第六期（二〇一六．九．七〜一〇、二〇一七．三．二）
第七期（二〇一七．八．一〇〜一三、二〇一八．二．一三）

五年目まで民泊体験プログラムからの「なりわい」支援の視点で盛り上がってきた活動が、

やや頭打ちになってきた。地元の人たち（プロ）が考え工夫してどんどん復興を進めている時期に、外から来た学生にとっては、学ぶべきところは多くても、それを超えて提案できる視点を見出しにくくなったようにみえる。Kさんのように野田村での体験と調査を重ねた研究レベルでは成熟してきた一方で、新たに参加する学生にとっては、これまでの村の復興プロセスとCWSでの議論に追いつくのがたいへんである。東京の学生メンバーには社会人大学院生も多く、実社会の問題に向き合うことには比較的慣れているのだが、それでもCWSに向けての東京での合同ゼミの記録からは、提案テーマについての議論における学生たちの戸惑いと葛藤の様子がうかがえる。

第六回目の夏合宿直前の八月三〇日～三一日に台風一〇号が岩手県に海側から上陸し、沿岸～内陸に甚大な洪水被害をもたらした。チーム北リアスのメンバーも、久慈市・岩泉町・野田村の各所でそれぞれ復旧支援活動に取り組み始めた。野田村CWS二〇一六の夏合宿は、日程はそのまま、活動内容を急遽変更して、グループに分かれて久慈市内の飲食店や野田村内の民家の泥掻き作業を行うこととなった。

この経験はCWSの学生メンバーにとって大事だったと思うが、年度末の野田村での成果報告会は、例年のような復興アイデア提案は諦め、Kさんの野田村での調査による修士論文研究の発表と、これまでの野田村CWS二〇一一～二〇一六の概要と成果をまとめた発表を学生が行った。これに加えて村役場の地方創生総合戦略ワーキンググループ（WG）メンバーによる野田村の課題の紹介をお願いし、さらに学生とＷＧとで「これから野田村の地方創生のために進めていくこと、そこでＣＷＳチームがどのように関わっていけるか」について意見交換を行うという、合同研修会のような形となった。結果的にはこれが野田村ＣＷＳの「学生提案」の軛《くびき》から解放される転機となった。

第七回（二〇一七年度）でも、学生たちの模索と葛藤が続き、民泊は継続するが、なりわい体験より調査や見学の比重が大きくなった。最終報告会も学生提案は相対的に縮小し、工学院大生Ａ君の卒論研究の発表と、役場の総合戦略ＷＧと商工会青年部メンバーと合同のミニ・ワークショップ（グループワークによる意見交換）を実施した。この頃、学生提案が少し低迷気味であったのは、決して彼らの能力や熱意の問題ではなく、根本的には企画側のプログラムデザインの問題であったと当事者として反省させられる。むしろこの時期、野田村ＣＷＳをつないでくれた参加学生と野田村の協力者各位には感謝したい。総合戦略ＷＧなど村の若手とのミニワークショップが、またＣＷＳの変革の足掛かりとなっていく。それは遡ると、二〇一五年の村民ＷＳにＣＷＳの学生メンバーが参加した信頼関係と、ＣＷＳでの村の課題の理解による結果であった。

六　学生提案から「ともに考える」ワークショップへ

第八期（二〇一八．八．三〇～九．二、二〇一九．二．二七）
第九期（二〇一九．八．二五～二八、二〇二〇．二．二〇～二一）
第一〇期（二〇二〇年度、新型コロナウイルス禍下で合宿は実施せず）

第八期では、村内の現実の課題に取り組み、当事者となる村民に広く参加を呼び掛けるワークショップを企画しようと夏合宿で準備調査に取りかかったが、諸般の事情で実現にはいたらなかった。ただこの企画の中で、学生メンバーから「昔の野田村内の写真を見ながら住民に思い出を聴き、意見交換する」というグループワーク手法の提案があり、最終報告会恒例となったミニワークショップでこの手法を試行することにした。

プリントした写真をじっくり見ながら、写っている主題について話し合い、意識化を促す手法は、開発教育や環境教育の参加型学習でしばしば用いられる。期せずして理に適った参加型手法を提案してくれた首都大のY君に、ミニワークショップの進行も託した。写真のリアルな絵から対話が促され、写っていない当時の事柄まで話題が膨らむグループもあり、発展性、応用性のある活動の手応えが確かめられた。

第九期（二〇一九年度）には、この写真を使ったワーク手法を発展させ、古い写真を見た後、その撮影場所に出かけて現在の写真を撮り、過去と現在の写真を見比べながら話し合う、という活動案を企画し「写真de温故知新」と名付けた。これを夏合宿での中心的な活動メニューとして参加者全員で総合戦略ＷＧのメンバーと一緒に実施してみたところ、期待通りたいへん盛り上がって好評を博した。さらに一般住民の方との手応えも確かめたいと、翌二月の最終報告会の翌日、新町地区（城内高台団地）のコミュニティセンターでも実施してみた。住民側は協力を依頼した町内会長夫妻ほか二名の元気なシニア男性と、村の職員一名の少人数の参加であっ

図4-3　「写真 de 温故知新」プログラム
（第九期 CWS）

たが、学生たちと古い写真を見ながらの話は尽きず、また当日は朝から暗く寒い曇天にも関わらず、撮影に出かけたグループはなかなか戻ってこなかった。道すがら遊んでいた子どもたちもまじえて想定以上遠くまで足を延ばし、楽しそうであった。ここまでの試行をふりかえって、この手法には、

・写真をきっかけに、まち歩きの要素も加えて、世代を超えたコミュニケーションを促す、とくに高齢者の存在が尊重される
・リアルな場所や地域をめぐって、過去と現在の時間をつなぐ、のみならず「温故知新」の名の通り、将来のイメージを喚起する刺激にもなる

といった効果が期待できることを確かめた。

ＣＷＳに後援いただだいている役場の担当部署でもこの手法のアイデアは評価され、村の震災前の景観をアーカイブする事業（二〇二〇年度中に実施予定）に「写真 de 温故知新」の視点が応用された。こうした取り組みは、本書第６章の「写真班」の活動とも連関して野田村の過去および震災の記憶と未来を結ぶ舫《もや》いになるのではないか。

「写真 de 温故知新」のさらなる展開の可能性をいえば、今後景観が変わっていく可能性の高い場所を予想して今の写真を撮っておくことが、一〇年後、二〇年後の「温故知新」にとって大事な資料になるであろうし、その行為（撮影）によって、村の景観を変える因子（新しい道路、災害、その他感染症も？）を意識化できるであろう。また風景ではなく、生活やなりわいの情景

を活用すれば、将来といわず今の地域キャリア教育にも役立つであろう。

ここに至り、野田村ＣＷＳがさらに新たなフェーズ（野田村ＣＷＳ３．０ともいうべき段階）に入ったことを確信する。五年目のふりかえりでめざした「提案をする側と受ける側の構図を崩し、野田村の主役たる地元メンバーと、外からの学生・専門家が「相互に学びつつ創造する」場（機会）と関係を作っていく」段階に一〇年がかりでようやくたどり着いたといえる。

奇しくも一〇年目、春からの新型コロナウイルス禍で、東京の学生たちは八月になっても岩手県に来ることはおろか、大学キャンパスにすら通えない日常が続いている。夏の野田村での合宿はやむなく実施しないことになったが、この機にＣＷＳメンバーもオンラインミーティングを重ねながら、遠隔でもどのように野田村と関わり続けられるか、現在も検討しているところである。

七　野田村ＣＷＳの意味と展望

技術系の教育機関では、建築系に限らず、地域連携、産官学連携といった名目で実社会のニーズに応えようとする課題解決型教育プログラムが様々に実施される。目に見える成果を出したい、役に立ちたいのは自然な人の情である。しかし実際学生が直接実社会の役に立つほどのものが作れることは稀で、ミスマッチは当たり前、結果きわめて小さな部分を担うことで成果を上げられれば十分であったりする。しかしこのようなプログラムの醍醐味は、学生が現実とのギャップに気付き、直ちに完結した成果が上げられなくても果敢にチャレンジし、後につながるようなプロセスを残し、課題解決の現場に貢献することだと考えられる。またそのプロセスによって学生と社会との創発的な関係が築かれる。そこで専門家的倫理観をもって、謙虚に実社会と学生のギャップを調整しつつ学生をファシリテートするのが我々教員の務めである。

ここまで、ＣＷＳの成果としての学生提案が、実際に村の役に立ったのかどうかについてはあまり評価してこなかった。提案の発表会でユニークなアイデアだと称賛されても、現実的には未熟であったり、村の内発的な動機までには届かなかったりして、直ちに計画や事業に反映されたり、実現されたり、活動に取り組まれたり、といった形で実を結んでいないということがある。しかしすぐに実現されずとも、あるいは直接的でなくとも、後になって似たカタチが実現したものもある。第一回の提案にあった「大鳥居から海へ向かう本町通りを復興のシンボル的な場と捉え、路上でコミュニティのための宴を開催する」アイデアは、現在本町通りに面した施設「ねまーる」で開催されているプチよ市のイメージに近いものであるし、第三回での「中心街近くに簡易な宿泊場所」の要望は、役場により「のんちゃんハウス」として実現した。学生提案をただ村で実現して、というのは身勝手な話だが、実現できたら良い、あるいは応用できそうな可能性のあるアイデアはまだまだあり、ＣＷＳの成果があながち的外れでもないものと考えている。これまでのＣＷＳの継続により学生たちが提案してきた提案のストックを、今後の野田村のまちづくりのヒントとして、検索し活用しやすいものにしておく価値はある。新型コロナウイルス禍で野田村での合宿体験が困難な今年度、ＣＷＳメンバーのオンラインミーティングを重ねながら、遠隔でも関わり続けられる活動の一つの課題としている。

冒頭で述べた通り「シャレットワークショップ（ＣＷＳ）」は、一堂に会して集中的に解決策を議論する形式と理解されており、また建築学会の学生シャレットの場合は専門教育として「学生提案」を最大の特徴と考えている。これまで述べてきたとおり野田村ＣＷＳは開催を重ね、Ｖｅｒ．２．０、３．０と深化（と考えている）するたび、「一堂に会して集中的に解決策を議論する」形式からも、また「学生提案」を主眼とすることからも逸脱してきた。しかし復興まちづくりの主役は地域の方々であり、デザインチーム（外部の専門家や学生）がそのサポート役であるというシャレットの本質にはかえって近づいたか、あるいは延長にあるように思われる。別に看板に拘るわけではないが、関係者においては定着してきたこともあり、当面は「野田村ＣＷＳ」の呼び名をそのまま使っている。

これまで野田村ＣＷＳとしてアプローチしてきたテーマは、人の暮らしを豊かにし、コミュニティの活性化や人の交流を促す「空間デザインや場づくり」の提案、さらに地域経済と文化の復興の視点から小規模な農漁業の発展や継続をサポートする「なりわい支援」に関する提案が主であった。また関連して取り組んでいきたい課題として、子どもと一緒に考えるプログラム、とくに農漁業の後継者問題に絡めて、主体的に地域のなりわいとライフスタイルについて考えられるような「地域キャリア教育」の視点があり、それを促進するツール（教材）づくりなどが我々自身でできることではないかと考えている。

一〇年間で、野田村の復興は物理的には急速に進み、参加学生は代替わりを、我々スタッフは齢を重ねた。しかし野田村ＣＷＳが、外からの学生が野田村の復興まちづくり／まち育てに関わっていく方法だとすれば、その使命はまだまだ続くし、手法や呼び名にこだわらずやるべきこと、やりたいことはより具体化し、広がっていくのである。

（河村　信治）

注

（1）東京都立大学都市環境科学研究科玉川研究室・市古研究室、工学院大学建築学部まちづくり学科野澤研究室、八戸高専総合科学教育科河村研究室

※野田村ＣＷＳは、JSPS 科研費 JP17K12630「多重被災からの復興と地方創生のための地域キャリア教育プログラムの開発」の助成を受けています。

参考文献

（1）高橋潤・小林剛士・小林正美（二〇一〇）「実践教育としてのまちづくりシャレットワークショップの研究――学生参加のシャレットワークショップを事例として――」『日本建築学会技術報告集』一六‐三三，七一一‐七一六．

（2）野澤康・市古太郎・河村信治（二〇一二）「被災地における計画主体を組み立てる――野田村復興まちづくりシャレットワークショップの活動をとおして――」『都市計画』二九九，一四‐一七．

（3）河村信治・市古太郎・野澤康・玉川英則（二〇一五）「震災被災地における復興支援手法としての提案型学生ワークショップの可能性に関する研究――野田村復興まちづくりシャレットワークショップ4年間のふりかえり――」『都市計画論文集』五〇‐三，三七九‐三八六．

（4）宮崎洋司（二〇〇八）『都市形成の合意形成学』鹿島出版会．

（5）小林正美・古市修（二〇〇二）「「まちづくり」における「シャレットワークショップ」の実験と評価に関する研究：岡山県高梁市における継続的ケーススタディー」『日本建築学会技術報告集』一五，二八三‐二八八．

コラム

村民座談会

漁業からみた野田村の震災

チーム北リアスのメンバーが漁業に関して直接お手伝いできるようなことは無いに等しかったにも関わらず、野田村漁業組合には様々な機会にお世話になった。ホタテなど野田村の海産物の恩恵にあずかり、支援プロジェクトに多大なる協力をいただいた。

参加者

野田村漁業組合
小谷地勝（組合長、漁師歴三三年、震災後ホタテ漁の復活を牽引）
安藤正樹（ホタテ養殖組合、漁師歴二六年、ホタテ養殖専門一六年）

チーム北リアス
永田素彦（京都大学）
李永俊（弘前大学）
渥美公秀（大阪大学）
石塚裕子（大阪大学）
河村信治（八戸高専）
大門大朗（京都大学・野田村在住）

近年の災禍による影響

――震災後三年目頃には、まだ完全ではないにせよ仕事はだいぶ回ってきたとお聞きしました。その後二〇一六年の台風一〇号や二〇一九年の一九号、今年の新型コロナウイルス禍、あるいはそれ以外でも、影響はありましたか？（司会・河村）

安藤：コロナ禍で出荷先が減少して、ちょっと大変だなあと思っているところです。それでも飲食店が営業再開したり、地元のお魚屋さんに普段どおり買い取ってもらったり、よそでは売れ残ってしまって安くキャンペーンやって出しているところもあるようですが、うちはそこまでしなくても今のところ通常通りできて、助かっている方かと思っています。問題は後継者対策ですね。最近は嫁にも手伝わせてみたり、やりたいって人がいればやらせてみたりして、興味をもってもらえればと、少しずつでも始めています。

小谷地：大きな問題ではないですが、二〇一六年（台風一〇号）のときは、川からの流木で定置網が大きな影響を受けました。また最近は大雨で海に流れ込んだ真水でホタテが死んでしまった地区もあった。最近は大雨が多すぎて、何十年に一回とかいうのが毎年来るというのが現実で、漁協としても対応を考えなければならない。港内にもってきて明日出荷しようとするホタテがやられてしまうので、大雨が降りそうだったら前の日には持ってこない、という状況を組合としてつくろうかなと思っています。

（海には）「普通」は無いです。海の復旧を自分たちでやることに関してはそう大変なことと思わない。やはり同じ方向を向いた漁師同士だから、互いに力になったり相談したりして、その結果ここまで来ているんですけど。海に関しては、漁師同士、村とか県とかを越えて、助けてもらうところがあった。これは漁師のパワーですよね。養殖組合の代表をしているときもそう思ったんですが、すごい力だなと。

チーム北リアスとの交流や震災復旧・復興に纏わるエピソード

安藤：やっぱり学生たちとけっこう交流できている感じがあって、（チーム）北リアスはね。

小谷地：うん、やるべきだって思っているよね、うちらはね。

永田：震災直後の頃からいろいろお話を伺っていますけど、とにかく船も全部失って先が見えない大変な状況で、こちらもじゃあ何ができるかっていうと、お話を聞いているだけみたいだったことをよく覚えています。その中で（小谷地）勝さんの話で印象に残っているのが、漁師さんは本来一匹狼というか、それぞれ競い合ってやるのが性分だけど、こういう状況なので力を合わせて仲間同士で助け合っている。それが良いのか悪いのか、うまくいくのかどうか、というもどかしさのようなことを言っておられた。漁師さん同士の関係、現在はいかがでしょうか。

安藤：今まで通りに戻って、皆やりたいようにやっているから良いんじゃないですか。

小谷地：本来は個人個人が社長なので、一緒になるとぶつかるのが本当なんですけど。震災のときだけはリーダーっていうか引っ張る人間についていきてくれたっていうのが四年間共同でできた理由だと思います。自分を抑えていた人たちも多かったと思いますけど。私も途中壊れるんじゃないかなと思いました。でも壊れずにきたっていうのは、やっぱりみんなある程度遠慮もし、代表を立てようとしたっていうのがありますよね。それが今につながっているのかなとは思います。

今になると、もう一度（震災が）来たらもうやめます。もう二度はできないですね。ただあのときできたっていうのはやっぱりいい仲間に恵まれたっていうのが私の感想です、本当に。

渥美：私は今回まで「漁師さん」という方にリアルで会ったことがなかったように思います。

漁師さんと思っていたら田んぼでトラクターにも乗っておられてビックリしました。船に乗せてもらったときは、そのスピードに驚かされました。サテライトセミナーでも学生が来た時も、たくさんのホタテとかサケとか、実演付きでいただきました。

質問なんですが、農家の人たちは支援という名の補助金でけっこう大変になってしまっている面があるようですが、漁師さんはその辺はどうなのでしょうか?

小谷地：農業と漁業の補助は違って、漁業補助の方が農業より弱いんですよ。港湾づくりに金がかかるものだから。補助率七割とかっていうのはまず無いですよ。震災のときに初めて私たちも大きな補助を受けたんですが、当初は仕組みの違いがよくわかりませんでした。よく農家さんから聞くと、補助はあるけどちゃんと返済があるみたいですね。それで農業をやっている人は機械を買ったりしてるんだけど、返すのも結構な額だと思います。

漁業に関しては、補助はありますがだいたい三割くらい。そんなに高い率ではないので、そのときは復旧は厳しいんだけど、返済は農業よりは少なめだと思います。

「荒海団」について

――弘前チームでは子どもたちの夏休みの宿泊学習のときにいつもホタテ等を提供していただいたり、ホタテ養殖のことをご説明いただいたりして、何度もお世話になりました。「荒海団」という地域ブランドが確立していろいろご尽力されたと思うのですが、大変だったことは何でしたか？　また地域ブランドができてどのようなメリットがありましたか？

小谷地：ホタテに関してはブランド化で三割以上収入が上がりました。野田全体の水揚げで、三〇年前に三〇人でできなかった目標が、いま一七人で達成できています。単価的にも高くなった。「荒海」ってブランディングは、いろいろな力を使ってやった（※野田のホタテのブランディング事業は、震災後の企業CSRによる支援事業の一環として進められた）んですが、正直な話D社（大手広告代理店）の力です。私たちで考えられるレベルではなく、ついていけない、というのがありました。ブランドができたら今度は維持するのをどうしていくかというのが課題で、この前村長とも相談したところです。

もともと野田のホタテは、半年で一回岩手県の南部に種苗（稚貝）として出荷して、それから一年もの（稚貝）をまた南に出荷して、それで残ったものを成貝として育てていました。震災前はこの成貝がうまく育たず、実をいうと野田産の大きい貝はほんとに少なかったんです。大きい貝が夏場を越せず、もう成貝はやめようっていうのが当時のスタンスでした。それが震災後は、海の変化なのか環境の変化なのか原因はわからないのですが、うまく育っています。

安藤：ワカメも荒海ブランドを冠して出しています。生産量はちょっと震災前よりは減っていると思いますけど、毎年決まって三月には種苗を収穫し、順調に継続しています。

小谷地：荒海団に関しては、学校給食のプロジェクト（地場の食材を使った給食の時間に農漁業家が同席する。YouTube「日本一しあわせな給食」で検索）も現在も続いています。ホタテ、ワカメ、サケが浜の方（漁業）の分ですけど、あと野田村にあるホウレンソウとかシイタケとかを使って、けっこうな回数やっています。やはり子どもたちの元気っていうか、こういうのは続けていくべきだと思います。未来の後継者？の手ごたえは全くありませんが、小学二、三年生の磯遊びとホタテの畜養施設の見学会は好評だったようです。

安藤：荒海ホタテのＰＲ活動のおかげで、神戸（人と防災未来センター）でもホタテを焼いてお振舞いをやりましたし、（中越沖地震被災地の）新潟でもやりました。いろいろな場を提供していただいて、岩手県内外に発信してきました。ただ生産量の加減もあって、そこから先、さらに増産という感じにやるのもしんどいし、あまりPRしてももう無くなったよというのも問題だし、まったくイベントやらないのも寂しいし、時機と場所を選びながら、一気に盛大にやるのではなくて、コツコツとしぶとくやっていこうかなと思っています。

石塚：早朝の漁に同行させていただいたとき、お手伝いで商工会青年部の人が一緒に乗船されていて、その連携プレーがすごかった。さらに漁から上がってお母さんたちも含めた作業場の連携の体制に感動しました。漁業というと漁師さんしか目に入らなかったのですが、こうやって地域で支えているということに、とても感動しました。

小谷地：地域で支えているのは以前から同じなんですが、自分も三〇年やっているということは、手伝う方も三〇年たっているわけで、だんだん引退する方も増えてきました。今までのやり方で新たに代わりの人を探すのか、先日役場に相談したときには、外国人を雇用するとか、法人化して本格的にやるとか、提案としてはそういうのもあるというのを聞いてきました。

石塚：青年部の方とかも朝の時間を使ってお手伝いされていると思いますが、そういったお手伝いもずっと続いてきた仕組みなのでしょうか？　傍からみると、本業以外にも手伝ってくれる人が地域のいろいろなところに居られて、それが荒海ホタテのブランドを支えていると感じました。

小谷地：仕組みというか、家々で人を頼むんですけど、若い人がいるとホタテの収穫とか、今年来年再来年とずっと頑張れる限りはお願いする、というのが今までのやり方で、そうするとやれることがおおよそ決まっているから、皆いいバランスで仕事するので、早く終わるっていうのがカタチになっている。

河村：安藤さんの場合は、奥様が村内のイタリアンレストランのオーナーシェフをされていて、まさに家庭内で六次産業の体制になっていますが、ご家族とお店の方はいかがですか？

安藤：まだ子どもが小さいので、常にお店をやるには厳しいですけど、イベント等で出店するのをときどきやっている感じ、継続してテイクアウトできるものとかをやっていく方向でいるようです。

六次産業っていうか、たまに私もベアレン（岩手の地ビールメーカー）さんのイベントに行って一緒にホタテを焼いたりしたんですけど、彼女は自分らにはできない作れない調理方法というか、さらに美味しくできる技術を持っていますので、そういった形で、彼女には彼女でそういうＰＲもしていってもらいたいと思っています。

大門：ちなみについ先日のプチよ市で、家庭内六次産業のホタテのピザを販売しておられて、美味しくいただきました（笑）。

今後の野田村の漁業の課題

小谷地：課題はいろいろあります。荒海ホタテの生産量はもう少し伸びるだろうから皆さんに頑張ってほしいっていう話。

新規加入したい人の受け入れ方法は村とも検討していかなければならない。相手が海なので、勉強（修行）期間は五年と考えてみています。そのほか家庭内労働なので、奥さんのご理解っていうのがいちばん大きいと考えて来てほしい。取り組みは始まったばかりです。

後継者問題はもう私が二〇代のときから岩手県全体で話題になっていましたが、なかなか進んでいないのが現実です。県が一昨年くらいからやっているいわて水産アカデミー（県の漁業者育成事業）では一年で一〇人程度、現在三年目ですので三〇人くらい入っているんですが、野田村の荒海ホタテをやろうって人はまだ一人も来ない。漁協としても後継者問題は喫緊の課題ですが、解決方法はまだ見つかっていません。ただこの四月に新規加入が一人いたのが、ちょっとした良い話題です。

李：後継者問題に関しては、漁業権やいろいろなことの譲渡の問題が引っかかってくる部分だと思いますが、その辺はいかがですか？

小谷地：漁協としては以前より間口を広くして、金額的にも抑え、受け入れる人数も広く考えています。あとは来る人のやる気次第。何がしたいっていうものを明確に持った人でないといけません。やっぱり修行という厳しいものがあってはじめて漁師になれるものなので、まずどんな人とでも話はしますが、要は自分が本当にやりたいっていう熱い思いが私たちに伝わればどうにでもなることだと思っています。

できる、できないというより一度挑戦してみるっていうカタチもあった方がいい。一週間〜一ヶ月って漁師体験をして、やはりダメだ、やはりやりたいっていう、そういうのを県でもやっているし、野田村でも支援しています。村の方では、漁協に入ったら住居は提供、一年から三年まである程度の給料も出します。ところがどっこい船がないと自由に海を歩いていけない。実はここを解決してあげないといけない。自分で買うとなると安いものではないので、そこがホントはネックになってくる。

小谷地：うちの養殖でも、一〇人いた漁師（養殖者）が一人減ると、その場所が余るわけですよね。はじめのうちは一部でも譲り受けてやるんですが、あまり人が減って場所が空いてしまうと、手が回らずできなくなる。となるとやはり法人化するなりして人を頼んでやるようにしないと。実をいうと野田の養殖施設も一〇年後はちょっとどうなるかはわからないのが現実ですね。一人じゃ限界っていうところがあって。

安藤：けっこうもうみんな限界ってくらいやっているんですよね。本当に、自分の分で手一杯です。

――最後に野田村の漁業へのエールを。

河村：復興道路ができて野田村でも確実に都市化が進む中で、やっぱり地方で海守りながら漁師やって生きているっていうのが、外から見たらますますカッコイイ存在になってくると思うんですよね。規模は小さくても荒海団って看板を張っていたら、容易ではないけど憧れの存在になると思うんです。荒海団ブランドもはじめは広告代理店が作ったものかもしれないけど、一〇年二〇年維持できていたらもうそれは本当に野田のものだと思います。ぜひ新しい世代の漁師さんのモデルになっていただきたいなというのが、無責任ですがファンとしての率直な願いです。

大門：私のもう亡くなった祖父が漁師で、京都の日本海側ですけど、誇りのあるものを守っているって、何かいいですよね。

実はその地元の内海の漁師さんで、二二歳で漁師八年目なんですけど、組合で一番若い彼の次に若いのがそのお父さんという状況でやはり高齢化が進んでいて。後継者どころか、彼が子ども育てて食っていく収入をつくるためにまずどうしようかって悩んでいる感じです。野田村では安定した産物があるっていうのが羨ましいと思いました。

李：名前は「荒海」でも、漁師のみなさんが安定して安心して幸せに暮らせるっていうのが良いモデルかと思います。野田ではホタテとワカメが定期的に獲れるのがすごく恵まれた条件だと思うので、ぜひそういう面をＰＲしていただければと思います。

石塚：私は、勝さんがおっしゃった、「漁業は家庭内産業だ」ということが印象に残り、奥さんになる人やご家族の理解がいかに大事か、ということを今日あらためて確認できました。その中で、安藤夫妻の生き方が新しい漁業家族のモデルとなって、お二人のライフストーリーをＰＲに使うとか、そういうことも大事ではないかなと。単に仕事だけではなくて、生活がこんなふうに楽しいんだとか、すごくたいへんだけどこんなやりがいがあるんだということを中心に、女性側の視点など、いろいろな視点から漁業を描き出すことが必要ではないかなと思いました。

安藤夫妻の今後を楽しみにしています。

永田：だいぶ前にシャレットワークショップで、野田村の「なりわい」ライフストーリーを描いたものがありました。安藤家はまさしくそのモデルのような、漁師さんの野田村的モデルのようで、密着取材というかまたお話を伺いたいと思いました。

渥美：漁師については、女性からの視点の方が、可能性が広がるかなと思いました。ハッピーストーリーっていうのは非常に良いと思います。

もう一つはちょっと飛躍しますが、企業で漁業とＡＩを考えている後輩がいます。そういうことってどうなるのでしょうか、農業でもドローンを使ってとか、近未来的なことを言うじゃないですか。漁業というのも何か全然違うふうに見えることがあるのでは、と思いました。そういう可能性もあれば積極的に進めてみると、ぜんぜん違うやり方で稼ぐ方法も出てくるのかな、という気がしました。

小谷地：管理面であればできないことではないと思います。やったことがないことを教えてくれる人がいたら、これはこういうことができるんじゃないか、というふうに分けていければ。一気に全部そういうことになるとこれはまた話が違うことになるんでしょうけど、これはできるよ、あれはできないよ、っていうのを初めにやってもらえれば、そっちの方向に行くんじゃないかと思います。

安藤：今後ともよろしくお願いします。

小谷地：いろいろアイデアをいただければ、これから漁協としても対応していきます。若い力もありますので、いろいろ先に進んでいるところを教えていただいて、使えるものは使っていきたいと思います。よろしくお願いします。

――貴重なお話ありがとうございました。今後ともお付き合いさせていただければと思います。

二〇二〇年七月二〇日収録

第５章　住民とボランティアが協働する地域見守り活動

一　仮設住宅の問題

東日本大震災では多くの住宅が全壊・流失し、大勢の被災者が応急仮設住宅やみなし仮設住宅での生活を余儀なくされた。野田村では、全壊三〇九戸、大規模半壊一三六戸など、全世帯の三分の一近くが住宅に大きな被害を受けた。津波で家を失った人々は、村内五ヶ所（野田中学校、門前小路、泉沢、米田、下安家）にあわせて二一三戸建設された応急仮設住宅や、村内あるいは久慈市など近隣市町村のみなし仮設住宅での生活を、それがいつまで続くのか見通せない中でスタートさせた。

仮設住宅（以下、仮設）での暮らしにおいて最も懸念されるのが、孤独死の発生である。額田（二〇一三）によれば、孤独死とは、低所得、慢性疾患、社会的孤立、劣悪住環境という四条件のもとに、病死・自死にいたることである。つまりたまたま死の間際にそばに誰もいなかったことが問題なのではなく、社会的に孤立した果ての死である。世間一般の孤独死の広がり以上に、仮設や復興公営住宅での孤独死は深刻な状況にあった。それは、震災で被害を受けた被災者が孤独死の四つの原因をかかえ、仮設がそれを助長しているからである。（塩崎　二〇一四）

野田村では孤独死は発生していない。しかし、震災前の住居と比べると仮設はかなり手狭である上に、カベが薄いために生活音に気を配らなければならないなど、日常生活上のストレスがたまったり、近隣との人間関係に関わる問題が生じやすい状況ではあった。また、野田村では、もともと同じ地区の人たちが同じ仮設になるように入居割り当てをし、コミュニティを維持するよう配慮がされていたが、それでも仮設の住民同士がお互いをあまり知らないというケースもあった。

災害の被災者、特に仮設やみなし仮設の住民が安心して暮らせるための支援として、地域見守り活動（以下、見守り）がある。(1) すなわち、被災世帯を戸別訪問し、安否確認をする活動である。孤独死を出さない、孤立化を防ぐことが、見守りの最も重要な目的であるが、そのために必要なことは、日常生活におけるなにげない交流、すなわち、偶然出会って立ち話をしたり、互いに視線を交わし会釈したりといった地域のつながり（コミュニティ）を回復することである

（塩崎　二〇一四）。その意味では、安否確認にとどまらず、被災者に寄り添い、仮設での生活に少しでも潤いを与えることが、見守りの役割といえる。

さて、チーム北リアスは、活動の早い段階から見守りに力を入れ、野田村社協を中心とする村の人々と協働で、見守りのベターメント（改善）を目指してきた。その協働の核となったのが、「地域見守り勉強会」（以下、勉強会）である。本章では勉強会の経緯を報告し、住民とボランティアが協働する見守りのあり方を考えてみたい。

二　野田村社協による見守り活動

野田村で見守りの中心を担うのが社会福祉協議会（以下、社協）である。震災以降、仮設とみなし仮設あわせて約二六〇世帯を対象に、公募で採用された四名の生活支援相談員（以下、相談員）が、二人一組で戸別訪問を行ってきた。訪問頻度は月一回が基本で、独居高齢者世帯などについては、一、二週間に一回としている。訪問の時間帯は、社協の勤務時間に準じて平日の九時から一七時。訪問時の様子は、詳細な訪問記録としてファイルされている。

少し長くなるが、戸別訪問に同行した学生ボランティアの記録を引用しよう。「生活支援相談員による地域見守り活動に実際に筆者も同行させていただいた。この日の訪問先は野田村で最大規模の仮設住宅である野田中仮設であり、対象世帯は〝あまり心配する必要のない世帯〟つまり、仕事についている人や家族暮らしの人である。一回の訪問で七〜一五軒ほど回り、地域見守り活動に行く前には、前回の訪問記録を確認し、その際の会話の内容や様子などを把握しておく。そして、一日の終わりにはその日の地域見守り活動の訪問記録をつけ、翌朝生活支援相談員四人で情報共有および意見交換を行う。平日の昼間ということもあり仕事等で不在の方もいるが、畑仕事や自営業などで所在が分かり、邪魔にならないようであったら、畑や店まで訪問する。訪問の際には、村による復興計画や制度の周知、それぞれの家庭の復興状況などの聞き取りを雑談を交えながら行っていく。この際に話した内容を次回の訪問の際に再度取り上げることで、復興の進捗具合も分かってくるということである。各世帯での訪問時間は五分〜三〇分ほどであった。この日同行させていただいた生活支援相談員は野田村で育った方であり、訪問先の人と馴染みもあるということで、事務的な制度の周知だけでなく野田村についてなどの雑談を交わすことによって、お互い信頼関係を築いていっているように思われた。」（鳥居　二〇一四）

社協では、このほか、仮設の集会所や各地区の公民館などで、主に高齢者の親睦や交流を目的としたサロン活動を随時開催してきた。

三　被災者に寄り添う

チーム北リアスは、震災直後から、被災者への寄り添いを活動の一つの柱として位置づけてきた。特に仮設では、炊き出し、茶話会、物資配布といった形で、被災者とボランティアの交流を重視する活動を進めていった。こうした活動とともに、野田中仮設を中心に、仮設での戸別訪問もしばしば実施した。戸別訪問の中心を担ったのは、主に関西からの学生ボランティアであり、仮設の住民も遠くから来た学生との会話を楽しんでいた。（第二章参照）

三・一　泉沢仮設住宅月誕生会

そのような活動の一環として、チーム北リアスは、泉沢仮設の自治会と協働で、二〇一一年一一月から月例の交流会を開催してきた。きっかけは自治会長である小野紀行氏からの打診だった。泉沢仮設は、もともと異なる地区から集まっている人が多く、交流の機会を作りたい、仮設の住民だけだと角が立つこともあるが、ボランティアが間に入ってくれればスムーズに進むことが期待できる、とのことだった。そこで、泉沢仮設住民有志とチーム北リアスによる交流会を月に一回のペースで開催することにしたのである。月誕生会という名称は、毎月誰か一人くらいは誕生日の人がいるだろうということで付けられた。

この月誕生会は、基本的には集まった人たちが酒を酌み交わし会話を楽しむものであるが、会によって集まる人数や内容は様々だった。少人数で震災当時の様子をしみじみと語り合うような会もあれば、ボランティアの学生や仮設の子どもたちも大勢参加してとても賑やかな会もあった。仮設の最高齢、九〇歳のおじいさんが興に乗って相撲甚句を歌うのを皆で聞いたり、これまた高齢のおばあさんの音頭で胴引きという昔ながらの遊びを皆で楽しむこともあった。仮設住宅の談話室での開催が基本であったが、ときには外でバーベキューを楽しんだりもした。ボランティアにとっては、仮設住民と顔見知りになり、じっくりと話をすることができる、得がたい機会でもあった。この月誕生会は、お酒が入っているからといって箍《たが》が外れるようなことは一度もなく、仮設住民とボランティア、老若男女が入り交じり、和やかで楽しい交流のひとときであった。

その後、仮設を退去して新居に引っ越す人が増えてきたため、二〇一四年七月をもって「中締め」とした。

四　みなし仮設からの声

時計の針を少し戻して、二〇一二年一月のこと。匿名の封書が一通、チーム北リアスの現地事務所に届いた。その内容は、「ボランティアの皆さんは被災者は仮設住宅にしかいないと思っているようだが、みなし仮設の被災者も苦しんでいる。みなし仮設の被災者も視野に入れて活動してほしい」というものだった。これはまことにもっともで、チーム北リアスでは、これまでの自分たちの活動が事実上仮設に限定されていたことを反省し、みなし仮設でも寄り添い活動をできないかと考えた。しかし、みなし仮設は既存の民間賃貸住宅を仮設扱いにしたものであるから、外から見てもどの住宅がみなし仮設なのかはわからない。一介のボランティア団体であるチーム北リアスにとって、個人情報保護のカベは厚く、どこにみなし仮設があるのかさえわからない。

そこで、まずはなんとかみなし仮設を訪ねてみようと考え、社協の協力を仰いだ。ちょうどバレンタインデーの時期だったので、社協の相談員とチーム北リアスのボランティアで、野田村および久慈市のすべてのみなし仮設世帯に、バレンタインチョコと、チーム北リアスの紹介チラシを一軒一軒配布して回ったのである。

こうして一通の手紙をきっかけに、見守りを充実させていくには、社協をはじめ野田村の人々との連携が不可欠であることを痛感した。そこでチーム北リアスから社協に、見守りのベターメントをめざすべく、勉強会を定期的に開催することを打診した。社協の側も、主査（実質的なリーダー）がボランティアとの連携は有意義だと考え、勉強会がスタートすることになった。

五　地域見守り勉強会――立ち上げから中断まで

第一回の見守り勉強会は、二〇一二年五月一四日に開催された。チーム北リアスが準備した「地域見守り勉強会（仮称）の開催にあたって」と題された文書には、「野田村の今後の推移を視野に入れつつ、〝いま―ここ〟で営まれている仮設住宅等における生活が、少しでも充実することを目指した見守り活動を行う」、「希望の持てるコミュニティ作りを一緒に行う」ことを目的とし、「見守り活動を展開する人々が、月に一回程度、情報交換、支援技術・経験の学び、懇親会などを兼ねた場を設けることを提案」すると記されている。

第一回の参加者は、野田村社協のリーダーおよび相談員、野田村住民福祉課の保健師、地域包括支援センター、久慈市社協、日本災害救援ボランティアネットワーク（ＮＶＮＡＤ）、チーム北リアス、計一三名であった。参加メンバーは回によって異なるが、野田村社協のリーダーと生活支援相談員、チーム北リアスが一貫して中心となっている。

第一回勉強会では、参加した各団体による活動紹介が行われ、月一回のペースで見守り勉強会を開催していくことが了承された。第二回（二〇一二年六月二五日）、第三回（二〇一二年八月六日）、第四回勉強会（二〇一二年九月二〇日）では、あらかじめ設定したテーマで、グループ・ディスカッションないしフリーディスカッションが行われた。テーマは「災害時における被災者支援について」（第二回）、「災害時における被災者支援について」（第三回）、「訪問時の気づき、声がけ等について」（第四回）であり、いずれもチーム北リアス側がテーマを決めるなど、実質的にボランティア主導の勉強会となっていた。

ボランティア主導という面が最も強く出たのが、第五回勉強会（二〇一二年一〇月一九日）である。拡大勉強会として、二〇〇七年中越沖地震の被災地である刈羽村社協の元生活支援員二名らを招いて開催した。背景には「被災地のリレー」という考えがあった。かつての災害被災地とネットワークを形成したり、被災住民同士の交流を促したりして、災害体験を共有しつつ支援のあり方を深めていく活動を被災地のリレーと呼ぶ（渥美　二〇一四）。後発被災地（本章では野田村）にとっては、被災地のリレーを通して、今後事態がどのように推移していくのか見通しを得たり、様々な課題について現実的な解決策や共感的な理解を得たりすることが期待できる。刈羽村社協から野田村の相談員に中越沖地震の経験を伝え、野田村の地域見守り活動をより充実させていくきっかけになることを期待したわけだ。さらに、野田村の相談員が刈羽村社協のスタッフと個人的なつながりを持つようになることも、この勉強会の隠れた（しかし重要な）目標であった。

勉強会では、刈羽村社協から、中越沖地震以降の地域見守り活動について報告された。特に、震災直後からの事態の推移に応じた典型的課題や、それに対して必要となった支援や情報が、具体的かつ詳細に説明された。翌二〇日には、刈羽村社協の二名が、野田村の相談員の通常業務である戸別訪問に同行し、刈羽での経験に基づいた助言を与えた。さらに、社協事務所に戻ってから、野田村社協の戸別訪問の実施体制や戸別訪問のやり方について、様々な課題や改善策が提起された。

この勉強会の後、四名の相談員に、勉強会や刈羽村社協とのやり取りに関して個別にインタビューを行ったところ、「様々な具体的な支援のやり方が、大変勉強になった」、「自分自身この一年悩んだり模索したりの毎日だが、間違ってないよ、と言ってもらえてほっとした」、「優しく助けるのではなく、自立を見守ることが大事ということを、あらためて考えさせられた」などの声が聞かれた。刈羽村社協のスタッフと連絡先を交換し、電話やメールのやり取りを始めた者もいた。

ただし戸別訪問の実施体制やそのやり方について、刈羽村社協から様々な改善策が提案されたものの、それが活かされることはほとんどなかった。提案の内容は、①現行の二人一組での訪問に一人での訪問も組み込むことにして、訪問の頻度を上げる、②夕方五時以降や土日にも戸別訪問をする日を設けて、より多くの仮設住民と接点を持てるようにする、③訪問の際には、玄関先から声をかけるだけでなく、文字通り一歩踏み込んで部屋の様子や本人の調子を詳しく観察するようにする、などである。これらは、実施が検討されたものの、相談員の勤務形態など社協の実情に合わず、取り入れられることはなかった。

以上のように初期の見守り勉強会は、ボランティア主導の面が色濃いものだった。もともとチーム北リアスの側から地域見守り活動を充実させたいと働きかけて開催にいたった勉強会だが、特に第五回勉強会の内容は実質的に社協の組織改善を求めるものとなった。しかしその社協は、津波で事務所を流され、プレハブの仮設事務所で業務を行っており、相談員をはじめ新規メンバーを多数迎えて、業務をなんとか軌道に乗せようとしている状況だった。そのような中、勉強会を通したチーム北リアスからの働きかけは、過剰な干渉と受け止められたかもしれない。実際、社協のリーダーは、当時を振り返って、「勉強会の意義や必要性に疑問を感じるようになった」と述懐している。第五回勉強会の後、見守り勉強会は約半年にわたって中断することになる。

六　住宅再建の状況

野田村では、二〇一一年一一月に東日本大震災津波復興計画が策定され、海に近い地域を居住禁止とすること、その移転先として三ヶ所の高台団地を造成すること、村役場近くの中心街は土地区画整理事業を行うことなどが公表された。仮設に住んでいる人々にとっては、高台団地に行く、村内の災害公営住宅に入る、自力で再建するなどが、仮設を出た後の住居の選択肢となった。ただしこの時期には、災害公営住宅も高台団地も完成しておらず、自力で自宅を再建したごく一部の住民を除いてほとんどの住民は、仮設での生活を続けていた。

住宅の再建が進み出したのは、二〇一三年以降のことである。二〇一三年四月には、最初の災害復興住宅（門前小路第一団地）が完成し、翌二〇一四年二月には、災害公営住宅（門前小路第二団地）が完成した。やや前後して二〇一四年一月には、南浜・米田高台団地の分譲が開始され、二〇一四年二月には、下安家高台団地も分譲が開始された。このほか個別に自力再建をする住民も徐々に増えてきた。

自力再建であれ災害公営住宅であれ、新しい住居を得た人々は、仮設を退去する。仮設の側から見ると、仮設から住民が徐々に減っていくことになる。仮設に残る人々は、焦りを感じ、「取り残され感」に苛まれやすい。他方、仮設を出て新たな住居に暮らし始めた人も、課題がないわけではない。自力再建をした人の中には、仮設と違って周囲に知り合いがいないことを寂しく感じる人もいる。新しくできた災害公営住宅団地と、既存の自治会との関係づくりが問題になるケースもあった。

七　勉強会の立て直し――目の前の課題に取り組む

チーム北リアスとしては、勉強会をぜひ再開、継続したいと考えていた。上述のように筆者らは、勉強会が中断した理由は、ボランティア主導が行き過ぎたこと、社協への過剰な干渉と受け止められたことにあると考えていた。そこであらためて、社協ボランティアの「連携」を強く打ち出すことを考えた。そして「目の前の具体的課題を共有し対処する」ことを目標として、勉強会の再開を社協に打診したところ、社協にも受け入れられ、二〇一三年五月に見守り勉強会が再開された。

この時期の見守り勉強会には、二人の民生委員が新たに加わった。民生委員は、他のメンバーとはまた違った形で地域の人々の生活状況を把握している。二人とも仮設に入居しており、仮設住民の声が直接間接により把握しやすくなった。さらにうち一人はその後門前小路第二団地に入居しており、仮設退去や引っ越しをめぐる問題点、新たなコミュニティづくりへの課題などについて、より現実的な議論ができるようになった。総じて、二人の加入により、見守り活動に関するカジュアルな情報交換が大きく進んだ。

その後約一年の勉強会では、相談員が日々の戸別訪問からすくい上げた「目の前の具体的な課題」に取り組んでいった。特に力を入れて取り組んだのは、引っ越し支援ボランティアの体制をどのように作るか、面会困難世帯にどうアプローチするか、の二つであった。それぞれについて述べていこう。

七・一　引っ越しのお手伝い

前述のように、野田村では徐々に災害公営住宅などの建設が進み、仮設を退去して新しい住居に移る人も出てきた。そんな中、仮設住民から社協に、引っ越し手伝いの依頼が二件寄せられたが、うまく対応することができず、結局相談者が自己解決したということがあった。そこで、これから増えてくるであろう引っ越しのニーズを見越して、引っ越しボランティアの体制を検討していくことにした。チーム北リアスからは、阪神大震災や中越地震の事例や、東日本大震災の他地域での事例を紹介した。

まず問題になったのが引っ越しボランティアの業務の範囲である。野田村では、引っ越し補助制度として、仮設から新居に移る際の引っ越し費用が上限二〇万円まで補助されるため、荷物の積み下ろしについてはボランティアの出る幕はない。また、ボランティアによる引っ越し手伝いのトラブル事例（不注意で物をぶつけて壊してしまった、など）が報告され、業務の範囲を慎重に考えることになった。結局、主な業務を退去後の仮設の清掃とすることにし、希望があれば、荷造りや新居での荷ほどきの手伝いも引き受けることにした。仮設住民のニーズも勘案して、結局、主な業務を退去後の仮設の清掃とすることにした。仮設での生活も二年、三年となると、どうしても水回りなど汚れが目立ってくる。退去時にはきれいにして新居に移りたいと考えている人も多いが、特に独居高齢者などは高い所などを自分できれいにするのは難しい。阪神大震災や中越地震の例を見ても、退去後の清掃ボランティアに対する感謝の声は大きい。引っ越しボランティアの対象は、独居高齢者など、周囲に引越しを手伝ってくれる人がいなくて、自力で引っ越しをするのが困難な人に限定することにした。

引っ越しボランティアの体制については、社協が窓口となって仮設住民からのボランティア依頼を受け付け、ボランティアの実働はチーム北リアスが引き受けるという体制を作った。ただ、ボランティアは野田村に常駐しているわけではなく、依頼者の日程にあわせることは難しいため、ボランティアを集めることができる日を引っ越しボランティアの実施日として設定することにした。

最初の引っ越しボランティアは、二〇一四年二月上旬に、仮設から門前小路第二住宅への引っ越し支援として実施された。野田中仮設、泉沢仮設からあわせて数件の依頼があり、筆者を含むボランティアが、四～五人一組で、二日間、退去後の清掃作業を行った。一件あたりの所要時間は、部屋の広さや汚れの程度によって様々で、概ね一時間から三時間程度であった。雑巾、洗剤、箒、掃除機などの清掃用具は社協が準備した[2]。

七・二　面会困難世帯へのアプローチ

さて、もう一つの「目の前の具体的課題」は、面会困難世帯へのアプローチである。見守り活動の最大の目的は、孤独死や孤立を防ぐことであり、安否確認は重要な業務である。しかし仮設やみなし仮設の住民の中には、相談員がこれまで一度も直接面会できていない（したがって、安否確認もできていない）世帯が数世帯あった。このような世帯を、面会困難世帯と呼ぶ。相談員からは、戸別訪問に応じてくれない人もいるし、どこまで踏み込んでいいのか判断が難しい。ボランティアだからこそ、相手をしてもらえることはあるかもしれない、との意見があった。

そこで二〇一三年七月下旬、ボランティア二名が相談員二名に同行する形で、すべての面会困難世帯を訪問した。結果として、このときに面会できたケースはなかったが、その後も相談員が何度か訪問した結果、面会ができたケースもあった。また、見守り勉強会で訪問の状況を詳細に報告したところ、あっけなく所在が判明したケースもあった。新たに勉強会メンバーとなった民生委員が、その人の生活状況をよく把握していたのである。結局、二〇一三年一二月の勉強会で、面会困難世帯の安否確認は完了した。(3)

八　再開後の勉強会の特徴

再開後の見守り勉強会の特徴としては、社協がそれまでと比べて前向きになったこと、社協とチーム北リアスの連携が強まったことが挙げられる。その理由は、第一に、勉強会の対象の変化である。初期の勉強会では、見守り活動のやり方そのものが対象となっており、実質的に社協に組織改善をつきつけるものとなっていった。再開後の勉強会では、見守り活動や戸別訪問の中で遭遇した「目の前の具体的課題への対処」が課題となった。このように（自分たちの）外部の問題に対処するという構図ができたことが、勉強会が軌道にのった理由の一つである。

第二に、社協とチーム北リアスの関係性の変化である。初期の勉強会では、ボランティア主導の色が濃く、チーム北リアスが情報やノウハウの与え手であり、社協が受け手であるという構図が比較的はっきりしていた。再開後の勉強会では、社協が日頃の見守り活動を通して勉強会の対象を設定する役割を担い、チーム北リアスは地域の課題を「教えていただく」立場をとった。その結果、初期の勉強会と比べて、対等で相補的な関係性がうまれた。実際、社協のリーダーは次のように述べている。「以前の勉強会では、どのように連携をとるかで試行錯誤することもあったが、現在の地域見守り勉強会では時宜にあった話し合いができているので、前向きに取り組むことができている。」

九　ポスト仮設住宅のコミュニティづくりに向けて

二〇一四年後半以降、住宅の再建と仮設からの退去が加速した。二〇一四年七月には、南浜・米田高台や下安家高台の災害公営住宅が完成した。二〇一四年一二月には土地区画整理事業対象地の換地がほぼ完了した。二〇一五年二月には城内高台団地の造成が完了した（自力再建二〇戸、災害公営住宅五四戸）。二〇一五年四月には、本町・旭町災害公営住宅一三戸が完成した。個別の自力再建も進み、土地区画整理事業対象地では、自治会が発足した。

このような状況のもと、仮設後の新たなコミュニティづくりが勉強会の主なテーマとなった。勉強会の議事次第には、二〇一四年七月から「高台等の移転状況について」という議題が加わっている。その後半年ほどの勉強会では、主として新たなコミュニティづくりをめぐる課題の情報共有が行われた。高台団地や災害公営住宅団地について、そこで生じている様々な具体的な問題や、自発的なコミュニティづくりの動きが報告された。このようなコミュニティの問題に対して、見守り勉強会として対策を検討し実施するにはいたらなかったものの、情報共有の意義はあった。

この時期における重要な動きは、村内最大規模の高台団地である城内高台（新町）の住民プレ交流会を企画・実施したことである。城内高台は、自主再建の二〇戸が順次入居し始め、二〇一六年三月には災害公営住宅五四戸が完成予定という状況だった。城内高台には、居住禁止となった地区の人々を中心に、いくつかの地区の出身者が引っ越してくる。これまでの災害公営住宅団地などで、入居後の人間関係づくりやルール作りに苦労してケースがあることを考えると、入居前から住民同士が交流する機会を作り、コミュニティづくりへとつなげていけないかと考えたのである。

城内高台住民プレ交流会は、二〇一五年九月一二日に実施された。見守り勉強会としては初めての（そして最後の）連携事業であり、社協と地域包括支援センターとチーム北リアスが、役割を分担して開催した。会場は、当初は高台の一角での開催を考えていたが、工事車両が多いことから使用許可がおりず、村役場近くのバス車庫での開催となった。交流会当日は、野田村内の農家や商工会青年部等の協力を得て、また、弘前や八戸や関西から多くのボランティアが参加して、屋台ありバーベキューありの大がかりなイベントとなった。参加者は、高台への入居予定者が二五名、ボランティアが約五〇名。城内高台への見学バスツアーには、入居予定者の全員が参加、自分の居住予定地をうれしそうに紹介してくれるなど、待ちに待った新たな住居での暮らしに皆胸を躍らせているようだった。事後のふりかえりでは、社協のスタッフ、チーム北リアスのメンバーとも、新しいコミュニティづくりに向けたよいきっかけになったと手応えを感じていた。

一〇　おわりに

見守り勉強会は、その後も、高台団地や災害公営住宅団地のコミュニティづくりに関する情報共有を主な内容として行われた。結局、二〇一六年三月一一日に開催された勉強会が、最後の勉強会となった。その直後の四月一日には、城内高台団地（新町）の災害公営住宅への入居が開始された。引っ越しボランティアには、チーム北リアスの八戸グループ、阪大グループ、チーム・オール弘前がそれぞれ日程を決めて対応した。

仮設住宅は二〇一七年六月に解消され、勉強会も終わりを告げたが、チーム北リアスと元仮設住民、高台団地との交流は現在も続いている。最近では、新町の住民が雑談の際にもらした「盆踊りをやりたい」という一言がきっかけとなり、新町のコミュニティ行事として、二〇一八年に盆踊りを含む「新町夏祭り」がスタートした。今後も新たなコミュニティづくりの動きに関わっていきたいものだ。

（永田　素彦）

注

（1）被災地に限らず、高齢者の見守り活動は全国各地で実施されている。福川・川口（二〇一一）の調査によれば、全国の自治体の八割以上で、独居高齢者への見守りが実施されていた。

（2）その後、退去後の仮設住宅の清掃は、村役場の特定課題対策課（当時）のコーディネートのもと、地元の高校生ボランティアも参加して行われるようになった。

（3）戸別訪問について補足しておく。勉強会再開後、戸別訪問は、面会困難世帯の確認をした以外は話題にのぼっていない。社協では、当初は戸別訪問の主目的は安否確認であるという声が強かったが、その後、仮設退去後のことについて情報提供や意向聴取をするなど、仮設住民とのコミュニケーションもだいぶ密になっていった。

参考文献

渥美公秀（二〇一四）『災害ボランティア――新しい社会へのグループ・ダイナミックス』弘文堂．

塩崎賢明（二〇一四）『復興〈災害〉――阪神・淡路大震災と東日本大震災』岩波新書．

鳥居寛（二〇一四）「ＱＯＬ復興を目指す地域見守り活動～岩手県野田村の事例～」平成二五年度京都大学総合人間学部卒業論文．

額田勲（二〇一三）『孤独死』岩波現代文庫．

福川康之・川口一美（二〇一一）「孤独死の発生ならびに予防対策の実施状況に関する全国自治体調査」『日本公衆衛生雑誌』五八‐一一，九五九‐九六六．

第6章　記憶の復興
――写真返却お茶会の一〇年――

震災から一〇年が経つ。一〇年というのは、考えてみれば不思議な年月である。一〇年前の震災のことはまるで昨日のことのように思い出すのに、一〇年と一日前、つまり震災の前日のことはだいぶ昔のことのように思われる。

わたしたち人間は、基本的に、ものごとを忘れることで生きていくことができる。すべてのものごとを正確に記憶し続ける人間は、膨大な量の記憶に押しつぶされ、目の前を生きることがままならなくなるだろう。人間は忘れる生き物なのである。

人間は容易に忘れてしまうので、写真という形で記憶を外部化してきた。写真の黎明期によく撮られた肖像写真は、自らの死後も後世の人たちに自分のことを覚えてもらうためのものだった（彼らの思惑通り、私たち後世の人間は、歴史の教科書などで偉人の写真を見て、人となりを想像している）。あるいは、外部化することによって記憶が共有されるようになったことは、インスタグラムなどの発展に大きく寄与しているだろう。

写真という形での記憶の外部化は、思わぬ脆さも抱えていた。その脆さとは、津波などの水害時に、それが流されてしまうということである。東日本大震災の際には、沿岸部で津波の流出が数百万枚に上っていると見られているが、余りに膨大なため正確な数字は明らかになっていない。野田村でも、約八万枚の写真が津波で流出している。

そんな中、津波で流された写真を洗浄保管し、持ち主に返す活動を野田村で行っているのが、チーム北リアス写真班である。八戸からのボランティアが中心になって年に数回、写真の返却会を開催している。現在では、六万枚以上の返却が完了しており、残り二万枚弱となっている。二〇二〇年一〇月に公開された映画『浅田家！』でご覧になった方も多いのではないだろうか（ちなみに『浅田家！』で二宮和也さんが演じていた浅田政志さんもチーム北リアス写真班の一員である）。本章では、そんなチーム北リアス写真班の活動内容について紹介することを通して、写真が復興に果たす役割を描いてみたい。

一　チーム北リアス写真班結成

まずは、宮前が筆をとって、チーム北リアス写真班の結成のいきさつを事実上のリーダー二人の視点から書き記しておきたい。

一人目は、本章筆者でもある八戸市在住の外舘真知子さんである。彼女は、震災からおよそ一ヶ月後、八戸市から車で南下しながらボランティアを受け入れている自治体を探していた。当時、何か自分にできることはないかと八戸に来ていた写真家の浅田政志さんも同行していた。しかしながら、三陸沿岸部のリアス式海岸は、切り立った崖が海に面しているところが多く、テレビで放映しているようながれきで埋もれているという状況の自治体には案外出くわさない。二時間ほど運転しただろうか、野田村にたどり着いたとき、思わず息を呑んだ。見渡す限りのがれきと、そして、「見渡せてしまう」ということ自体に。これまで車で回ってきた被災地とは、被害のレベルが違うことは明らかだった。

真知子さんは、野田村でボランティアをすることに決める。当時は、言われるがまま支援物資の仕分けのボランティアを行っていた。朝から夕方までボランティアをし、八戸へ帰ろうとしたある日、役場前の水道で熱心に作業をしている青年を見かけた。近づいてみると、どうやらがれきの中から拾い集められた写真についた泥を一生懸命落としているようだ。

真知子さんはいてもたってもいられず、青年に声をかけ、写真の洗浄の手伝いを始める。写真を洗浄するときの水は、冷たい。三月、まだ東北は雪が降ることもある寒さであった。何十枚何百枚と洗浄したところで、そろそろ帰る時間となってしまった。まだ洗浄すべき写真はやまのようにあり、後ろ髪を引かれる思いであった。帰り際、その青年に言われたセリフを真知子さんは、今でも忘れられないという。「この海、きれいでしょう? 僕は、自分が生まれ育った野田村のこの海が好きなんです。今度はきれいになった野田村を見に来てください」。自分のふるさとを奪い去った海のことを、それでもなお「好き」だと言う青年の言葉。真知子さんは、次の日もまた野田村にボランティアに行くことに決める。そうして、真知子さんと野田村、そして写真班の長い縁がはじまった。

二人目は、小田洋介さんである。何を隠そう、写真を洗っていた「その青年」である。洋介さんは、野田村出身で、当時は関東の大学で教員免許を取るべく勉学に励んでいた。

三月一一日は、自宅のテレビで東北の様子を知った。正確に言えば、ほとんどのテレビが同じ映像を繰り返しているということを知った。そこには、野田村の映像は一切なかった。いてもたってもいられず、東京にいた野田村出身の同級生を集めて四人で野田村まで北上することに決める。当時は、高速道路もほとんど通れず、原発事故のニュースもあり遠回りを強いられ、ガソリンもどこに行っても底をついていた。千葉から故郷である野田村を目指して北上しているということを説明し、燃料を分けてもらいながら三日かけて野田にたどり着いた。

その野田村は、もはや洋介さんの知っている野田村ではなかった。がれきが散乱し、自分が立っている場所がもともと道路だったのか、だれかの家のあった場所なのかもわからない。しかし、よく目を凝らせば、「がれき」がご近所さんの家だったということがわかるし、遠くの山の稜線を見れば、自分のいる場所がどのあたりなのかもわかる。そこは、間違いなく自分のふるさと野田村であった。

がれきの山を登り、変わり果てた自分の家に二階の窓から入る。青春時代を過ごした部屋が吹きさらしになっている。部屋の中からふと外を見ると、海が見える。震災前は防潮林によって見えなかった海だ。そこで彼は自然と「きれいだな」と思った。どれだけの間海を見ていたのかはわからない。しかし、ふと、目線を下ろすと、がれきのあちこちに写真がたくさん落ちていることに気づく。みんなの思い出がバラバラになってしまっているように感じ、それが悔しくなって写真を拾い集め、写真に写っている知り合いに写真を届けた。こうやって、写真返却の原初的形態が生まれた。友人と二人で手分けをして、そこら中に落ちている写真を、リヤカーを借りて拾いまわった。そうやって集めた写真を、田中時計店の前のスペースにまとめて置いておくと、自分の写真を見つけた人が持って帰ったり、がれきの中から拾い上げた写真を持ってきてくれたりする人がでてきた。そうしていくうちに、写真の泥を落として持ち主に返したいと思うようになった。試しに冷たい水で泥を洗い落としてみる。すると、それだけでずいぶん写真がきれいになった。そうしているところで、真知子さんと出会ったのだった。

二　写真返却お茶会

村の中心部からがれきが片付けられるにしたがって、写真班は、新たな写真を洗浄するというよりは、拾い集めた写真の持ち主を探して返却する活動にシフトしていった。しかし、写真を返却すると言ってもどうやって持ち主を探したらいいのかがわからない。他の被災地では、画像認識ソフトを用いているところもあったみたいだが、野田村ではもっとアナログな方法でやってみることにした。それは、サロン形式でみなさんに自由に写真を見てもらい、思い出話をしながら、持ち主に関する手がかりを聞き出していくというやり方である。いわば、アナログな人間関係のネットワークを通じて、「検索」を行ってみようというわけである。

このやり方は、少なくとも野田村では成功した。仮設住宅の集会所や談話室に写真を持っていくと、みなさんの記憶がまるで温泉のように湧き出す。「あ～この家、見覚えあるなと思ったら郵便局長さんのところだ」「この人はいま家族で盛岡のほうに移られた」「これは○○さん家のお嬢ちゃんが保育園のときのだ」などなど。グーグルで検索するよりも早いし正確だ。だから、チーム北リアス写真班の返却会は、みんなで「おしゃべり」をするのがとても大切なのである。返却会のときには、お茶やお茶菓子を用意したり、ときにはせんべい汁のおふるまいをしたりして、思い出話の場になるように工夫している。そのため、私たちは、自らの活動を「写真返却お茶会」と呼んでいる。こうやって得られた手がかりをもとに写真の持ち主を探すのである。

そして、それだけでなく、実際に持ち主本人が現れることもある。むしろこちらのケースの方が圧倒的に多い。なんとなく写真を眺めていたら突然固まって「これ、私の撮った写真」とつぶやかれ、その後は、相好を崩されたり、涙を流されたり、冷静に他の写真を探されたり、様々である。本章では、写真が見つかる瞬間に焦点を当ててみたい。どんなふうに写真が見つかるのかを「記憶論」と関連させて述べてみる。記憶論と書かれると哲学的で小難しい感じがするかもしれないが、なんということはない。私たちが普段行っている想起のいろいろなパターンのうちのいくつかを紹介するというものである。本章では特に、非意図的想起と集合的想起に着目してみる。簡単に言えば、前者は、思いがけない想起であり、後者は、自分一人で行う

図6-1　泉沢仮設にて

のではない想起のことである。

三　非意図的想起――なにげなさを想起する

まずは、非意図的想起――思いがけない想起――から説明していこう。

写真を探しに来られる方の中には、「あの写真を見つけたくて」という方も多い。「あの写真」に含まれるのは、思い出の家族旅行の写真や、自分の結婚式の写真、すでに亡くなっている家族の遺影などである。他の地域で写真返却をしている方から聞いた話だが、「これまでは写真と向き合えなかったが、娘の結婚式のために小さかったころの娘の写真を探そうと思って来ました」という方もいたそうだ。

しかしながら、そのような何らかの記念になる写真は、全体の数パーセントにすぎない。むしろ、写真班が保管している写真の大多数は、なにげない日常を切り取った家族写真である。インスタントカメラの「写ルンです」の現像をするためにフィルムを使いきろうと急いで撮ったであろう写真や、撮影者の親指が写ってしまった写真などもある。

そして、こういうなにげない写真は、写真返却お茶会に来られた方にとって、見つかったときに「あ！こんな写真も撮ってたのか！」という驚きを生じさせる。このようにして、非意図的想起は写真返却お茶会で頻繁に生じている。

非意図的想起は、非意図的であるがゆえに、様々なことを思い起こさせてくれる。芋づる式に記憶が掘り起こされていく。私たち写真班は、そういった思い出語りを丁寧に聞いていくのだが、この語りにはある特徴が見受けられる。それは、感覚的な話が多いということである。写真を撮ったときの気分であるとか、そのときのにおいなどがありありと語られることが多いように思う。例えば、夏祭りのときに、山車の上で小太鼓のバチを握っている自分の写真を見て、そのときのバチの感覚や、小太鼓を叩くときのはね返る感触、笛の音、汗のにおいなどが思い出される。写真をきっかけに、記憶が解凍されたかのようである。

ここで重要なのは、写真に写っていないことが想起されているということである。それは、思ってもみなかった写真に出会うという偶然性によって生じている。夏祭りのバチの感触は、たとえば、「夏祭りのときのバチの感触はどうでしたか？」と誰かに尋ねられただけでは思い出せなかったかもしれない。不意に写真が見つかることによって、言葉にならない記憶が想起されるのである。

言葉にならない記憶は、なにも五感にうったえかけるものだけではない。「なにげなさ」を思い出すということもあるだろう。「なにげなさ」とは厄介なもので、「なにげない日常」を思い出そうとしてもなかなか思い出せない。しかし、「写ルンです」を現像に出すために急いで撮ったであろうフィルムの最後の二、三枚の写真を見てみると、ありありとなにげない日常が思い出される。昔住んでいた家の居間のソファの感覚とか、子どもがよく着ていた服の柄とか、そういった写真がなければきっと思い出すことのなかっただろう記憶が想起されていく。非意図的想起は、私たちの積み重ねてきた人生のなにげなさを想起させてくれるのである。

四　集合的想起——他者の記憶を媒介する

この種の想起は、自分の写真を見たときに生じることが多いのだが、他の人の写真を見ても生じることがある。他者の記憶との関わりについて集合的想起——自分一人で行うのではない想起——という考え方をもとにひもといていこう。

ある日の写真返却お茶会のことである。仮設住宅の交流会で知り合った方がふらっとのぞきに来てくれた。宮前は普段するように写真の入ったアルバムを見てもらおうとしたのだが、「写真は見なくてもいいかな」と言われる。おずおずと理由を聞くと「写真が残っているはずないから」とのことだった。というのも、彼は震災前、海に近い地域の中でも川沿いに住んでいた。あの日の津波は、まず彼の家を襲った。その後、リアス式海岸の複雑な地形によって流れが不規則になり、彼の家を、近くの川の中に流し込んだ。波が引くと、川の中に流れ込んだ家は、下流にあった橋に引っかかり、川の流れを止めてしまった。このままでは川が氾濫し、周囲の被害がより大きくなってしまうという判断によって、家は人の手で崩され、木片となり、海へと流された。そして、彼は、自分の家が流されるその一部始終を目撃していた。それゆえ、自分の写真が残っている可能性はほとんどゼロに近いのであった。

じつは、写真返却お茶会で、被災者の方が見られる写真はそのほとんどが「他人の写真」である。残り約二万枚ある写真のうち、自分の写真は多くても一〇〇枚程度しかない。全体の一パーセントにも満たない。自分の写真を探す作業というのは、その実、膨大な数の他人の写真の中から自分の写真を探す作業なのである。この時間は、一見すると無駄なように思われる。例えば顔認証を導入するなどして、もっと効率的に自分の写真だけを探すというやり方もあるはずである。

それでも、他人の写真をみるということ自体に意味があるのではないかと、宮前は写真返却お茶会に参加するようになって思い始めた。それは上述の、家が丸々流されてしまった方とのその後の話と関連する。

その方は、その話を語ってくれた後、少し時間があるからということで、お茶を飲みながら世間話をした。手持ち無沙汰になり、会場にある写真をパラパラとめくった宮前は、何となく、集合写真がたくさん入っているポケットアルバムを彼に差し出した。すると、彼はその中の一

図6-2　結婚式の写真をのぞき込む

枚を見て「懐かしいな」とつぶやいた。というのも、その写真は、福島県の飯盛山の頂上付近で撮られた社員旅行の写真だった。もちろん、彼は写っていない。しかし、その写真と同じところで、写真を撮ったことがあるらしく、その時の様子をありありと語ってくれたのだった。それはまるで、自分の写真を見ているかのようだった。

先ほど宮前は、写真を見て、そこに写っていないことを想起することの大切さを述べてきた。そういった種類の想起は、きっと他人の写真を媒介にしても成立する。家族写真という極めてプライベートな写真は、家の押し入れにしまわれ、他人の目に触れることがほとんど無かった。しかし、写真返却お茶会では、いやがおうにも他人の家族写真を見ざるを得ない。そのような赤の他人の写真であっても、自身の人生のなにげない記憶は想起されるのである。このような事例は、写真返却お茶会において非常に多く見られる。

このとき記憶は開かれたものになっている。自分の脳内にだけ保管され、誰の目に触れないままになっている記憶ではなく、見知らぬ誰かと偶然の出会いを果たす開かれた記憶になっている。誰にでもアクセス可能な家族写真は、持ち主個人だけのものではなく、ゆるやかな集合性をまとっている。

このことは、実は、今までの記憶論ではほとんど議論されてこなかった。というのも、他の人の写真を目にすることが現実的にほとんどありえなかったからだ。それゆえ、写真と記憶を論じる際には、個人的な記憶についての議論しかほとんどなされてこなかった。例外として、報道写真についての議論の際には社会性が問題になり、芸術作品についての議論であれば芸術性が問題となってはいたが、いずれにせよ、写真と地域やコミュニティが結び付けられることはあまりなかった。しかし、写真返却の事例は、他者の記憶を媒介に自分の記憶が想起されるという点で実は極めて先進的な取り組みとなっている。記憶の集合性は、今後の野田村の復興を考えていくうえで、重要な観点になっていくだろう。

五　お茶の意味——場を開く

さて、ある時期から、被災写真返却お茶会に来られる人の数が減ってきたように思う。様々

図6-3　お茶の準備

な理由があるとは思うが、よく聞かれるのが「もう自分の写真は全部持ち帰ってしまったから」という理由である。たしかに、自分の写真がもはやすべて見つかっていれば、写真返却会に来る必要はないように思われるかもしれない。しかし、本章で述べてきたのは、自分の写真が無くても、他の人の写真を見て「自分の記憶が返却される」ことの大切さである。

そういったときに、写真の返却だけを活動の目的にしていたら、結果的に記憶の返却がないがしろになってしまう。大事なのは、写真の返却だけでなく、そこで思い出話に花を咲かせることなのである。

そのため、私たちは写真返却「お茶」会と名乗っている。「お茶」という二文字に、思い出話の場を作ることをひそやかに宣言しているのである。例えば、「もう自分の写真は全部持ち帰ってしまったから」と言われる方には、無理強いはしないが、「お茶だけでも飲んでいきませんか」とお声がけしている。そうやって、お茶を飲んで、近況報告や世間話をしながら、ふとめくったアルバムの他人の写真を見て、普段は思い出さなくなっていたなにげない記憶が呼び起こされる。

「お茶」は、実はいろんな人をお誘いする口実にもなっている。単に「被災写真返却」とだけ言ってしまうと、被災した人だけしか対象となっていないような気がして、被災者／非被災者の線引きをしてしまっているように思えてしまう。実際に、流された写真を探すべき人は、自分の家を失った人ではある。しかし、家を流されていない人であっても、思い出話をすることの大切さは変わらない。個別的に写真を返却するのではなく、お茶を飲みながら、野田村のみんなで集合的に思い出話をすることが大切なのである。そういったときに、「お茶を飲むだけでもどうですか?」「お茶っこしませんか?」というお誘いは、あらゆる人に分け隔てなくおかけすることのできる「キラーフレーズ」なのである。お茶は、開かれた場を創り出す魔法の飲み物だ。

写真返却お茶会は、写真の返却というよりもむしろ、記憶の返却をしているのである。そこで必要なのは、誰にでも開かれた場所であたたかいお茶を飲み合って、なんでもない話をしているということなのだと思う。

六　記憶の復興——歩んできた人生を残す

冒頭で人間は忘れる生き物だと書いた。これはきっと正しい。では、どのような記憶が残り続けていくのだろうか。ポジティブな記憶は、比較的記憶に残りやすい。宝くじが当たったとき、美味しい料理を食べたとき、子どもが産まれたときの記憶はすぐに思い出すことができるだろう。同様にネガティブな記憶も残りやすい。仕事で失敗したとき、彼女にフラれたとき、旅行先で英語が通じず恥ずかしくなったときなどの記憶もまたありありと思い出すことができる。むしろ、記憶がこびりついて離れなくなってしまうこともあるだろう。例えば、パチンコに行ってビギナーズラックで数万円得したというようなポジティブな記憶が忘れられない人はギャンブルにはまってしまうこともあるだろうし、凄惨な記憶にとりつかれる人は、ときにトラウマと診断されるかもしれない。

ポジティブな記憶にせよ、ネガティブな記憶にせよ、思い出せる記憶というのは、現在の自分に影響を与えている記憶である。では、思い出せない記憶とはどういうものだろうか。

「おとといの夕ご飯の献立を思い出せますか」というクイズめいた問いかけがなされることがある。これが意外と難しい。おとといのことなのに案外覚えていないものである。おとといの夕飯は自分の人生にほとんど影響を与えていないありふれた出来事である。このようなにげない日常は、なにげないがゆえに記憶に残ることはほとんどない。

しかしながら、わたしたちの人生は九九・九パーセントのなにげなさでできている。しかし、あまりになにげない日常が多すぎるがゆえに、記憶の網の目からこぼれていってしまう。〇・一パーセントの強烈な出来事の影で、なにげなさは、忘却されていく。

「災害の記憶を残す」と言ったときに、このような、なにげない日常を意識的に残そうとする試みはほとんどない。たいていの場合は、津波の写真だとか、変わり果てたふるさとの写真だとか、身を毛布でくるんだまま過ごしたぎゅうぎゅう詰めの避難所の写真などが残されていく。

私たちが保管している写真は、野田村のみなさんの一人ひとりのなにげない日常が写された写真である。修学旅行の移動中の新幹線で撮った写真や、夏祭りで踊った大黒舞の写真や、わが子がハイハイをしているときの写真や（初めて歩いた瞬間はたいていの場合写真には撮れないものである）、いつどこで撮ったかもわからないきれいな青空の写真など。これらの写真は、「災害の記憶」と言われた時にはだれも思い出さないような、ありふれた日常の写真である。しかし、ありふれているからこそ、かけがえのない記憶なのである。

わたしたちの人生は、なにげない日常の連続である。だからこそ、その一つひとつのなにげなさが、かけがえのない私たちを構成している。泥で汚れ、表面に傷がつき、すこし埃をかぶった写真は、一人ひとりのドラマチックではない人生を刻印しているのである。

人間は忘れることで生きていく。この言葉の本当の意味は、もしかしたら、人間は忘れてしまうほどささいな日常の積み重ねによって、その人生を生きているということなのかもしれない。そして写真は、人生の節目を写すだけではなく、私たちが思い出せなくなってしまうようなありふれた日常を静かに留めおいているものなのだ。

東日本大震災から一〇年。忘れてしまったいくつものなにげなさが写真の中には残されている。物置にしまった古いアルバムを開いてみると、普段は思い出せない記憶が溢れ出すだろう。もしも、まだ、津波で散逸した写真をお探しの方は、私たちの活動に来ていただけたらと思う。皆さんが写真と再会する瞬間を、チーム北リアス写真班はお茶を淹れて待っている。

（宮前良平・外舘真知子（＋写真班のみなさん））

第7章　村民アンケート調査から見えた生活実態と復興感

一　調査のきっかけ

弘前大学とチーム北リアスは野田村役場の協力を得て、野田村村民を対象としたアンケート調査を、二〇一三年、二〇一七年、二〇二〇年の三回にわたって実施した。(1) 調査を実施したきっかけは、支援活動を通して知り合った野田村の皆さんからの「みんな、どうしているのかな」という声であった。村の皆さんが一番知りたい項目を丁寧に調査して皆さんに伝え、みんなの生活実態を共有することが少しでも安心材料となるかもしれない。また、調査の結果を共有することで、これからの復旧・復興政策を検討する際の参考になり得るだろうという研究者としての使命感もあった。

本章では第一回目（二〇一三年）と第二回目（二〇一七年）の主な調査結果を述べる。第三回目（二〇二〇）の結果については、原稿執筆時点で分析中だったため、掲載を見送った。結果については二〇二一年発刊予定の報告書を参照されたい。

一・一　第一回目調査（二〇一三年）

第一回目の調査は、「野田村のみなさまの暮らしとお仕事に関するアンケート調査」というタイトルで二〇一三年二月から三月にかけて実施した。質問項目は、支援・交流活動を実施する中で着想を得た事柄や、発災直後からの聴き取りに含まれていた事柄をもとに、検討を重ね、住民の住まいや仕事などの経済的な基盤に関する被害状況と現状、人間関係への影響と現状、復興に対する意識調査、そして地域間移動に関する現状と意向を把握できるように項目を作成した。なお、本章で報告する結果も含め、調査結果の全体像は、報告書としてまとめるだけでなく、平易な表現を用いたダイジェスト版を作成し、野田村の全世帯に配布した。さらに、大阪大学が野田村に開設した大阪大学野田村サテライト（二〇一三年九月一日）において、住民を対象とした報告会を開催し、さらに住民との議論を重ねた。このような調査は、こうした野田村の人々と筆者らを含む「チーム北リアス」との協働実践の一コマであると位置づけたい。

調査対象者は二〇一三年二月時点で、野田村に住民基本台帳を置く一八歳から六九歳の男女全数二八五三名を調査対象者とした。調査は郵送記入・郵送回答方式で、調査の客観性を保つために実査は専門業者に委託して行った。回答総数は一一四二票（回答率四〇．二％）であった。

一・二　第二回目調査（二〇一七年）

第二回目の調査は、岩手県野田村立野田中学校卒業者で、調査時点（二〇一七年八月）で二〇歳から六〇歳までの同窓生の中で、協力が得られた男女一二七六名を調査対象とした。調査は郵送による質問紙法で行われ、対象者の有効回答は三〇七名、無効票を取り除いた有効回答率は二七．三％だった。

二回目の調査目的は震災復興の最大の課題である人口流出問題に焦点を当て、移動の決定要因と今後の移動性向を明らかにすることであった。分析では、移動のパターンを三つのタイプに区分する。タイプ1は定住者で、一度も野田村を離れて生活したことのない者をいう。タイプ2はUターン者で、野田中学校を卒業後、ある時点で野田村を離れて生活した経験を持ち、現在は野田村に居住している者を指す。タイプ3は、村外への流出者で野田中学校を卒業後、ある時点で野田村を離れ、現在も野田村以外で生活している者をいう。

調査から定住者が二四．四％、Uターン者が一六．〇％、流出者が五九．六％で流出者が最も多いことがわかった。また、野田村出身者の七五．六％が村外への移住を経験していることと、移住者の中で二一．一％のみが帰還していることがわかる。ここから人口流出が野田村の大きな課題であることが明らかになった。

また分析の結果、野田村からの流出は二〇代前半までに、進学や就職を主な理由として行われていることが明らかになった。逆に、流出者の帰還については、若者に限らず全ての年齢層で行われていた。しかし、帰還者の割合は流出者の二割に満たず、呼び戻しが十分でないことがわかった。そして、女性、若者、高学歴者、既婚者に流出者が多いことも判明した。震災の影響については、住まいの被害は被災地住民にとっては住まいの選択に大きな影響を及ぼしていたこと、また、地域の仲間の損失が流出の確率を高めることも明らかになった。

分析結果から、村からの流出を抑制するためには女性や若者を中心においた村づくりを考える必要があることがわかった。そして、小規模地域において大きな災害から地域を守り抜くためには、災害に強い住まいづくりと、万が一の場合は速やかにその居住地近辺で避難所や仮住まいを確保することが重要であると言える。また、平時からの地域コミュニティづくりが災害に強い地域づくりにつながることが分析結果からわかった。今後の地域づくりには、流出した人材の呼び戻しが欠かせない。その呼び戻しにおいても、家族や親せき、あるいは地域の仲間の人的ネットワークが最大の吸引力となりうることも分析結果から明らかになった（李　二〇一八）。

二　仕事と収入面での変化

ここでは、第一回と第二回の調査結果を用いて、時間の経過と共に村民の生活面がどのように変化してきたのかを見てみたい。上述したように二回の調査の調査対象者が少し異なるので、ここではより厳密な比較のために次のように分析対象を絞り込んだ。調査時点で野田村に居住している二〇歳から六〇歳までの村民に限定した。その結果、対象者は二〇一三年では七一三名、二〇一七年では一一三名であった。二〇一七年のデータ数が限られていたので、無回答はそれぞれの項目において取り除いた。

表7-1は「あなたの主な職業は、震災で変化しましたか」に対する回答をまとめたものである。両調査において最も多いのは、「震災

表7-1　仕事の変化

（単位：%）

	2013年	2017年
震災前と同じ仕事をしている	71.8	60.2
震災が原因で無職になった	3.7	2.3
震災をきっかけに職についた	3.4	3.4
震災をきっかけに転職、転業した	7.6	25.0
震災前も今も働いていない	13.4	9.1

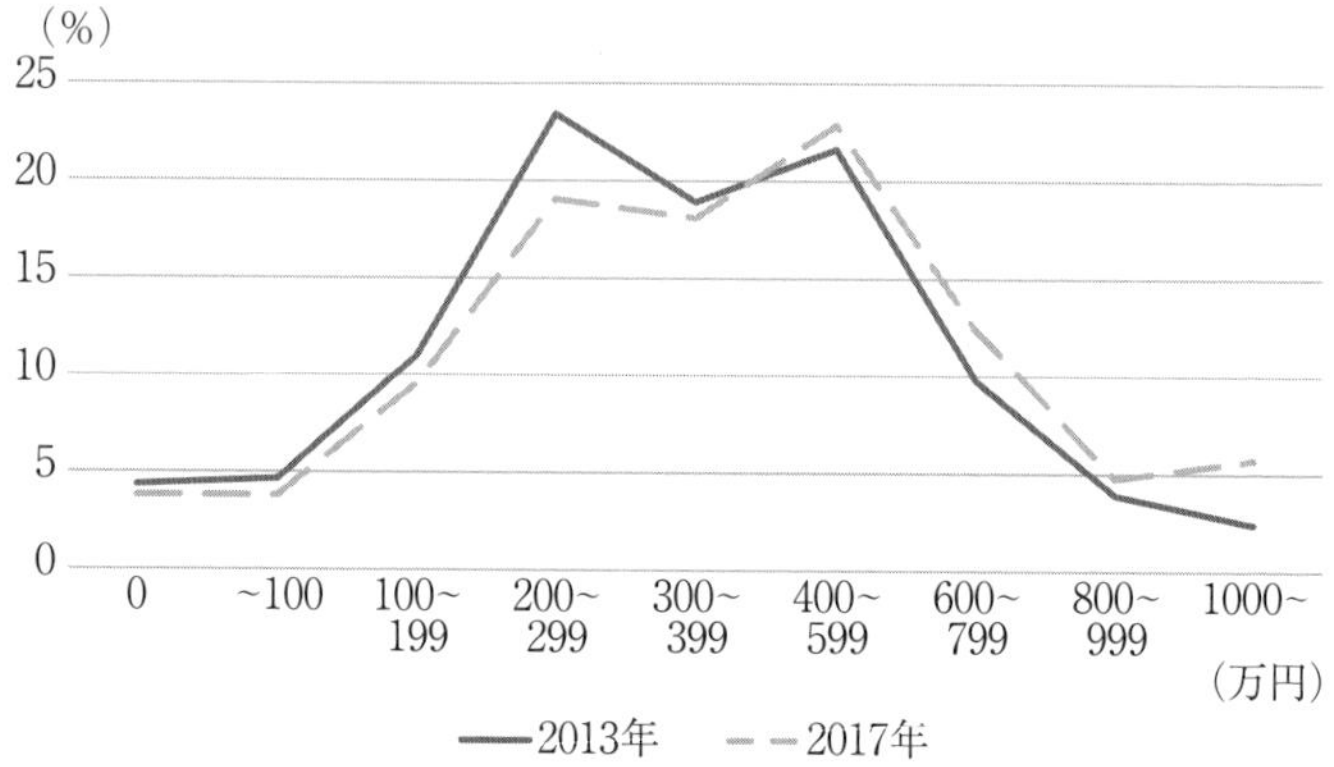

図7-1　収入分布の変化

前と同じ仕事をしている」で二〇一三年は七一・八％、二〇一七年は六〇・二％となっている。両調査で大きな差が見られたのが、「震災をきっかけに転職、転業した」で二〇一三年では七・六％であったのが、二〇一七年では二五・〇％となっており、震災から時間が経過するにつれて、転職、転業が増えてきたことがわかる。また、「震災前も今も働いていない」と回答した者は二〇一三年では一三・四％であったのに対し二〇一七年では九・一％で四・三ポイント改善している。震災復興事業に伴う労働需要が増加したことや復興事業で新たな地域産業などが雇用を創出していることがうかがえる。

図7-1は、二〇一三年と二〇一七年の同居している家族全体の年収の分布を図示したものである。二〇一三年では年収二〇〇〜二九九万円が最も多く二三・四％を占めていた。次は四〇〇から五九九万円で二一・六％である。しかし、二〇一七年では四〇

表7-2　震災前と現在の収入の変化

（単位：％）

		増えた	変わらない	減った
収入	2013年	9.0	50.7	40.2
	2017年	24.4	48.7	27.0
支出	2013年	50.9	40.4	8.7
	2017年	55.5	40.0	4.6
貯金	2013年	5.8	36.2	58.1
	2017年	14.7	45.0	40.4

〇から五九九万円が最も多く二二．九％を占めている。また、年収四〇〇万円以上の全ての階級で二〇一七年の割合が高くなっており、全体として収入が改善していることがうかがえる。それでは村民の皆さんは、収入や支出、貯金が震災前後でどのように変化していると感じているのか見てみたい。

表7-2は、「震災前と現在の収入、支出、貯金額は増えましたか、減りましたか」の問いに対する回答をまとめたものである。両調査で大きな違いがあるのが、収入の面である。二〇一三年では増えたと回答した者が九．〇％にとどまっていたのに対し、二〇一七年では二四．四％に上っており、大きな改善が見られる。また、貯金額においても増えたと回答した者が二〇一三年で五．八％だったのに対し二〇一七年では一四．七％で大きく改善している。支出面においては、両期間の大きな差は見られないが、増えたと回答している者の割合が五割を超えていることが注目される。生活の復旧・復興に伴う支出が大幅に増加していることが容易に想像できる。

以上、仕事や収入面で見ると、時間の経過と共に概ね改善していることがわかる。このことは、前述したように、復興事業の一定の成果であると評価すべきであろう。もちろん、アンケート調査では把握が難しい経済的な困難をかかえている村民も少なからずいると思われるが、全体として復興事業の進展に伴った村民の金銭的な状況は改善している様子がうかがえる。

三　人間関係の変化

災害の甚大な被害から日常を取り戻すために、住宅や家財道具、仕事、お金などの物理的な資源だけでなく、相談に乗ってくれる人、何気ない会話、見ず知らずの人との交流など人的な資源が非常に大事である。李・花田（二〇二〇）、李（二〇一八）、李・永田・渥美（二〇一四）などの一連の研究では、人的ネットワークが被災者の復興感を支えていることが明らかになっている。ここでは、簡単に人との付き合いがどのように変化してきたのかを見てみたい。

表7-3は、「震災の前後に、野田村での、家族・親せき、地域の仲間、仕事の仲間、村外の人々との付き合いは増えましたか、減りましたか」の問いに対する回答をまとめたものである。まず、家族・親せきとの付き合いをみると、二〇一三年では減ったと回答した者が九．七％だっ

表7-3　人付き合いの変化

（単位：%）

		増えた	変わらない	減った
家族・親せき	2013年	10.0	80.3	9.7
	2017年	8.9	84.6	6.5
地域の仲間	2013年	10.1	68.7	21.2
	2017年	9.7	74.2	16.1
仕事の仲間	2013年	11.9	75.7	12.5
	2017年	16.8	73.1	10.1
村外の人々	2013年	13.2	75.7	11.1
	2017年	17.4	71.9	10.7

たのに対し、二〇一七年では六．五％に減少している。大きな変化ではないが、時間の経過と共に、村内での付き合いも落ち着いている様子がうかがえる。地域の仲間が減ったと回答した者も減少しており、村外との行き来も少しずつ回復している様子がわかる。

大きな変化として注目されるのは、仕事の仲間が増えた者の割合が二〇一三年の一一．九％から一六．八％に改善している点である。先ほど述べたように仕事を取り巻く環境は二〇一七年では大幅に改善していることが予想され、仕事の改善と共に仕事仲間が増えていることがわかる。また、村外のボランティアとの交流をはじめ、村外の人々との交流が二〇一七年では大きく増えている。

弘前大学ボランティアセンターでは、支援・交流活動で知り合った村民の方と学生が卒業後も、時々野田村を個人的に訪問し、交流を続けているというほほえましい話も耳にしている（第三章参照）。また、市民ボランティアで、ボランティア仲間を誘い、三陸鉄道を使って野田村を訪問し、村民の方と個人的な交流を続けている市民もいると聞いている。このような村外のボランティアとの交流は、地域内の閉塞感を緩和し、村民にとっては精神的なオアシスのような役割を果たしているように感じる。

四　復興感の変化

大災害からの復興を考えるとき、建物やライフラインなど社会基盤の復興が重要であることは言うまでもないが、人々が当たり前の日常生活に回帰するという意味での生活復興も重要である。同じ被災地と言っても、大きな被害を受けた人もいれば、そうでなかった人もいる。また、生活が復興していく道筋やスピードも人によって様々であろう。ここでは、村民の生活復興感――自身の生活、および、野田村の復興がどの程度進んでいると思うか――がどのように変化してきたかを見てみたい。

なお、以下の分析は、二〇一三年調査については有効回答すべて、二〇一七年調査については東日本大震災発生時に野田村に在住していた一七七名（女性七六名、男性九九名、性別無回答二

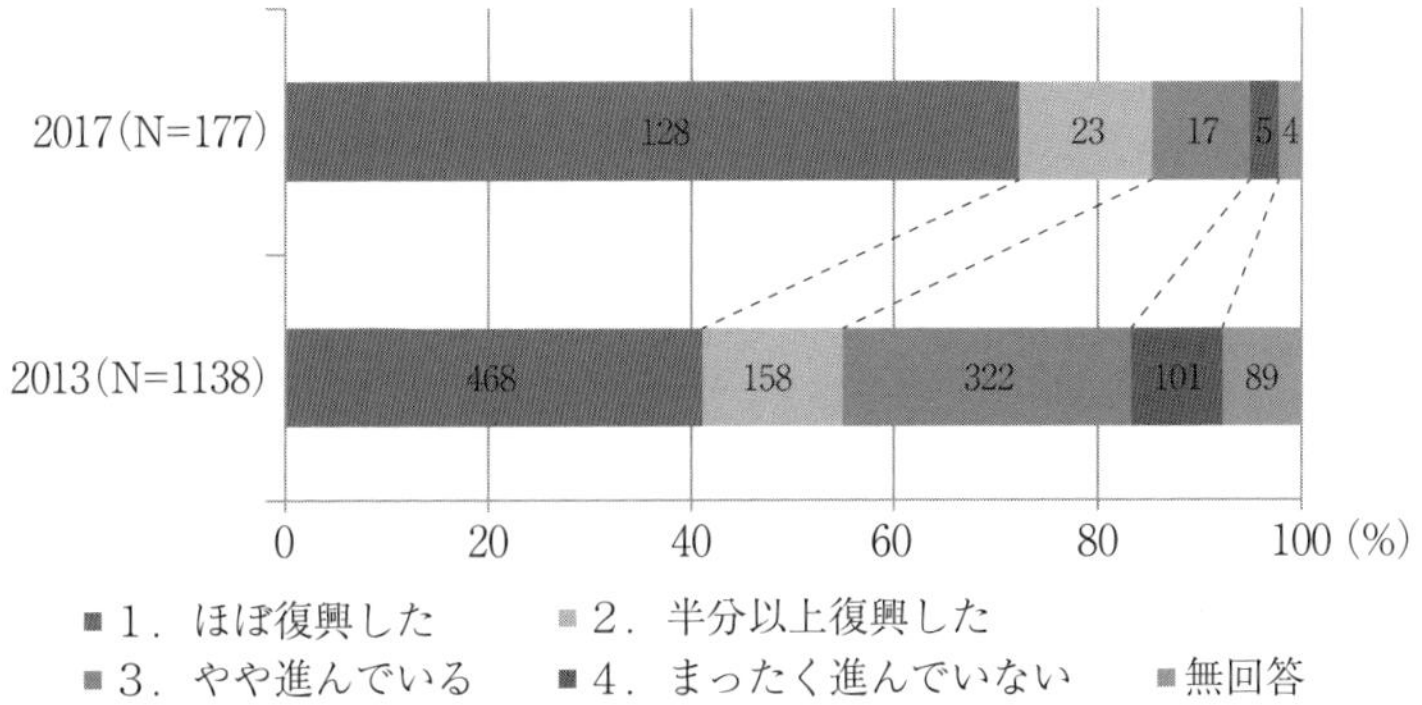

図7-2　自分の生活の復興がどれくらい進んでいるか

名）の回答に基づいている。

図7-2は、「あなたは、自分の生活の復興が、どれくらい進んでいると思いますか」への回答結果をまとめたものである。二〇一三年は、「ほぼ復興した」が四一・一%、「半分以上復興した」が一三・九%、「やや進んでいる」が二八・三%、「まったく進んでいない」が八・九%であったのに対して、二〇一七年は「ほぼ復興した」が七二・三%、「半分以上復興した」が一三%、「やや進んでいる」が九・六%、「まったく進んでいない」が二・八%であった。二〇一七年においても生活の復興が「まったく進んでいない」と感じている人が存在することには留意する必要はあるが、全体としてみれば生活の復興はかなり進んでいると感じられていることがうかがえる。

図7-3は、同じ質問を「野田村の復興」について尋ねた結果である。二〇一三年は、「ほぼ復興した」が一%、「半分以上復興した」が七・六%、「やや進んで

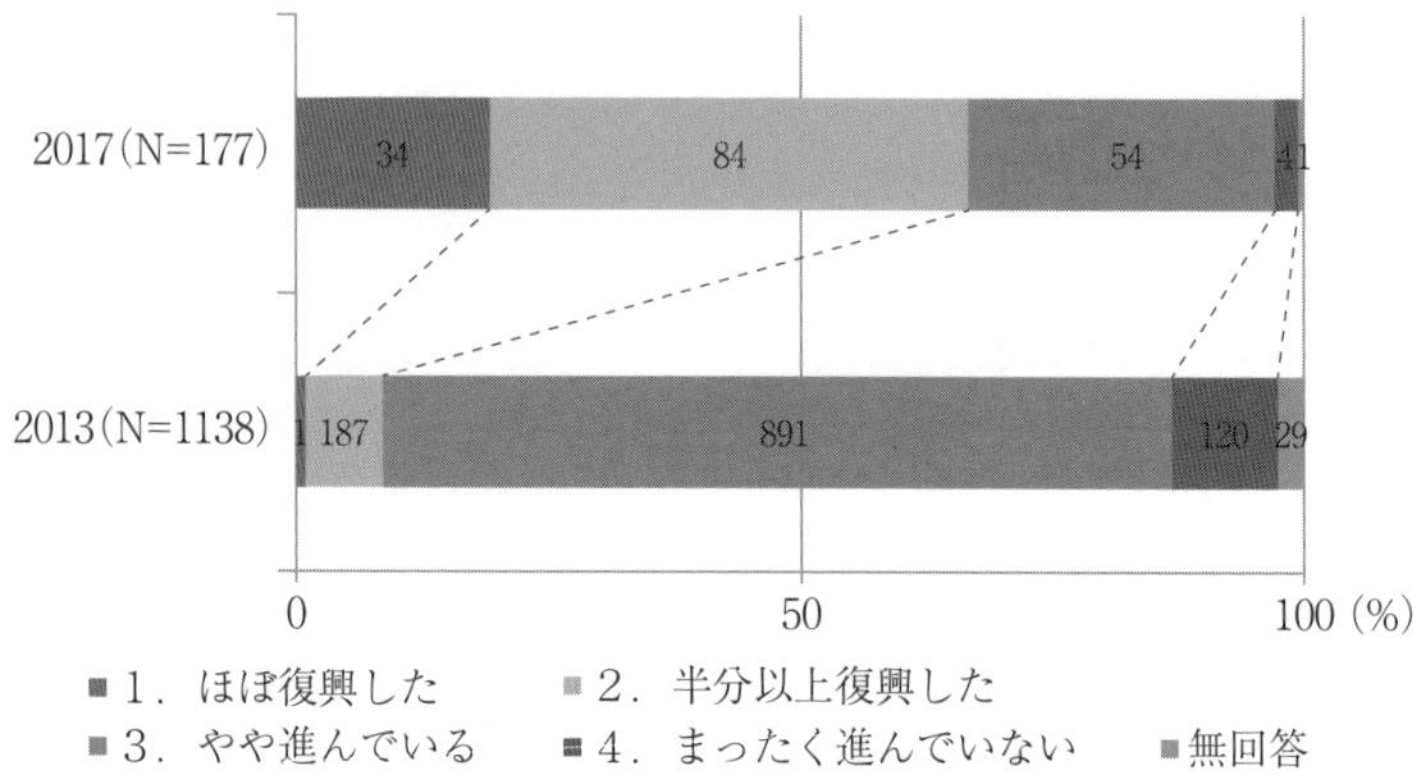

図7-3　野田村の復興がどれくらい進んでいるか

いる」が七八．三％、「まったく進んでいない」が一〇．五％であったのに対して、二〇一七年は「ほぼ復興した」が一九．二％、「半分以上復興した」が四七．五％、「やや進んでいる」が三〇．五％、「まったく進んでいない」が二．三％であった。野田村の復興もそれなりに進んでいると感じられているものの、まだまだ十分ではないとみなされているようである。

　ではこうした復興感の高低は、どのような属性や状況と関連が強いのだろうか。言い換えれば、自分の生活や野田村が「ほぼ復興した」と感じている人とそうでない人では、何が大きく違うのだろうか。まず、二〇一三年について見ていこう[2]。「自身の生活復興感」と強く関連していたのは、住居の被害に関係した項目——震災で住居や家財にどの程度の被害を受けたか、被災後どのような住居に暮らしているか——である。すなわち、震災で家屋が流失し、家財を失い、仮設住宅やみなし仮設住宅での生活を余儀なくされている人の復興感が特に低い。復興感と中程度の関連があるのは、勤め先の復旧状況、徒歩圏内に住んでいる地域の仲間の数の震災前後の変化、地域の仲間との付き合いの震災前後の変化である。地域の仲間との付き合いが震災の前後で変わらない人は復興感が高く、震災前より減った人は復興感が低い。次いで、復興感とある程度の関連があるのは、お金のことや住宅のことを相談できる知り合いが村内にいるかどうか（相談相手がいない人の復興感は相対的に低く、相談相手は必要ないという人の復興感は高い）、世帯年収および震災前後の収入・支出・貯金額の変化（世帯年収が高く、震災前後で収入・支出・貯金額が変わらない人の復興感は高い）、村外の人々との付き合いの震災前後の変化、徒歩で行ける範囲に住んでいる家族・親戚の数や仕事の仲間の数の変化である。全体として、震災前後の変化がない人の方がそうでない人と比べて復興感が高い傾向にある。特に、住居の被害を除けば、人間関係の変化（量的な減少）が復興感の妨げとなっている点が重要である。なお、野田村の復興感に強く関連しているのは、自身の生活復興感のみであった。

二〇一七年についても同様の分析をしたが、自身の生活復興感とやや強い関連があったのは野田村の復興感のみであった。二〇一三年に関連が強かった上述の項目は、二〇一七年においてはいずれも関連は見られなかった。その大きな理由は、自分の生活が「ほぼ復興した」と感じている人が七割以上を占め、復興感のばらつきが小さくなったことにあると考えられる。

五　震災をきっかけとした日常生活の変化

二〇一七年調査では、震災をきっかけとした日常生活の変化について質問した。具体的には、震災以降に生じた他者とのつながりの変化、および、震災前後の日常生活の質の変化である。これらについて順に見ていこう。

図7-4は、「震災から六年がたちましたが、その間、人と人のつながりに、つぎのような変化や出来事がありましたか」への回答結果を示している。まず、約六割の人々が、⑤ボランティアのありがたさや⑨近所づきあいの大切さを知ったと回答している。⑧行政への頼もしさが増したという人も三割近く存在する。また、概ね二割前後の人々が、震災後に何らかの意味での①②③④「重要他者との出会い」（重要他者：G．H．ミードのいう significant other の訳。その人に大きな影響を与える他者。）を経験している。一方で、自分だけが頼りだという気持ちが増したという人も二割程度存在している。このように、行政、ボランティア、近所の人々に感じる頼もしさが増したと感じたり、重要他者との出会いがあった人が、一定程度存在していることがわかる。

図7-5は、「あなたは、現在（平成二九年八月）の生活を、震災前の生活と比べてどのように感じておられますか」への回答結果をまとめたものである。それぞれの項目について、震災の

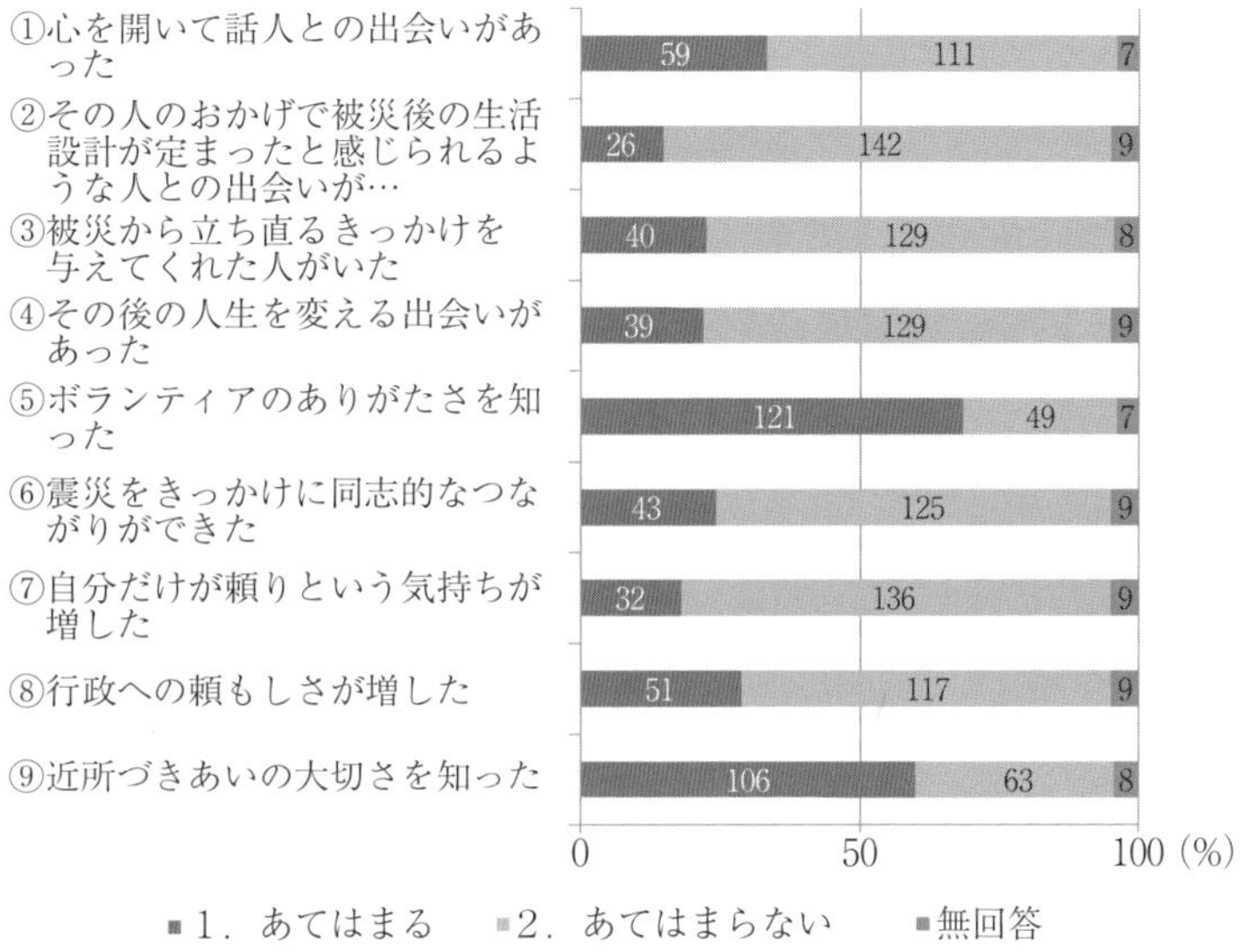

図7-4　震災後に生じた他者とのつながりの変化

前と後で「変わらない」と回答している人がおおよそ半分を占める。「かなり増えた」または「少し増えた」の割合が比較的多い項目は、順に、⑧仕事の量、①忙しく活動的な生活をおくること、③まわりの人々とうまくつきあっていくこと、④日常生活を楽しく送ること、②自分のしていることに生きがいを感じること、などとなっており、震災前と比べて様々な側面において生活が充実していると感じている人が一定数いることがわかる。一方、「かなり減った」または「少し減った」の割合をみると、⑥元気ではつらつとしていること、⑤自分の将来は明るいと感じること、①忙しく活動的な生活を送ることが「減った」と感じている人など

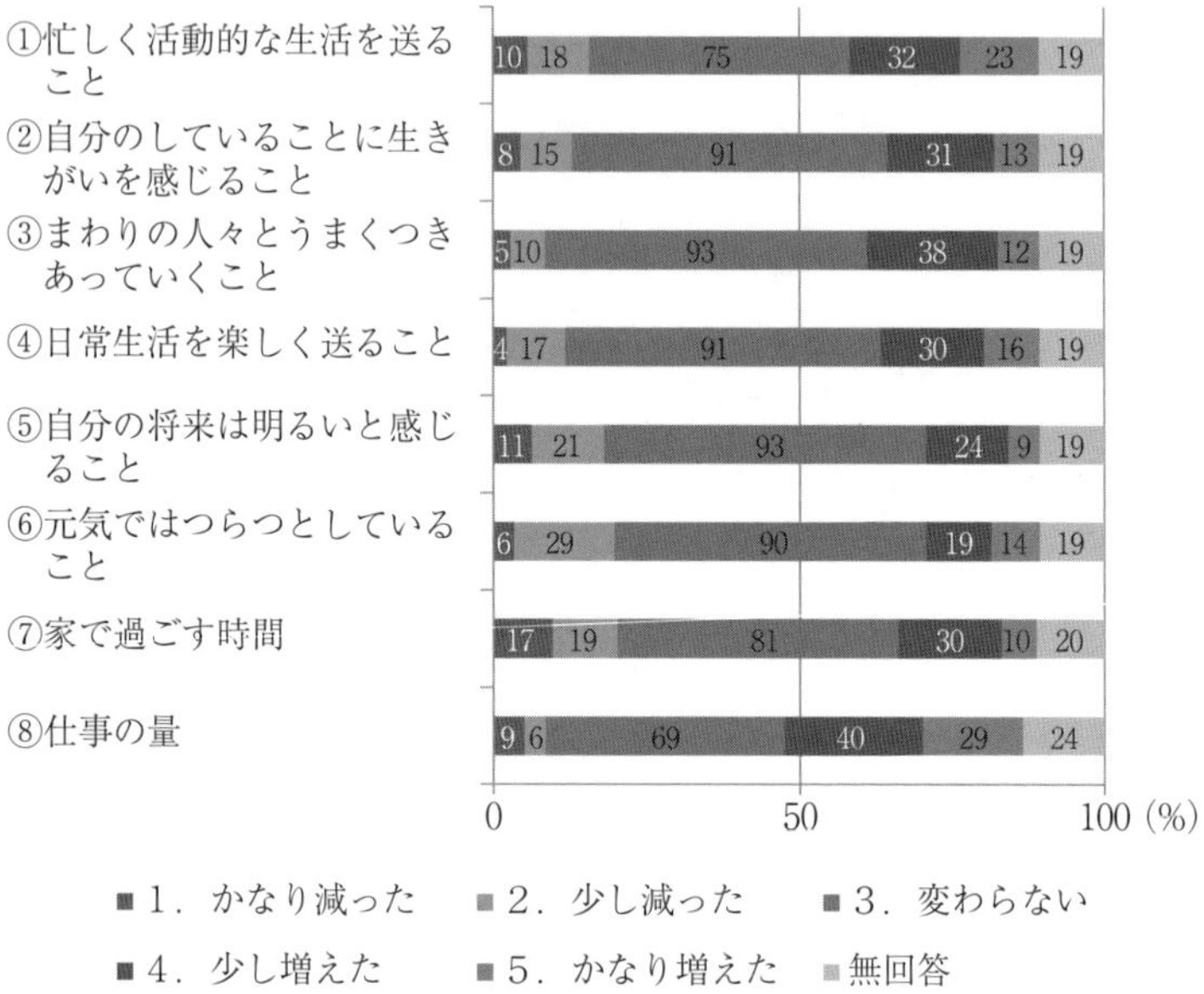

図7-5　震災前後の日常生活の質の変化

がある程度の割合で存在する。

では震災前後の日常生活の質の変化は、どのような事柄と関連しているだろうか。震災前と比べて生活が肯定的な方向に変化した人とそうでない人はどのような違いがあるだろうか。このことを確かめるために、まず図7-5の回答結果をもとに、回答者を三つのグループに分類した[3]。第一のグループは、震災前と比べて総じて生活が肯定的・積極的な方向に変化した人々であり、矢守ら（二〇〇三）を参考に「再建」型と名付けた。第二のグループは、震災の前後で総じて生活の変化がない人々であり、言い換えれば、震災前の状態に回復した人々である。同じく「復旧」型と名付けた。第三のグループは、震災前と比べて総じて生活が消極的な方向に変化した人々であり、「減退」型とした。

次にこれら三つの類型と関連のある事柄を調べたところ、[4]「震災の前後で村外の人々との付き合いが増えたか減ったか」、「震災から六年の間に、心を開いて話すことができる人との出会いがあったかどうか」との関連が強かった。前者については、再建型は村外の人々との付き合いが増えた人が相対的に多く、減退型の人はかえって減った人が相対的に多い。後者については、再建型の人は心を開いて話すことができる人との出会いが多く、減退型の人は少ない。総じて、再建型の人々には、復旧型や減退型と比べて、村外の人々、地域の仲間、仕事仲間との付き合いが増えていること、震災をきっかけとした重要他者との出会いがあること（図7-5の①と④）、地域における活動やイベントに積極的に参加していること、といった特徴があることがわかった。一方、減退型では「震災から六年の間に、自分だけが頼りという気持ちが増した」人が相対的に多かった。このように、他者とのつながり、特に震災をきっかけとした重要他者との出会いや村外の人とのつながりが、生活の質の肯定的な変化と結びついていることは重要である。

なお、震災の津波による住居の被害状況、世帯年収や収入・支出・貯金額の増減などは、二〇一三年調査では復興感と強く関連していたが、ここでの生活変化の三類型とは関連していなかった。また、自身の生活や野田村の復興感との関連も見られなかった。

二〇一三年から二〇一七年の間の野田村の大きな変化として、住環境の整備が挙げられる。

二〇一三年の時点では、ごく少数の例外を除いて、津波で家を失った人は応急仮設住宅やみなし仮設住宅での暮らしを余儀なくされていた。その後、高台団地や災害公営住宅が完成し、ほぼすべての村民が、仮設ではない自分の家に暮らすことができるようになった。

このことと調査結果をあわせて考えると、二〇一七年の時点で、野田村は全体としてポスト復興期に入っているとみていいように思われる。すなわち震災の被害が現在の生活の状態に直接影響を及ぼすフェーズは過ぎて、日常が回帰したといえるだろう。今後も人間関係の変化、特に他者とのつながりや重要他者との出会いが、生活の質に与える影響について注目していきたい。

（李　永俊・永田素彦）

注

（1）調査の詳細については、李ほか（二〇一三、二〇一八）を参照されたい。報告書は弘前大学特定プロジェクト教育研究センター・地域未来創生センターのホームページからダウンロードが可能である。http://human.cc.hirosaki-u.ac.jp/irrc/index.html（最終アクセス日二〇二一年二月二二日）

（2）以下の分析は、ＡＩＣ（赤池情報量基準）による。分析プログラムは統計数理研究所が開発したＣＡＴＤＡＰ（Categorical Data Analysis Program）を用いた。

（3）林の数量化Ⅲ類を用いた。
（4）注（2）と同じくＡＩＣによる。

参考文献

李永俊・渥美公秀・石黒格・杉浦裕晃・永田素彦・日比野愛子・平井太郎・山口恵子・塩田朋陽（二〇一三）『野田村のみなさまの暮らしとお仕事に関するアンケート調査報告書』弘前大学地域未来創生センター．

李永俊・永田素彦・山口恵子・日比野愛子・山口紘史（二〇一八）『野田村出身のみなさまの暮らしとお仕事に関するアンケート調査報告書』弘前大学地域未来創生センター．

李永俊・渥美公秀（二〇一六）『東日本大震災からの復興【3】たちあがるのだ――北リアス・岩手県九戸郡野田村のＱＯＬを重視した災害復興研究』弘前大学出版会．

李永俊・永田素彦・渥美公秀（二〇一四）「生活復興感の決定要因について――東日本大震災の被災地住民アンケート調査から――」『日本災害復興学会論文集』六，一－八．

李永俊（二〇一八）「小規模被災地における人口動態と復興政策――岩手県九戸郡野田村の事例から――」『ＮＥＴＴ』一〇一，三六－三九．

李永俊・花田真一（二〇二〇）「災害復興感の時系列的変化とその決定要因――東日本大震災の被災地住民アンケート調査を用いて――」『地域未来創生センタージャーナル』六，三七－四七．

矢守克也・林春男・立木茂雄・野田隆・木村玲欧・田村圭子（二〇〇三）「阪神・淡路大震災からの生活復興三類型モデルの検証――二〇〇三年生活復興調査報告――」『地域安全学会論文集』五，四五－五二．

コラム

村民座談会

女性からみた野田村の震災

野田村の支援を始めた頃から関係を築いてきた野田村在住の女性部会の方々に、震災当時のことや、その後の復興過程をふりかえっていただいた。

参加者

野田村

大平妙子（野田村社会福祉協議会（社協）、入職二一～二三年目で被災）
小林友美（野田小学校、野田村学校支援地域本部地域コーディネーター）
中野琴子（主婦、ボランティア活動）
山田陽子（野田村議員（五期目、一七年目）、震災半年前に農協女性部でスマイル直売所を運営開始）

チーム北リアス

渥美公秀（大阪大学）
石塚裕子（大阪大学）
大門大朗（京都大学・野田村在住）
寺本弘伸（日本災害救援ボランティアネットワーク（ＮＶＮＡＤ））

――震災当時はどのような状況でしたか？（司会・寺本）

小林：震災の時は小学校にいて、卒業式前で五、六年生と吹奏楽部の子どもたちが学校で残って練習していました。合奏団の子どもたちと外へ避難して、避難してきた村民が増えて、避難所運営に関わりました。

大平：事務所のある保健センターにいました。職員が二人でいて、入り口を開けないといけないと思ったら立っていられないぐらいの揺れでした。その後、役場に電話してもつながらず、出かけていた職員にも電話がつながらなかったことを覚えています。児童クラブに来ていた子どもたちと先生と一緒に野田中学校のほうに向かって避難したら、けっこうな人数が集まっていました。そこに消防団の人が来て、津波が来ているので下に行けないと言われ中学校へ移動しました。そこでのお手伝いや自宅近くの中学校でお手伝いをしていました。電気と水道は止まっていて、中学校より下は停電していました。ガスはプロパンなので大丈夫でした。

山田：片付けをしているところに地震が来ました。揺れが収まって、漁港のすぐ近くにある実家の母の安否を確認したいと思いました。友達で障害をもった人がいるので、友達の旦那さんの安否を確認して車に乗せて、国道ではない山の方の道路から母の安否確認をしに行きました。

漁港のそばの高台にいって、母親を乗せようとしたけれども「行かない」と言われて……。国道の上に母の実家があるのでそこへ行くのだろうと思い、私は友達の旦那さんを車に乗せて自宅に戻りました。圧力鍋でご飯を炊いて、あとはウロウロしていた。友達の旦那から連絡があって安心しましたが、娘さんは自動車学校に行っていて安否が確認できず、どう声をかけてよいかどうか困りました。娘さんと携帯がつながって、たまたま友人の甥っ子さんに連絡がとれて国道を走っていた車に拾われて洋野町大野まで避難していたようです。一九時過ぎに何か手伝うことがないかと思い野田中学校の避難所に行きました。中学校内は騒然としていて二〇〇人くらいいました。公民館も避難所として開設していましたが、公民館にはなにもなくて、段ボール、毛布などを地域の家をまわって集め、中平《なかたい》（野田中学校付近の地区）の公民館に移った高齢者の人たちに使ってもらいました。ここにいる人たちだけでも朝ご飯を提供したいと思い、地域の公民館のガスと水はなんとかなったので、地域の役員の方々と色々な材料を調達して二四時過ぎに自宅に戻りました。

中野：震災の時のことは思い出すと今でも苦しくなるので話せませんが、一時避難した野田小学校で先生方にお世話になったことはとても有難く、覚えています。

小林：当時、小学校には一四八人が避難していました。

山田：中学校の柔道場だけでは収まりきらなくて、一〇時以降は小さな子どもさんがいる人は、えぼし荘にバスで移動になった。野田村に隣接する普代（村）の方は退院したばかりのご夫婦で、野田のまちのお菓子屋さんでお菓子を買おうとしていたら、診療所のあたりで奥様が津波に流されてしまったと。奥様を心配しながら、ご主人は自宅に近いえぼし荘に避難されたことを鮮明に覚えています。中平の公民館には三〇人ぐらいいました。

石塚：農業の座談会の時にも、被災を免れた村民が、毛布や食事の手配などすぐ支援に動きだされていたと聞きました。直後から野田村の方は男女関係なく自主的に、臨機応変に動いていたのだと今のお話からも感じました。中平の公民館へ避難してきた人たちは、みんな顔見知りだったんですか。野田村のコミュニティ、地域のつながりを感じるお話だったと思いました。

――津波の状況はどうでしたか？

山田：自分の実家は浜の前なので、高さにしたら三〇メートル以上ありますが、小さな時から揺れたら逃げるということが身についていました。母はその時診療所にいました。二日前の三月九日にも地震があり、一〇センチメートルの津波があったので、津波が来るから逃げようと診療所で周りの人に声をかけたそうで、皆さんは、まさか！　という感じで反応が薄かったようでしたが、すぐに診療所のバスで避難したそうです。

小林：一ヶ月前に五年生が津波ハザードマップの勉強をしていて、子ども二人だけで久慈工業高校に避難しました。二〇一一年か前年くらいにマップができました。ちょうどいいタイミングでした。

大平：体験したことがない揺れだったので、逃げないとだめだと感じました。

中野：海岸に住んでいたので、揺れが収まるとすぐに逃げました。

――避難所の様子はどうでしたか？

山田：次の日の午前中に四ヶ所の避難所（えぼし荘を除く）になっていた久慈工業高校、お寺、中学校、小学校をまわりました。その時に思ったのは、女の人は、明日何食べようかと動いていたこと。男の人のほうが、落胆していた。女の人たちのほうが、子どもの世話とか、まわりの人たちをまとめていっていました。

中野：私は避難所には行かず、個人の家に避難していたので、救援物資が来なくて困りました。

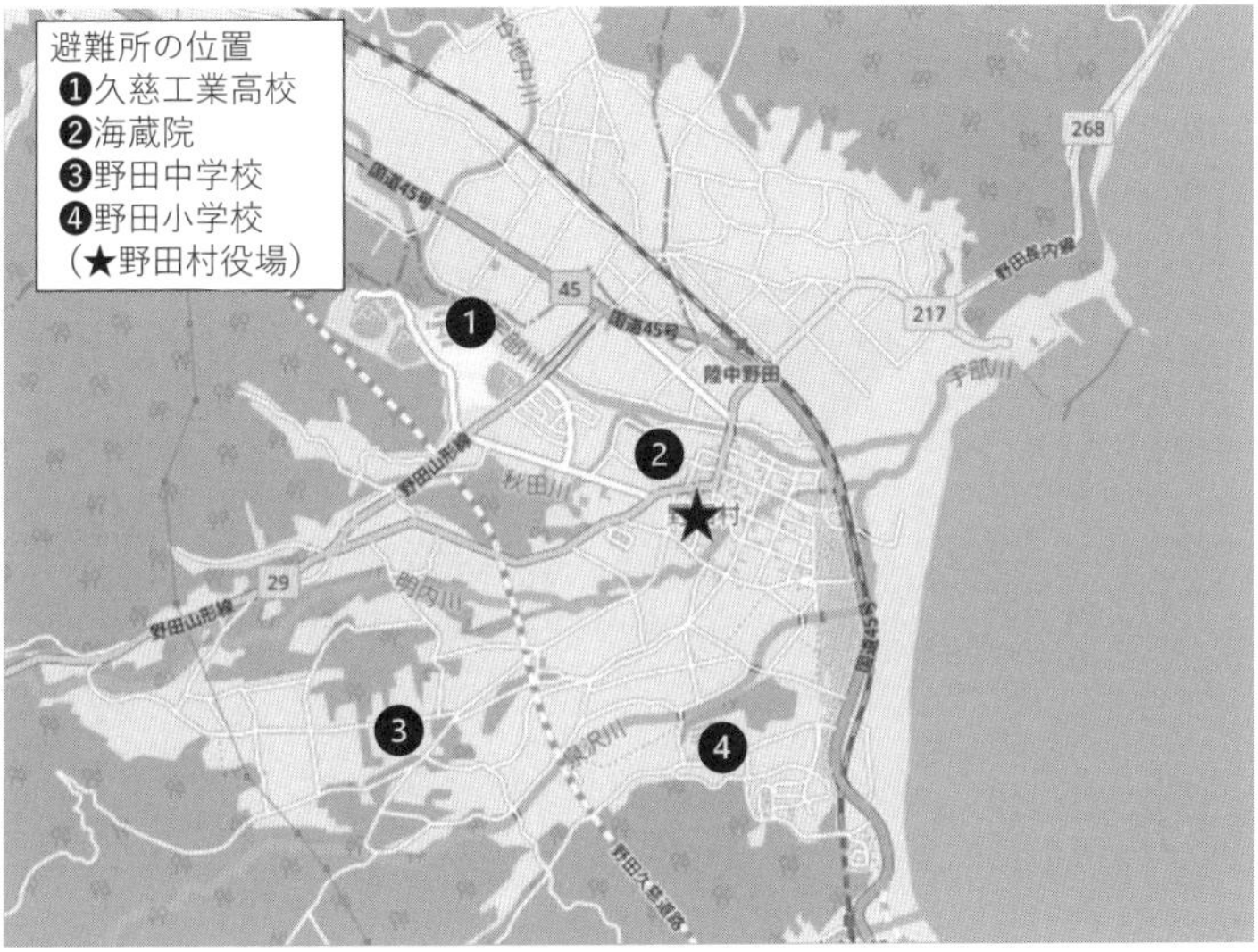

震災当時の主な避難所

車が流れてしまって食品や生活必需品の買い物にも行けませんでした。

寺本：野田村では、女性はご飯のことを考えたり、子どもを守ったり活発に動いていたようですが、震災前から野田村の女性はたくましかったのですか？

小林：生活を続けていくのは女性なんだなと思いました。

山田：分業化されていたのでは。私の主観ですが、男性は出稼ぎ者が多い地域だったので、男性は高齢になると家に帰ってくるのですが、なんとなく地域になじまない。初午とかの地域の行事は基本的に奥さんが参加する。ただ、お酒がでてきたら、男性も自分たちの世界になりますね。

大平：地区によってぜんぜん違うと思います。出稼ぎの男性が多いか村内・久慈で仕事をしている方が多いかでも違うように思います。何かやろうとする時に、色々と意見を出してくれるのは女性の方が多い気がします。

山田：自分の家の片付けなどは、男の人が動いていたような気がしますね。なので避難所に残っている人は女性が多かったです。男性は自分で稼いで建てた家を失った落胆が大きく、自宅のことが心配であったように思います。

寺本：石塚先生、他の地域ではこのようなパターンは珍しいのでしょうか？

石塚：地方へ行けば家長制度が残っていて、お父さんが偉く、人前では女性が意見しづらい雰囲気が残っていると思っていましたが、私の野田村での印象は、女性の方に意見を求めるとしっかりした答えを返してくれ、男性とは独立して意見をされる方が多いという印象があります。避難所で女性が活発に動かれていたことも、今のお話を聞いていて納得しました。

寺本：女性だったから困ったことはありましたか？

大平：生理用品をはじめ女性ならではのモノが足りない。女性同士だから言ってくれたこともありました。

山田：ミルクがなくて困った。オムツも。お米の買い置きがなくて困ったなど、色々言われました。

――ボランティアの方々の動きはどうでしたか？

山田：一〇日目くらいに渥美先生に役場の玄関口で会いました。ＮＶＮＡＤのビブスを着けていて、なんで野田村に来たんだろうと思いました。ボランティアの姿はまったくありませんでした。

大平：ボランティアの受入れについては、三月一九、二〇日にようやく動き出しました。

山田：被災していない村民が手伝いたいといっても社協には断られました。詳しくはわかりませんが、受け入れる体制がまだ整っていなかったように思います。消防団員以外は……。

大平：行方不明者の確認ができるまでは、ボランティアセンターを立ち上げないと言っていた覚えがあります。

――震災から一〇年を迎えますが、変化したこと、していないこと、いかがでしょうか？

小林：震災当時お腹の中にいた子どもが現在九歳、小学校三年生です。震災の捉え方の差を感じます。ここから風化しないか。子どもたちの中には、自身は震災を経験していないもののそのとき失ったペットのことを考えると悲しいと話す子がいたり、それぞれに震災と向き合っているということは感じます。ただ、実体験を伴っているわけではないので、これからどのように伝えていくべきか、どうなっていくのか、不安はあります。下校時の避難訓練や「心と体の健康観察」というアンケートをとることはありますが、震災について親子で考える機会はあまりなく、家庭に任せている部分もあるので、何かできないかなと思うこともあります。

大平：震災後にボランティアがたくさん来てくれたから、こんな活動があるんだと知りました。現在色々と活動を考えている最中です。震災がなかったら、受け入れのお手伝いを活発にしたいと思っても思いつかなかったかもしれません。それを村の人に伝えていかないといけない。困ったところにもお返しすることも考えていけたらいいなと思います。地域の中で活動しているボランティアは知っていましたが、それを増やしていこうという動きはありませんでした。職業柄（ボランティアという言葉は）知っていたものの、震災前はあまり使っていませんでした。

――震災後、地域でボランティアや助け合いの活動は増えてきていますか？

中野：私の地区では、緑地の草刈りやコミュニティセンターの花壇に花を植えるなどのボランティア活動する方が、少人数ですがいます。比較的高齢者が多いので、助け合いの活動は増えていないように感じます。私は震災前、社会福祉協議会の補助金を活用して地域のボランティアグループで「ふれあいいきいきサロン」を行っていたこともあり、仮設住宅に住んでいる時も現在も地域の仲間と集まれる場づくりの小さな小さなボランティアを続けているところです。

大平：村内の男性による草刈りボランティアの団体など、新しい活動が震災後にできました。

山田：前に比べたらよくなりましたが、団体のＰＲが足りないと思います。震災前、野田村には閉鎖的なところがあって、外から来る人に関知しないところがあったような気がします。震災でボランティアが来てくれたことで「これで野田村が変わる」と思いました。よその地域から来てくれた人たちに「よく来てくれた」と言葉に出せるように、言いやすくなりました。色々な地域の人と交流ができたことで、心身ともに勇気づけられています。

中野：二〇二〇年は新型コロナウイルス感染症流行の関係で、震災後も毎年交流を続けてきているボランティアさんと直接会うことができず、寂しくなりました。

――役場周辺も津波の被害を受け、周辺住民の方々は転居せざるを得ないことになっていますが、震災前の絆はどのようになりましたか？

大平：若い方で、新しく野田村に来られた方とは交流する機会は少ないように思います。

小林：小学校と中学校の児童数は横ばいで、すごく増えたという感覚はないです。

渥美：ボランティアも二回も三回も転機がありました。二〇一二年一月、社協さんにお世話になって、みなし仮設住宅を訪問しましたが、継続した支援が出来なかった。仮設住宅の中野さんにお世話になれば、たくさんの人と触れ合った気分になった。反省すべき点も多々あります。ボランティアについて色々と学ばせていただきました。

――野田村は女性がしっかりと村を支え、シャイな男性がひそやかに活動して、穏やかな雰囲気を作っていっているように思います。これからも細々であっても長くお付き合いしていきたいと思います。本日はありがとうございました。

二〇二〇年九月二四日収録

第2部

大阪大学の取り組み

第8章　被災地での教育・研究・活動拠点「野田村サテライト」

一　野田村サテライトとは

岩手県野田村と大阪大学の出会いは、二〇一一年三月一一日、東日本大震災が発生した際に、大阪大学の渥美公秀（大学院人間科学研究科）が理事長を務める認定特定非営利活動法人日本災害救援ボランティアネットワークが、岩手県九戸郡野田村において救援活動を展開していたことを縁とする（本書第二章参照）。

大阪大学では博士課程教育リーディングプログラム[1]に二〇一一年から取り組み、その一つである「未来共生イノベーター博士課程プログラム（以下、未来共生プログラムと示す）」が二〇一二年一一月に始まった。未来共生プログラムは、国籍、民族、言語、宗教、性差、性的指向、病歴、障害歴など、様々な属性を超えて、他者と他者とが互いに認め合い、助け合い、高め合い、新たな価値や利益を生み出すことができる、創造的で発展的な共生社会をめざし教育、研究を行うことを目的としている。そして、そこでの学びは、知識と能力だけでなく、ものごとに対する態度や、現実に働きかける行動力を含み、従来の大学において教育研究の対象となってきた既成の学問の枠組みからはみでるものであることをめざしている（栗本　二〇一四）。

未曾有の災害からの復興を進めている東日本大震災の被災地には、未来共生プログラムの目指す未来共生の萌芽が溢れているという認識から、その教育・研究・活動拠点として、岩手県野田村に大阪大学野田村サテライトを開設した。野田村サテライトは、震災から復興へと歩み続ける地だからこそ見えてくる共生の課題解決に向けて、村民やボランティアと共に活動し、現場に響く教育、研究、実践活動を行うことを目的とした。教育では、夏季集中講義（コミュニティ・ラーニング）を開講し、毎年八月に、学生が約一〇日間にわたるフィールドワークを行ってきた。研究および実践活動としては、村民と外部支援者（学生、研究者、ボランティア等）が交流し共に学ぶ機会として、サテライトセミナーを月命日の一一日に二〇一三年三月一一日から二〇一八年二月一一日まで計六〇回、五年間継続して開催した（巻末の年表参照）。

なお、野田村サテライトは二〇一九年三月に一定の使命を終え、発展的に解消する形でチーム北リアスが運営する野田村交流センターへと生まれ変わった。

二　地域と共に創る授業「コミュニティ・ラーニング」

二・一　コミュニティ・ラーニングとは

社会貢献は、研究、教育に加えて大学の第三の使命であると位置付けられている。このため、大学では地域との連携の在り方を模索し、ＰＢＬ（Project Based Learning）やサービスラーニングなど、教育活動を通じた地域連携を活発に行うようになった。

そのような中で、未来共生プログラムは、自ら専攻する高度な専門性に加えて、他者に対する深い理解を伴う敬意（respect）に基づき、斬新な共生モデルを実施できる知識・技能・行動力を身につけるため、プログラムの核としてプラクティカルワークを位置付けている。プラクティカルワークは、文字どおり「実践の現場」に出向き、現場を知り、生身の人々と関わり、信頼関係を築き、課題解決に向けて協働の体験を通じて成長をめざす。図8-1に示すように三段階で構成され、コミュニティ・ラーニングはその第一ステップに位置付けられている（榎井・石塚二〇一七）。

この授業の実施にあたっては、二〇一一年三月に起きた大震災の被災地であること、そして一〇日間ほどにわたり授業として学生をフィールドに連れていくことなど、いろいろな意味で

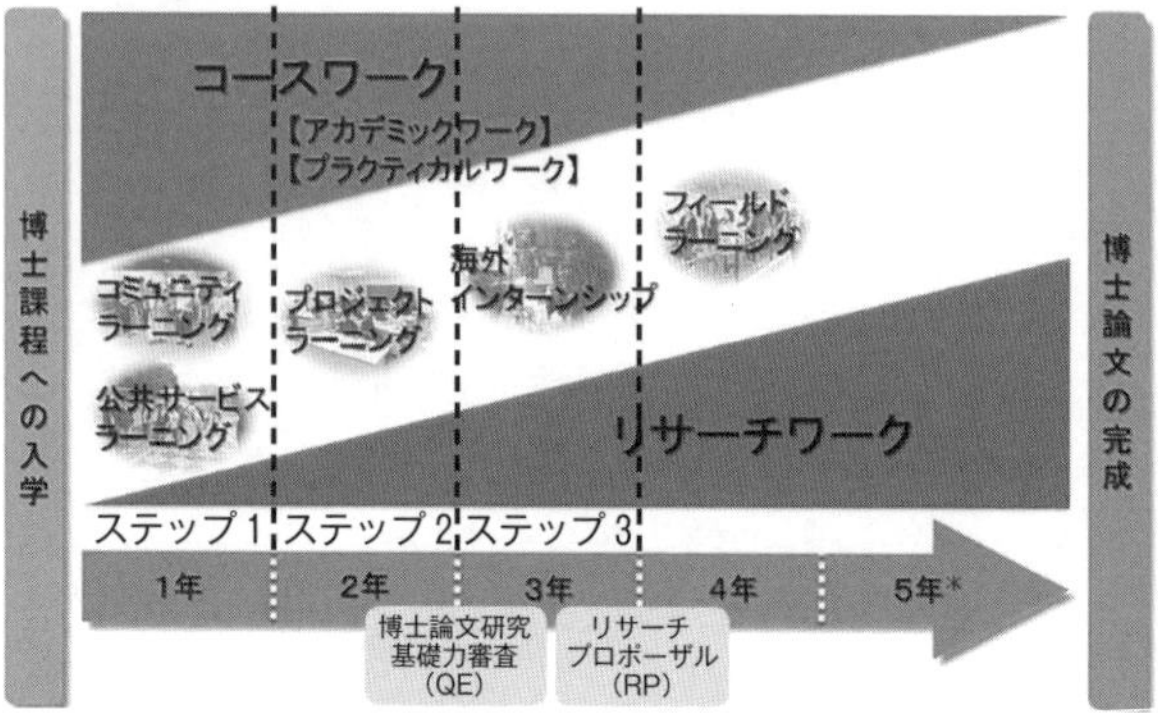

図8-1　未来共生プログラムカリキュラム
（大阪大学未来共生イノベーター博士課程プログラム説明会資料より抜粋）

負担が大きすぎるのではないかという反対意見もあったという（志水　二〇一四）。実際、フィールドワーク型の授業では、日々、本番である現場で生きた課題に触れることとなり、提案だけでなく何かを実践できる機会を得ることも多く、学生にとっては多くの学びがあることは間違いない。しかし、ともすれば現場に負担をかけ、一方的に学ぶだけで、何も返すことができない危険性を秘めている。このため、授業を担当した教員は、慎重かつ丁寧に、そして受け入れてもらう被災地の人々に一緒に考えてもらいながら試行錯誤を重ねてきた。

二〇一三年から四年間は、最初の七日間は宮城県南三陸町、気仙沼市、岩手県野田村の三地域にわかれて実施し、最終日の三日間は全員が野田村サテライトで過ごすというスタイルで行ってきた。二〇一七年からは最初から最後まで、全員が野田村において一〇日間のフィールドワークを実施するようになり現在に至る。

二・二　難しかった授業の仕立て

野田村でのコミュニティ・ラーニングの特徴は、学生たちが自由に野田村を動き回ることを推奨している点にある。村民と直にコミュニケーションをとることを重要視し、話を聴かせてもらうためのアポイントメントをとることから始めて、興味を持った事柄について深める又は広げるためには次に誰に話を聴くべきか、どこへ足を運ぶべきか、どのような情報を収集すべきかなど、フィールドワークを自ら組み立てることを課している。当然のことながら、履修生は戸惑い、いくつかの失敗を経験する。これは、フィールドワークのイロハのイで失敗する経験を通じて、常に本番である現場で調査研究を行うことの難しさや、現場をリスペクトし、謙虚な姿勢を身につけるためである。

そして、災害ボランティア研究で用いられている理論、グループ・ダイナミックスの「『心』は個人の内面にあるのではなく、人と人との関係において展開する」（渥美　二〇一四）という考えに基づき、震災の記憶、復興への想い、支援へのニーズなど、すべてが人と人の間にあることを感じて、学ぶ機会となること、そしてそれらの難しさを知ることをめざした。

このような授業に仕立てたのには次のような背景がある。これまでの大学の授業、研究として行われてきたフィールドワークの多くは、何らかの研究テーマを掲げ、その研究テーマに合致する対象者に会い、聴きとり調査を実施して、レポートを書くという流れで行うことが多い。

しかし、短期間の授業でこれを行えば、まるで野田村の人々を研究素材であるかのように活用し、研究テーマに合致する事柄だけを野田村から持ち帰ることになってしまう（渥美　二〇一四）。しかも、授業として野田村に訪れて、短期間だけ滞在し、復興途上にある被災地に何か寄与できるのかと考えると、どのような授業に仕立てることが、学生と野田村の人々の双方にとって有益な時間と交流になるのかという問いは、非常に難しいものであった。

この難問への解としては、災害直後から野田村に入り継続的に支援活動を展開しているチーム北リアスと、その現地事務所長である貫牛利一氏に学び、相談しながら、試行していくこととした。初年度は貫牛氏の提案により、協力してもらう村民にむけて事前説明会を開催し、授業の趣旨を理解してもらう場を設けた。村民には、忙しかったり、都合が悪かったりすれば、学生からインタビューの依頼などの連絡があっても断ってもらってもよいと伝え、日常の生活どおり自然体で対応してもらうようにお願いした。その後、毎年、授業を実施する前に、お世話になる村民に個々に挨拶に伺うと、「昨年、来た学生さんはどうしている？」、「今年は、たくさんの学生さんが来るのですね」など、何気ない会話の中に、毎年学生たちが来ることを楽しみにしてくれている様子を感じ、また、学生自身は一度きりの訪問であっても、野田村の皆さんの中で一年、一年の活動がつながり、積み重ねられているものを感じた。

復興事業により村の様子が刻々と変化し、村民の意識も変容する中でコミュニティ・ラーニングの仕立てもその都度見直し、毎年、少しずつ変化していった。七年間、試行錯誤しながら取り組んできた内容を次に紹介する。

二・三　七年間の変遷

これまでの七年間は、最初の三年（二〇一三〜二〇一五年）と、次の二年（二〇一六、二〇一七年）、さらに次の二年（二〇一八、二〇一九年）の三つのステージに分けることができる。

第一ステージでは、震災から丸二年が過ぎ、がれきはすでに撤去されていたが、村のあちらこちらに仮設住宅が建ち、大型トラックが続々と走っている様子に震災の傷跡を肌で感じることができる状況であった。そのような中で、初めて東北の被災地を訪れた学生たちは戸惑い、また、初めて学生たちを受け入れる村民も同じく戸惑いを感じていたように思う。

多くの学生たちは、被害の甚大さに驚きながらも、震災そのものよりも野田村の食や伝統行事、生業について感心をもち、様々な村民を訪ね、話を聴いてまわった。そして外部者が感じた野田村の魅力を震災からの復興にどのように活かすことができるのか、考えることになった。

フィールドワークは三ステップで行った。はじめに、講師を招いて野田村の被災、復興状況や歴史文化について講義を受けるとともに、フィールドワークの方法について学習した（約二日）。次に、各自がテーマを設定し、村民へのインタビューを中心に村内を自由に動きまわった

図8-2　自転車で野田村を駆け回る

図8-3　野田まつりでのイベント放送

（約四日）。最後には、野田まつりという村の最大の夏祭りの場で、村民の有志が取り組んでいる「のだむラジヲ」という活動の一環として、フィールドワークで学んだことをラジオ番組として制作し、放送するという場を設けた（約二日）。

第二ステージになると、コミュニティ・ラーニングという授業が村の中で定着しはじめ、学生のメンバーは変わるけれど、〝毎年、夏になるとやってくる大阪の学生さんたち〟というように、村の風物詩として受け入れられるようになってきた。そのような中で、これまでの三年間は、災害救援活動などを通じて広げてきたつながりをベースにフィールドワーク実習を行ってきたため、学生たちの興味関心は様々であっても、その主な対象は村の中心部、津波の被害を直接受けた地域の人々や団体、グループであった。

発災前から高齢社会、人口減少、地域の活性化などが課題であった地方のひとつである野田村において、真の復興をめざすには被災した沿岸部だけでなく山間部を含めた村全体の振興を図っていく必要があると感じていた。二〇一六年度のコミュニティ・ラーニングについて貫牛氏と相談する中で「山側の村民とまち側の村民の温度差」というキーワードが出てきた。そこで二〇一六年度は、フィールドワークの焦点を津波などの直接的な被害を受けていない山側の集落に移した。この新たな挑戦は、被災地（沿岸部）と外部者（大阪大学）という関係が、非被災地（山側）と被災地と外部者という関係に変化することになり、なぜ私たちは野田村に関わり続けるのかと改めて考える機会となった。学生も教員もこれまでとは異なった関係性の中で、戸惑いや難しさを経験した。それは受け入れてくださった山側の集落の方々も同様であった。学生たちは約四日間という限られた時間を、朝から晩まで山側の集落の中で、時には農作業なども手伝いながら村民と時間を共に過ごした。その中から、震災に関係なく厳しい気候、山上や山間といった地形条件が悪いところであっても、先祖が開拓した土地を守り、日々の営みの中にある、野田村で生きることへの自負心を山側の人々から学んだ。また、復興道路の建設予定地で遺跡調査が行われ、古代の村の様子が発見されるのと同時に、道路工事によりその遺跡は失われ、歴史は記録となり、風景は変わっていくことを知るなど、震災を経て被災者、非被災者それぞれの複雑な想い、直接的な被害を受けていない場所、人々にとっての震災とは何か、復興とは何かと考える機会を得ることとなった。

二〇一七年度のフィールドワークからは全員が一〇日間を野田村で過ごすことになり、グループによるフィールドワークに変更した。そして初めて共通のテーマを最初から提示することとなった。そのテーマは震災復興のシンボルとして国が整備を進めていた「潮風トレイル」であ

図8-4　集落で作業のお手伝いをする

る。潮風トレイルは青森県から福島県まで沿岸部を結ぶ遊歩道のネットワークである。この遊歩道を沿岸部だけでなく、内陸部の山側の集落の活性化にも活かすことができないかと、二〇一六年度の成果を基礎にしながら村民と一緒に検討し具体的な提案をつくることに挑戦した。

　そして第三ステージとなった二〇一八年度は、野田村役場から〝アジア民族造形館の活用〟を考えてほしいという依頼に基づき、学生九人が三人ずつのチームに分かれて、「村民」、「役場」、「学校」というカテゴリーを設定してインタビューを行い、活用方法を考えた。これまでのフィールドワークでは一村民という立場の人たちから話を聴くことが多かったが、今回は村で商いをしている者、役場の職員、学校の先生、観光協会の役員を担う者など、村民が所属する複数の組織や様々な立場の話を聴き、多面的に捉えて総合的に考えることとなった。村のことを知る段階から、具体的な企画を立てたり、提案したりする段階へと移行しているのであるから当然の変化である。そして二〇一九年度のフィールドワークでは、「トレイル」「伝承」「観光」と三チームが異なるテーマを持って、それぞれに村民、役場、各種団体や来訪者など様々なセクターの人々から話を聴いてまわった。震災から八年が過ぎ住宅の再建や道路整備といったハードの復興は完了しつつある中で、震災を機に災害ボランティアや大阪大学の学生など外部者を受け入れてきたことで、村民も変わりつつある。各チームが三者三様のアプローチで提案を行ったが、これからの真の復興に向けては、村民自身が来訪者に、そして世代を超えて後生の子どもたちに、村の歴史や資源、そして震災の経験を「誇り」を持って伝える必要があるということが、学生たちの共通した提案となった。

二・四　学ぶことから一緒に考える仲間へ

七年間を三つのステージに分けてふりかえると、第一ステージでは、震災があった野田村という先入観を持って野田村を訪れた学生たちは、外部者の視点から野田村がもつ本来の魅力や資源に気づき、震災からの復興という枠組みの中で村民へフィードバックしてきたといえるだろう。そして村民も、震災があったから訪れた学生たちという意識で受け入れ、震災を常に意識しながら話してくれていたように思う。第二ステージでは、直接被災をしていない村民と学生の交流は、お互いに初めは戸惑いがあった。しかし、村民は毎年来る学生が震災のことだけ

図8-5　フィールドワークの成果発表
（アジア民族造形館にて）

を学びにきているのではなく、村全体を知ろうとしていること、村全体の振興を考えようとしていることを受け入れ、緊急時に一時的に訪れるボランティアなどとは異なる態度で接してくれるようになった。そして第三ステージになると、学生たちの活動を村としても活用していこうと、具体的な提案を求めるようになり、村のことを共に考える仲間として受け入れてもらえるようになったのではないかと思う。

学生たちがとりまとめた報告書のタイトルの変遷は次のようなものであり、この七年間の変化を端的に表している。

二・五　災害からの復興というプロセスに寄り添う授業を共に創るということ

災害からの復興は、“Build Back Better Than Before”と表現されるように、単に災害前の状態に戻すのではなく、新たな社会に向けたよりよい復興をめざすことが前提となっている。東日

図8-6　学生たちが執筆した報告書

本大震災においても「震災からの単なる復旧ではなく、未来に向けた創造的復興を目指していくことが重要である」と復興構想会議の趣旨[3]に明記された。その一方で、

表8-1　コミュニティ・ラーニング報告書タイトル一覧

年度	タイトル
2013	協働的実践への挑戦―「のだむラジヲ」を通じて―
2014	震災と復興を考える―「協働」の姿勢から見えてきたもの―
2015	震災から4年を経た野田村の今―6人の眼を通して見えてきたもの―
2016	野田村の現状と課題―山向こうの私たちがみた野田村の今―
2017	野田村を歩く―復興とトレイル―
2018	歩み続ける野田村―アジア民族造形館からのバトン―
2019	村の誇りを育む―震災から九年目を迎える野田村における新たな復興のあり方―

甚大な被害を受けてショック状態にある市民は、創造的復興という名の様々な復興事業の賛否を次々と問われ、新たな社会とは何かと考え、向き合う充分な時間が与えられないのが実際である。そして、誰が誰のために何を復興しようとしているのかと、戸惑いを感じることも多い。その上、復興を急ぐあまりに、これまで自分たちが大切にしてきたもの、守ってきたものなどを見失いがちになる。また、大規模災害からの復興には長い年月を要するため、途中でくじけそうになることもしばしば起こるし、被災した者と被災していない者という温度差が生じ、互いの遠慮もあり、コミュニティに隙間が生まれやすくなることも事実である。

そのような復興過程という複雑な状況の中で、コミュニティ・ラーニングは、一年のうちのたった一〇日間ではあるが、毎年、村のことを何も知らない学生が訪れて、災害とは直接関係のない村の魅力を見つけたり、驚いたり、被災した地域、被災していない地域関係なく動きまわり、ある意味で無責任な提案をしてきた。しかし、このコミュニティ・ラーニングは、災害からの復興というプロセスにおいて、村民の気晴らしになったり、村を見つめなおす機会になったり、村の誇りを再確認する時間となったりと、復興事業とはまったく異なる風が村内に吹く機会であったといえるのではないか。その気まぐれな風に対し、野田村の村民は、最初こそ戸惑いや迷惑だと感じたこともあったと思うが、年々、対応に慣れて余裕ができ、学生たちが戸惑い、考えるプロセスに寄り添ってくれるようになり、成果を批評してくれるようになった。

コミュニティ・ラーニングは、東日本大震災という大きな災害を経験した野田村という生きている舞台で、個性豊かな先輩俳優とも言える村民の営みを見て、聴いて学び、ひと時一緒に演じる（活動）ことでさらなる学びを重ねてきた。コミュニティ・ラーニングは、授業という形であっても歳月を重ねること、そして地域の変化に応じて順応的に授業（舞台）を仕立てることにより、災害からの復興というプロセスに寄り添える可能性を見出したと言える。そして最も大切なことは、村民の方々と共に創ってきたということである。毎年、授業の組み立てにあたっては、チーム北リアス現地事務所長の貫牛氏をはじめ、村民のみなさんに相談をもちかけ、その時々の村の状況、村民の心持ちを確認し、「授業としての滞在で、野田村に何が寄与できるのか」と常に問い続け、一緒に考えてきた。

毎年お世話になっているある人は「何もない村だと感じるのは、実は小さな村の中にすべてが凝縮されてすべてがあったからだと思います。地方創生という掛け声の陰で個性ある田舎や村が失われる現実を感じます。多様な価値観と視点、こういった活動を通して村民に刺激をこれからも与えてください」とメッセージを送ってくれた。この授業は野田村の人々と大阪大学がこれからも一緒に成長していく授業である。

二・六　コミュニティ・ラーニングで築いた財産

学生たちにとっては、「共生」というテーマを現場で考える第一ステップとなり、現場の人々に寄り添い、他者に対する深い理解を伴う敬意（respect）をもって研究活動を行うことの大切さに気づき、その後の研究活動に大きな影響を与えている。教員にとっては、「短期間の滞在で、しかも、授業としての滞在で、何か被災地に寄与できるのか？」と常に学生と自身に問いかけながら取り組み、何年もかけて地域と共に創っていく新しい授業のあり方を見つけたように思う。

七年間という歳月をかけて、大阪大学はコミュニティ・ラーニングという授業を通じて、被災地の復興から村全体の振興へシフトチェンジしていく過程に寄り添い続けている。学びに来る者から一緒に考える仲間として、ようやく野田村に受け入れてもらえる時期を迎えた。大阪大学にとって、授業や研究の単なるフィールドとしてではなく、また教育研究の成果を一方的に提供する相手でもなく、社会をよりよく変革する研究を共に行うパートナーとして、野田村の人々と信頼関係を結ぶことができたことが何よりもの財産である。コミュニティ・ラーニングは、長年の積み重ねの中で、授業という枠組みを超えて、地域と大学の新たな連携の在り方の一端を示しつつある。

（石塚裕子・渥美公秀）

三　大学のない村に学びを通じた交流の場を創る「サテライトセミナー」

三・一　はじめに

大阪大学野田村サテライトセミナーは、野田村の方々と大阪大学およびそのネットワークから招いた多様な人々が、野田村の復興とむらづくりに関する様々な話題についてディスカッションをしていく場となることを願って開催してきた。第一回は、東日本大震災・津波から二年を経た二〇一三年三月一一日に開催した。未来共生プログラムが、東日本大震災・津波の被災地である岩手県野田村に野田村サテライトを二〇一三年度に開設したことに合わせた開催であった。サテライトセミナーは、毎月一一日の月命日に欠かさず開催し、五年間の継続をもってその第一ステージとすることを当初より決めていた。そして、二〇一八年二月一一日第六〇回セミナーが開催され、第一ステージを終了した。二〇二〇年現在、未来共生プログラムの終了、サテライトのチーム北リアスへの譲渡、そして、野田村と大阪大学大学院人間科学研究科との間でのOOS協定の締結などを経て、第二ステージへの模索が続いている。本章では、五年間にわたるセミナーの流れ（巻末の年表参照）を記録するとともに、震災から一〇年を経た時点でのセミナーの意義と展望を提示したい。

三・二　セミナーの概要(4)

震災からまだ二年しか経っていない被災地で、大学が連続セミナーを開催したところで、いったい誰が参加するのか。大学がセミナーを開くことに意味はあるのか。いや、そもそも大学の教員や学生はセミナーを開催するよりも様々な支援活動を展開した方がよいのではないか。そのような思いが生じる中でサテライトセミナーがスタートした。

実際、初期の数回は、様々なメディアを通じて広報しても、参加者は少なかった。野田村の誰に向けて、どのようなテーマを採り上げたらいいのか、また、セミナーの開催時間や運営スタイル、懇親会のあり方など多様な悩みをかかえつつ、試行錯誤が続いた。沿岸部の厳しい現場に出ては被災された方々と話し込み、サテライトに戻っては他の被災地や過去の復興過程を参照しながら毎月毎月企画を練っていった。なお、サテライトでの学びを大学にいる学生や教職員と共有すべく、学内の教育技術分野の教員に協力してもらって遠隔教育システムも導入した。

(一) 最初の一年（二〇一三年三月～二〇一四年二月）

サテライトセミナーの第一回は、一九八九年に米国カリフォルニア州で発生したロマ・プリエータ地震の復興過程で知られるようになった物語復興（渥美　二〇一一）に注目し、現地からゲストを迎え、東日本大震災・津波の救援活動および北海道西南沖地震・津波からの復興支援活動に携わる研究者の方々とのディスカッションで始まった。幸い多くの参加者を得られたが、正直なところ、まだ復興という言葉に実感が伴わない時点でのテーマであったため、どこか別の地点・時点での話として受け止められた印象が残る。六月にも津波復興の話題を採り上げてみた。津波から逃れるための高台移転の話は、野田村の現状に重ね合わせて聞かれたが、津波災害の教訓を後世に伝える姿などは、その時点では、やはり野田村の現実とのズレの方が際立つようであった。

続いて、筆者（渥美）と当時救援活動に参加していた大阪大学人間科学部ボランティア行動学分野（当時）の学生が中心となって、大阪大学を紹介したり、サテライトに設置された遠隔教育システムを使って大阪大学の学生との画面上での交流を図ったりしていったが、まだ仮設住宅を中心とした対面での直接的な支援活動の方が圧倒的なリアリティをもっていたため、やはり遠隔通信では実感を伴わないのか、参加者も少なかった。

大阪大学からは、未来共生プログラムの主要な教員が自身の専門分野についてわかりやすく伝える講演を現地で行った。また、野田村の子どもたちに向けて、同プログラムの大学院生たちがイベントを展開したり、国立天文台が望遠鏡を持ち込んで、子どもたち向けの講話とともに観測会を開いたりした。

一方、弘前大学を中心とした研究チームが野田村の住民の復興感に関する調査を行っていたので、その速報もセミナーを通じて報告した。阪神・淡路大震災が発生した一月一七日が近づく一月のセミナーは、被災地ＫＯＢＥの復興を紹介する回と位置づけて、震災の伝承に関わる方々を招いて阪神・淡路大震災に思いを馳せる機会とした。

初年度は、文字通り、試行錯誤の一年であった。参加者が少ないことが最も大きな問題であった。野田村では、新しく家を建てるときの上棟式で紅白の餅を投げる習慣があると聞いて、サテライトでも行ってみたが、投げた餅を拾う人がたった数名で、取材に訪れた新聞記者にも拾ってもらった風景は、今も目に浮かぶ。当時は、ようやく仮設住宅での生活にも落ち着きが出てきたような時期ではあったが、もちろん不自由な日常が続いていて、復興に向けて何からどのように動いて行ったらいいのかと皆さんが悩みながら過ごす毎日であった。実感が伴うようなテーマを提供しようと、まだまだ大学側だけが企画を試行している段階であった。

（二）二年目（二〇一四年三月～二〇一五年二月）

震災から三年になる二〇一四年三月一一日は、追悼式の後、米国デラウェア大学災害研究所から招いた先生を囲んで、野田村の住民と野田村に関わってきた大阪大学の学生が議論を行った。二年目は、初年度のスタイルを継承するとともに、野田村の人々に語ってもらう機会にすることを一つの目標として進めていった。具体的には、震災後の野田村を案内する役割を担おうとしていた方、津波による壊滅的な被害を乗り越えて新しい場所で椎茸栽培を始めた方を招いて話を聴いた。

また、村内で始まりつつあったコミュニティＦＭの活動に合わせて、岩手県内のＦＭ局で番組作りをしている方を招いたりして、ラジオをテーマとしたセミナーも開いた。未来共生プログラムの学生が中心となって、サテライトを離れて村内のイベント会場でラジオに関するセミナーを開いたのもこの年である。

一部では、他の地域と比べて野田村は復興が早いとの報道もあったが、野田村の現状は、まだその緒に就いたばかりにも見えた。チーム北リアスも活動が本格的になっていた頃であった。そこで、チーム北リアスの共同代表は、セミナーを通じて、救援期から村外ボランティアの受付窓口を担った社会福祉協議会のスタッフにインタビューをしたり、村内で実施されていたワークショップに関する報告をしたりした。

大阪大学からは、未来共生プログラムに関係する教員が講演やワークショップを開催するとともに、人間科学研究科の教員からも話題提供をした。また、フィールドワーク実習「コミュニティ・ラーニング」では、サテライトを拠点に学生が野田村で多くの皆さんにお世話になっていたので、そのお返しにと大阪に戻ってから再び野田村を訪れて報告をするセミナーも導入した。

参加者の顔ぶれは毎回異なり、人数に増減もあったが、この頃から、参加回数の多い、常連さんと呼べる村民があらわれてきた。また地元の県立久慈高校の生徒たちとの交流もセミナーを通じて始まっていった。セミナーに関するアンケートや懇親会での会話は、以降のテーマを検討する際に大いに参考になった。ただ、野田村サテライトが唯一の企画者となるスタイルにまだ変化はなかった。

（三）　三年目（二〇一五年三月〜二〇一六年二月）

震災から丸四年を迎えた二〇一五年三月一一日から、「東日本大震災から地域復興を考える」と題した研究シンポジウムを弘前大学と共催で毎年開催することになった。ようやく復興について、広く村民に向けて考える場を設けることができる時期を迎えたと言えるだろう。海外から研究者を招き、村民、ボランティアが多数参加し盛会で終えることができた。

三月に引き続き、五月は世界の災害復興を、一一月は二〇〇四年に発生した新潟県中越地震の復興を学ぶセミナーを開催した。県立久慈高校の生徒も参加し、村民から多くの質問があったのが印象的であった。

また、チーム北リアスの共同代表らが執筆、編集した『東日本大震災からの復興（2）がんばるのだ──岩手県九戸郡野田村の地域力』（弘前大学出版会）の出版を記念して七月、九月、一二月の三回にわたり、弘前大学との共催でシンポジウムを開催した。各回、執筆者の講演に加えて、同書に登場する野田村の人々を迎えてパネルディスカッションを行った。このシンポジウムをきっかけに野田村の人が村を、震災を、生業を語る機会が増えてきたと言えるだろう。

その他に四月は三陸鉄道の復興と震災学習列車の取り組みについて、六月は津波で流された写真の返却活動（野田村）について、二〇一六年二月は支援活動の一環として開催されていた河合書道教室（野田村）についての講演を行った。いずれも震災を機にはじまった活動を振り返るとともに今後の展開について、村民と一緒に考えていく時間が生まれたと言える。

八月と一〇月は、未来共生プログラムの学生によるセミナーを開催した。八月に約一〇日間の滞在型で実施されるコミュニティ・ラーニングとともに、恒例行事として村民に認識されるような雰囲気ができ始めたのはこの年からである。

さらに二〇一六年一月は、大阪大学大学院人間科学研究科が考案した音楽コンサートとシンポジウムを組み合わせたコンポジウムを開き、セミナー参加者と一緒に生演奏の歌を交えながら和やかな雰囲気を醸しだし、その中で「利他主義」という学術的な概念を考えていくという新たな学びの場の可能性を示した。

二〇一五年度セミナーは、東日本大震災からの復興を野田村の方々と外部者である大学、研究者、ボランティアが一緒に振り返り、意見交換し、今後を考える場となったと言える。そして、サテライトセミナーが、一部の人ではあるが、村民にとって毎月開催されている通年行事のように認識されつつあることをようやく感じるようになった。

（四）　四年目（二〇一六年三月〜二〇一七年二月）

二〇一六年三月一一日は、前年と同様に「東日本大震災から地域復興を考える」と題して研究シンポジウムを弘前大学と共催で開催した。震災から丸五年が経過した節目の年であったことから、チーム北リアスと大阪大学の活動報告を行い、野田村長を迎えて「チーム北リアスのこれからの活動について」という題でパネルディスカッションを行った。また、四月のセミナーも丸三年が経過したことから、これまでの振り返りと今後の展開についてワークショップ形式で話し合い、村民からの提案によるテーマ、講師を選定して開催する「村民企画」を設けることになった。

九月に初の村民企画として、日本舞踊をテーマに開催した。会場はサテライトではなく村の中心部に建てられたコミュニティホールにし、時間も昼間に開催したことから、普段は参加が少ない女性の参加が増え、新たなセミナーの形が見えたような気がした。引き続き一一月は、一一月一一日が鮭の日であることにちなんで「鮭のい・ろ・は」と題し、鮭の生態、解体、料理について、たくさんの村民の協力を得て開催された。この回は初めて正式に野田村役場と共催したセミナーであった。また、二〇一七年一月のワークショップでは野田村の将来について語りあい、震災から復旧、復興し、野田村の将来を考える場にサテライトセミナーが変化してきた。そして、四年目を迎えてようやく、大学からの一方通行ではなく、野田村の人々との協働の形が見えてきた。この年からはじまった計三回の村民企画セミナーはいずれも参加者が多く、サテライトセミナーの定番企画として定着していく手ごたえを感じた。

その他には、震災を機に生まれた活動や交流事業として、五月にはレクイエムコンサートについて、六月は海外と東北との交流「かもめ号」の絵本について、七月と八月は関西と東北をつなぐボランティア活動について講演を行った。

さらに、一〇月は、毎年恒例となった未来共生プログラムのコミュニティ・ラーニング報告会をコンポジウムとして開催し、一二月にも大阪大学院生の企画で開催し、学生たちの発表の場としてのセミナーの活用も定着した。

（五）最後の一年（二〇一七年三月〜二〇一八年二月）

二〇一七年は、三月に英国ノーザンブリア大学から講師を招き、学術的な知見を参考にして改めて復興を考えるセミナーからスタートした。六月は京都大学防災研究所から、二〇一八年一月は阪神・淡路大震災以来災害ボランティアとして活動を継続してきたNGOから講師を招き開催した。これらのセミナーは、災害からの復旧、復興、その後、発災前の備えという減災のサイクルに基づいた、これからのむらづくりを考える機会となった。

そして、前年からはじまった村民企画セミナーを計五回開催した。五月は、二〇一六年一〇月に開所されたワイナリーで醸造された野田村産山葡萄ワインの販売を記念して開催した。七月は、ウニの季節にあわせてウニの栽培技術と新たな販路の開拓について、近隣の洋野町から講師を招いて開催した。また九月は復興事業で整備された「十府ケ浦公園」について、役場の担当者による講演を行った。そして一一月は、前年に続いて鮭の日にちなみ野田村の食文化と鮭漁について話を聞く機会とした。会場は講師が営む村内の古民家を活かした農家食堂で開催した。そして最後は一二月に再び国立天文台から講師を招き野田村から宇宙の旅に出たという想定で話を聴いた。いずれのセミナーも、前年と同様に多数の参加者があり、テーマによって参加する顔ぶれが変化している。村民企画により、サテライトセミナーへの参加者の多様化が図られていたように思う。

その他に四月は野田村を訪れる大学生について、八月は三陸復興国立公園を活用した潮風トレイルについて、チーム北リアスのメンバーによる講演を行った。

サテライトセミナー第一期最後の第六〇回は「サテライト祭り」と題して、この五年間のセミナーを振り返り、これまでの参加者、講師、大阪大学の教員が参加して、第二期の展開を考えた。村民からは、「野田村と大学が協働して、形に残るものを考えていきたい」といった意見や、「村の身近な問題と大学の研究課題をマッチさせる」、「村の既存の活動を活性化させる機会に」といった様々な意見があり、セミナーを通じてつながる世界を、継続していくことが大切と確認し終了した。

二〇一三年三月から毎月一一日に開催してきたサテライトセミナーは、五年間、計六〇回という時間を経て、学び合いを通じた様々なつながりを創る形がようやくでき上がってきたのではないかと思う。村民と学生、教員、ボランティアとの関係はもちろんのこと、村民同士、周辺市町村の方々とのつながり、そして国内外の研究者や実践家など、多様なつながりが広がりつつある。

三・三　サテライトセミナーの意義と展望

野田村の復興とむらづくりに関する多様なディスカッションを通して、果たしてサテライトセミナーは野田村の方々に寄り添う場となっていただろうか。被災者に寄り添う、被災地に寄り添うと言葉で言うのは簡単だけれども、どのように寄り添うのか、しかも、大学に身をおく立場として何をすれば寄り添うことができるのか。それは容易に答えの出ることではない。初回から運営してきた渥美と途中から運営に参画してきた石塚は、毎月自らの存在が試されることに身を引き締め、六〇回まで重ねてきた。時間が経つにつれ、実は、セミナーに参加して下さった野田村の方々、参加は無理でもいつも温かくセミナーを見守って下さった野田村の皆さんこそが、筆者らに寄り添って下さっていたのだということに改めて気づかされる。例えば、三月一一日になるとハガキをくださる村民がいる。そこには、「なかなか参加できないけれど、毎月、案内いただいてありがとうございます」と書かれていたり、東京在住で帰省されたときに一、二度参加してくださった人が「野田村の支援をしてくれてありがとう」と認めてくださったりする。セミナーを通して、私たちこそが学ばせて頂いたのだとしみじみと思う。まずもって村民の皆様に改めて最大限の感謝を申し上げたい。

早いもので五年間六〇回のサテライトセミナー第一期を終えて三年が経とうとしている。最終となった第六〇回の「サテライト祭り」では、「野田村と大学が協働して、形に残るものを考えていきたい」といった意見があった。また、「村の身近な問題と大学の研究課題をマッチさせる」、「村の既存の活動を活性化させる機会に」といった意見もあった。果たしてそれが実現できるようになっただろうか。サテライトセミナーの終了とともに締結された大阪大学とのＯＯＳ協定、そして、協定に基づく「野田学」の推進など、まだまだ試行錯誤が続いている。

六〇回にわたるサテライトセミナーを俯瞰すれば、三つの流れを確認できる。一つは主催者である未来共生プログラムとの関係として、学生が発表したり関係する教員からの講義が行われたりしてきたものである。この流れは、現在の野田学にも引き継がれ、より幅広い分野の先生方を招いた講義が行われている。

もう一つは復興への情報提供であり、国内外の復興事例が報告されたり、チーム北リアスによって野田村の復興に向けた活動が語られたりした。主催者としての情報共有は過不足なく実施できたし、被災者の立場から災害復興を考え実践されてきた第一線の方々を厳選して招いたことはサテライトセミナー運営者としての著者らの自負するところではある。

そして最後に、村民企画があった。村民企画は、サテライトセミナーが野田村において果たして欲しいと願った機能を具現化したものとして第三八回から不定期に導入したが、どうも道半ばであったという自省の念が残る。野田村の人々が望んだテーマで、野田村の人々が希望する講師を招き、野田村の人たちが進行していくセミナーを目指そうとしたのであった。セミナー運営委員会も設置してセミナーの推進について議論する場を設けてもみた。その結果、採り上げるテーマの幅も広がり、参加者も多様化した。ただ、村民企画という名のもとで行われる「大阪大学野田村サテライトセミナー」であって運営者が村民の皆さんにお願いして開催してもらったセミナーという印象はぬぐえない。そこから村民による村民のための村民のセミナーへと転換していくにはもう少し時間が必要かと思うところで終了となった。

サテライトセミナーは五年間にわたったが、実は大学が主催となる体制は当初から五年目で終了する計画であった。外部者である大阪大学は、被災地の人々がいわば肌感覚で知っているけれど、必ずしも言葉にはしてこなかったことを、ああでもないこうでもないと表現し、こんなやり方もあるあんな選択肢もあり得ると、いわば勝手に提示し続けることが役目だと思う。五年という月日はそのためにちょうどよい長さだと判断していた。その結果、第一章で語られているように、サテライトセミナーは次の一〇年の活動を考えるときの選択肢の一つになっている。また、次章で紹介される「野田学」は、暗黙のうちにサテライトセミナーを乗り越えていく試みであるともいえる。サテライトセミナーをいわば愚直に継続してきたことの意義は、これからの復興まちづくりに多様な選択肢を準備したことにある。

二〇二〇年春からの新型コロナウイルス感染症の蔓延は、野田村においてもリモート会議システムなどの普及を促す面があった。今後は、こうしたツールも積極的に活用しながら、これまでにサテライトセミナー村民企画で垣間見えた村民自身の発進力を国内外のネットワークへとつなげ、また、サテライトセミナーで体験した国内外からの野田村への注目を活かし、ユニークな村へとむらづくりが進むことが、五年間にわたりサテライトセミナーを運営してきた筆者らの願いであり、引き続き、そうしたむらづくりに協力したいと願うものである。

（渥美公秀・石塚裕子）

注

（1）優秀な学生を俯瞰力と独創力を備え広く産学官にわたりグローバルに活躍するリーダーへと導くため、国内外の第一級の教員・学生を結集し、産・学・官の参画を得つつ、専門分野の枠を超えて博士課程前期・後期一貫した世界に通用する質の保証された学位プログラムを構築・展開する大学院教育の抜本的改革を支援し、最高学府に相応しい大学院の形成を推進する事業。

（2）大阪大学大学院人間科学研究科附属未来共創センターのプロジェクトのひとつで、支え合う社会、共生社会を創造していくための新たな共創の仕組みである。産官社学連携により、学内外のセミナーやイベントの「場」、企業・財団・社団・地方自治体・ＮＰＯ／ＮＧＯなどの活動の「場」を支援するものである。

（3）「東日本大震災復興構想会議の開催について」（平成二三年四月一一日）https://www.cas.go.jp/jp/fukkou/pdf/setti.pdf（最終アクセス日：二〇二一年一月二六日）

（4）記録誌「大阪大学野田村サテライトセミナーの五年」（二〇一八年三月発行）に基づく。同書には図版などを多数収録している。

参考文献

渥美公秀（二〇一一）「物語復興」矢守克也・渥美公秀（編）『防災・減災の人間科学 いのちを支える、現場に寄り添う』新曜社．二〇二–二〇五．

渥美公秀（二〇一四）『災害ボランティア——新しい社会へのグループ・ダイナミックス』弘文堂．

渥美公秀（二〇一四）「野田村フィールドワーク——現場に何を返すことができるのか——」大阪大学未来戦略機構第五部門未来共生イノベーター博士課程プログラム（編）『未来共生プログラム東日本大震災被災地復興フィールドワーク報告書』，九一．

榎井縁・石塚裕子（二〇一七）「未来共生プラクティカルワークの現場から」『未来共生学』四，一四五–一五〇．

栗本英世（二〇一四）「未来共生学の創刊にあたって」『未来共生学』一，三–五．

李永俊・渥美公秀（監修）（二〇一五）『東日本大震災からの復興（二）がんばるのだ—岩手県九戸郡野田村の地域力』弘前大学出版会．

大阪大学野田村サテライト（二〇一八）『大阪大学野田村サテライトセミナーの五年』大阪大学未来共生イノベーター博士課程プログラム．

志水宏吉（二〇一四）「東北フィールドワーク　未来共生プログラムの原点として」大阪大学未来戦略機構第五部門未来共生イノベーター博士課程プログラム（編）『未来共生プログラム東日本大震災被災地復興フィールドワーク報告書』一．

コラム

村民座談会

商工会青年部からみた野田村の震災

商工会青年部は、昭和四七年に設立された。野田村で事業を営む四〇歳以下のメンバーからなり、のだ砂まつり（昭和六〇年〜平成二一年）の中心となるなど、野田村の地域づくりを担う若手集団である。東日本大震災では部員の八割が自宅や事務所で被災したという。

チーム北リアスは、村内の若手の集まりである商工会青年部とは、チーム北リアスのイベント（シャレットワークショップなど）に協力してもらったり、青年部のイベントをこちらがお手伝いしたりするなど、当初から積極的に交流してきた。特に震災二年目の二〇一二年一月から約三年間は、河村、永田を中心とするチーム北リアスと商工会青年部で、復興むらづくり勉強会を定期的に（毎月一回）行ってきた。

参加者

商工会青年部

小谷地栄喜（平成一九〜二〇年度部長、OB）
大沢幸正（平成二一〜二四年度部長、OB）
久慈勝浩（平成二五〜二六年度部長）
小野寺清貴（平成二七〜二八年度部長）
沢里大介（平成二九〜三〇年度部長）
田中暁人（平成三一年〜現部長）
中川大和（平成二七〜三〇年度副部長、現監事）
北田雅徳（現副部長）

野田村役場未来づくり推進課
古舘豪紀（現副部長）
小野寺修一
古舘良太

チーム北リアス
河村信治（八戸高専）
李永俊（弘前大学）
渥美公秀（大阪大学）
石塚裕子（大阪大学）
寺本弘伸（日本災害救援ボランティアネットワーク）
永田素彦（京都大学）
大門大朗（京都大学・野田村在住）

歴代部長の印象に残っていること

――まず歴代の部長さんにお聞きします。ご自身が部長だったときに印象に残っていることを、エピソードを交えてお話しください。（司会・永田、李）

大沢：震災前の二年と震災後の二年、部長をつとめましたが、震災後めまぐるしくいろんな体験をしたのが印象的でした。特にいろんな会議がすごくたくさんあって……。あとボランティアの方が、大阪から夜行バスで来てくれて、ほんとにありがたいことだったなと思います。大変だったけど、今思うと楽しい思い出です。

久慈：印象に残っているのはお祭りなどのイベントです。商工会の部員も少なくなってきて大変なときに、ボランティアの学生さんたちが手伝ってくれて助かりました。震災で大変でしたが、なんとかみんなで頑張って協力して活動できたと思っています。

小野寺（清貴）：当時を振り返れば、復興にからむ委員会がすごく増えた時期だったことが印象に残っています。その中でもワークショップなどで、先生方や学生さんたちと交流ができて、震災のおかげという語弊がありますが、いろいろ楽しく学べたなあという記憶が残っています。

沢里：青年部はイベントに出る機会が多く、地域の人たちや先生方とふれ合う機会が多いのですが、中でも一番印象に残っているのは、私のときに中心商店街のにぎわい再生のために企画した「夏の陣」というイベントです。そこで売り上げた収益はすべて、野田村内の三ヶ所の保育所に、現金ではなくて、おもちゃとか絵本を寄贈しました。青年部らしいことをできたという達成感が、一番印象に残っています。

田中：私もお祭りやイベントが印象に残っています。特に、青年部の活動の中で一番大きいのが野田村のお祭りです。永田先生が学生さんと一緒に盆踊りの景品を配るのを手伝ってくれた印象が強いです。

外部ボランティア（チーム北リアス）に対する印象

――震災以降、チーム北リアスなど外部のボランティアが、いろんな地域から野田村に関わっていますが、外部ボランティアに対する印象とか、記憶に残っていることをお話いただければと思います。まず震災直後の大変なときにボランティアと一番関わりが多かった、当時部長の大沢さんにお願いできますか。

大沢：本当のことを言うとですね、ボランティアっていうのは怪しい人なんじゃないかと、最初は思っていました。なんでこんなに優しいんだろうと。でも震災がなかったら、一生のうちでこんなにいろんな方々と出会うこともなかったし、いろんな方々と出会えてよかったなと今では思います。あと、先生方は（村内の）いろんなところにボランティアに行っているので、自分たちよりも野田村のことを知っているんじゃないかとも思います。お祭りのときの青年部活動に協力していただいて本当にありがたかったし、鳥居の前のプレハブ（青年部の仮設事務所）でワークショップをやったり、総合センターの一階で永田先生に講義をしていただいたり……内容はすっかり忘れてしまいましたが（笑）……。野田村のことを、野田村の人よりも考えてくれていたんだなと、今思うと感じます。

李：震災直後はチーム北リアス以外にもさまざまな地域からボランティアが入ってきましたが、いろんな人が入ってくることに抵抗感などはなかったですか？

大沢：やっぱり田舎で人見知りなところもあるのですが、話してみると、怪しい人ではないな、と。

李：そのときにはこんなに長く関わることになるとは思わなかったですよね。

大沢：まったく思いませんでした。

久慈：震災直後のがれき撤去とか、ボランティアの方に助けられてすごくありがたかったです。みんなの気持ちが沈んでいるときに、若い学生と交流できて活気づいたこともよかったです。

小野寺（清貴）：今は青年部自体メンバーが少なくなっているのですが、お祭りなどのイベントでお手伝いしていただいて、当時を振り返るとありがたく甘えていたなと思います。あと、仮設住宅や高台団地でよくイベントをやってくれる中で、ボランティアの先生や学生さんたちはすごいパワーをくれていたんだと感じています。

中川：ボランティアに来てくれた方々が、被災者もそうでない方も関係なく、家を回って状況確認したりお手伝いしたり、そういうことをずっと続けているのがすごく印象深いですね、なかなか自分たちではできないことなので。

復興まちづくり勉強会について

――震災後から数年間、復興まちづくり勉強会と称した集まりを毎月一回やらせていただいていましたが、それについて感想をお願いできますか？

小谷地：我々青年部にとってワークショップ自体初めてでした。先生方のおかげでいろんなことができて、ありがたいと思っています。

大沢：正直言うといろんなことがありすぎてちゃんと覚えていないところがあるんですが、一度、将来どうなるのがいいのかなって副部長の勝浩さんに聞いたときに「平凡な生活」と返ってきたんですね。それが今でも心に残っています。本当に忙しかったし、普通の暮らしがしたいって意味合いだったと思います。今は震災の頃から比べると、変わった人生になったかもしれないですけど、穏やかな生活ができているのかなって思います。

久慈：本当にいろんなことがありすぎて、何も考えたくないというか。早く元通りになればいいなって思っていました。

震災の前後で変わったと感じること

――震災の前後で変わったなと思うことはありますか？　いい意味でも悪い意味でも。

久慈：防災というか、地域を守るという気持ちは大きくなったのかなと思います。

小野寺（清貴）：震災後に改めて思ったことは、震災前にはなんで気づかなかったんだろうということに、細かく気づくようになりましたね。たとえば漁師さんからいただく海の幸とか。いろんな意味で野田村を見つめ直すようになりました。

沢里：いつまでも安全ではないなというか、いつ何があってもおかしくないっていうか。震災だけでなく台風、洪水とか災害が多すぎてですね、防災意識が強くなっていると思います。

田中：やっぱり防災意識がみな高くなったと思います。あと震災前と震災後でいえば、ふだんどおりの平凡な生活が大事なんだなと感じるようになった。何気ないことを普段通りできることが大事だというのを感じるようになりました。

中川：震災の前後で何が変わったかというと、青年部に関しては、砂祭りとか以前やっていたイベントができなくなってしまったことですね。海でやるイベントは、震災を経験した人間からするとやっぱり怖いと思うだろうし、復興の作業をしている中でできないっていうのもあったし。沢里部長のとき、海でなく街中でできるイベントを立ち上げて、二年前からやっています。

沢里：商工会が行っている「プチよ市」というイベントがあるんですけど、そこで私たち青年部のイベントも一緒にやってはどうかと皆で相談しました。俺らに何ができるかといえば、ビール売ったり、焼き鳥焼いたりしかねえんだっていうことで、ならできることをやろうと。私自身、音楽が好きで、イベントには音楽もあった方がいいということで、「ビア&ミュージックフェスタ青年部夏の陣」というイベントを立ち上げました。さっきも言ったように収益はすべて野田村の保育所に絵本とかおもちゃを寄贈したんですけど、そもそも最初から子どもたちに何か渡そうって決めて立ち上げたイベントで、野田村にもこういう若いお兄ちゃんたちがいるんだぞと、保育所で胸張ってこういう奴がいるんだぞと、アピールしたかった部分もありました。結果うまくいってよかったです。今年はコロナの影響でどうしようかっていう状況ですが……。

将来に向けて

――今後、将来に向けて、野田村や青年部をどういうふうにしていきたいですか？

小谷地：現状では子どもの数が少ないのが一番ネックだと思います。できるだけ子どもが増えるといいですね。

大沢：今はコロナで不況になって、縦貫道（三陸北縦貫道：二〇二一年三月末完工予定が、普代・野田間は二〇二一年一二月末完工予定に延期された。）ができるとダブルで不況かなとも思いますが、逆に縦貫道ができれば野田村にも来やすくなるわけですから、遠くからお客さんを呼べるようなイベントとかを考えていくしかないのかなって思います。

小谷地：野田って海と山の町なんで、縦貫道ではなく国道四五号線を使ってほしいなって、個人的には思っています。

久慈：若者が遠くに出て行ってしまうことが多いので、帰ってこれる魅力を作りたいですね。

小野寺：商工会青年部でいえば、メンバー不足というか、数が減っているのは否めない。それについては自然の流れに身をまかせて、先輩方に協力してもらえばいいと思っています。やはり青年部はみなさん自営業、商売されている方々の集まりで、自分で立ち上げた方も、二代目三代目の人もいますが、すべては野田村から、地域からはじまっていますので、自分はあらためて野田村に、今まで以上に目を向けたいなと思ってます。地元に目を向けたいなと。

大沢：今までどこに目を向けてたんだよ（笑）

沢里：今後のビジョンにはあまりイメージはないんですけど、子どもも人口も減るんだろうなとは思っています。一方、縦貫道ができて、今まで来たことがないような人もここ野田村を経由するようになるというイメージはあります。私たちは自営業をしているので、何もなければこの地に骨を埋めることになるので、いい村だなと今まで以上に言っていただけるような村になればいいなあと思っています。

田中：外に出てしまう若者が多いので、戻ってきて楽しい、戻ってきたいと思える野田村であってほしいという思いです。

古舘（豪紀）：さっきお話があったミュージック&ビアフェスタですが、普代村の青年部とか野田村青年会とかと一緒にやったんですよ。さらに久慈市や洋野町とかの青年部を巻き込んで、一緒にイベントをするようになったらいいですね。野田だけじゃなく、久慈や普代にも行きましょうよとか、そんな流れになればいいかなと。

中川：野田の人口が減っていくということはわかっているんですが、それによって交流人口、関係人口も少なくなってしまうことを心配しています。どのようにしたら野田村に来てもらえるのかということを考えなきゃいけないですね。ぜひ青年部にアイディアを出してもらいたいです。

古舘（良太）：今こうしていろんな大学の先生や学生さんと関わっているわけですが、この大門君のように野田村に移住してくれる学生さんが増えてくれればいいなあと思っています。その学生さんたちが青年部の皆さんと一緒に仕事ができるようになれば、すごく楽しい村になるなあと思うので。先生方にはぜひ学生をどんどん野田村に入れてくれればと思います。

野田村の魅力は？

――最後に、野田の魅力は何ですか？

北田：野田村の魅力は、やっぱりのんびりできるところですね。遊ぶところはないけど、そのへんぷらぷら散歩するだけで気持ちいいです。

古舘（豪紀）：野田村は速い。例えばワイナリー作ったりとか、何かを言い出して、これをやろうよってなったときに、動きがものすごく速いことが野田村の魅力かなと思います。

田中：海ですね。私も一回外に出て、戻ってきてみて、人それぞれ感じるところはあると思いますが、私は海の幸が魅力だと思います。

中川：野田村の魅力といわれると、正直迷います。生まれたときから住んでいて、普通に海や山を見ていて、それが震災でなくなって、今になって、という感じなので、特段意識したことがないんですよね。かえって先生方や学生さんに教えていただきたいです。

沢里：私は関東にいて帰ってきたときに思ったのが、水道水が普通に飲めるなと。あとは空気がよどんでいないと。日本全国いろんなところあるでしょうし、たしかに野田村はどこ行くにも遠くて不便ですが、でも唯一無二の何かがあるんだと思っています。

小野寺（清貴）：野田村の魅力って言われれば、自分が若いころは、野田村はコミュニティが小さくて、地域の人たちがめんどくさいなと、近所がみんな知りすぎててめんどくさいなって思っていたんですけど、年をとればとるほど、そのめんどくさいのがありがたく感じるようになりました。例えば若者が野田に移住してきたとして、極端な話、仕事をしなくても生きていけるんじゃないかっていうところが、野田村の魅力なんじゃないかなと思います。手取り一〇万いかなくても、地域の人たちと仲良くすれば生きていける村です。

久慈：野田村は人が魅力だと思います。みな温かい。あとは自然が豊かなので、今はやりのアウトドアにはもってこいです。

大沢：野田村に住んで長いですが、魅力っていうと自然だったり、海だったり山だったり、いろいろあると思うんですけど、人の魅力が感じられる野田村っていうのもいいなと思います。

古舘（良太）：保育所に何かしてあげるとか、新しいことをする、魅力を作る余地がたくさんあるのが村の魅力なのかなって思います。

小野寺（修二）：みな内気というか、あまりべらべらしゃべる人は多くないんですけど、いろんなものを受け入れやすいというか、受け入れてくれる人が多いかな。

小谷地：野田の魅力といいますと、朝の漁船の音、潮の香り、山から鳥のさえずりが聞こえたりとか、自然があふれているし、地球を感じられる村だということだと思っています。

――歴代の青年部長さんをはじめ、多くの方々にお集まりいただき嬉しく思っています。コロナが終息したあかつきには、また交流を深めにまいりたいと思います。ぜひ今後ともよろしくお願いします。あらためて本日はありがとうございました。

二〇二〇年六月二六日収録

第9章　復興に向けた新たな活動に伴走する

一　コミュニティラジオ「のだむラジヲ」の軌跡

一・一　被災地のコミュニティラジオ

コミュニティラジオは、地域に根ざした公共性（小さな公共圏）を形成・維持・発展させる可能性をもったメディアとして捉えられてきた。北郷（二〇一五）は、コミュニティラジオを「住民自らの参加と創造を伴うコミュニケーション」を醸成するメディアとして位置づけ、小さな公共圏の確立に向けた方略に関する議論を展開している。また、同様の立場から、国内外の様々な事例も報告されている（松浦・川島　二〇一〇）。一方、被災地でのコミュニティラジオは、臨時災害放送局に代表されるように、緊急時に地域に即した情報を受発信するメディアとして注目を浴びることが多い（北郷　二〇一五）。しかし、災害復興過程におけるコミュニティラジオについては、その必要性が阪神・淡路大震災当時から議論され、東日本大震災以降は、各地で研究会も開催されている（江幡二〇一六）ものの、十分な蓄積がないのが現状である。本章では野田村においてコミュニティラジオ局の開設をめざして、村民有志と外部者である筆者らが約七年半取り組んできた軌跡をたどり、その変遷から復興過程におけるコミュニティラジオ活動、ラジオ番組制作の意義について考察する。

一・二　「のだむラジヲ」とは

「のだむラジヲ」の活動は、二〇一一年一二月に村民と災害ボランティアの有志がコミュニティラジオ放送研究会を立ち上げたことに始まる。東日本大震災では停電のためにテレビから情報が得られない中で、村民有志の一人である小野寺健二氏がラジオの役割を再認識し、行政からだけでなく村民自らが災害時に情報を提供、発信するべきだと感じ、野田村にもコミュニティラジオ局が必要だと思い立ったことがきっかけである。

まず二〇一二年、二〇一三年は、村民有志と大阪大学の学生らにより八月の野田まつりの会

表9-1　のだむラジヲの軌跡（詳細は巻末の年表を参照）

時期	主な取り組み	補注
2011.12	研究会立ち上げ	
2012.08	野田まつりでイベント放送を行う	この年から毎年、野田まつりで放送を実施している
2013.12	「のだむラジヲ開局準備会」を設立	
2014.03	移動スタジオ放送（村内イベント会場での放送）の開始	市日（愛宕神社参道）、Light up Nippon ホタテ祭り、ぱあぷる（道の駅）祭り等
2014.11	公開研究会の開催を開始「のだむラジヲ創る会」	2016.01 までに計5回開催
2014.12～2015.2	FM岩手放送の地域限定番組「くじなのだ」を担当	計14回放送
2015.03	「のだむラジヲたより」発行	Vol.13（2018.01）まで発行
2016.07	のだむラジヲスタジオ開所	2019.05 閉所
2017.02	のだむラジヲフェスタ（第1回）開催	
2018.02	のだむラジヲフェスタ（第2回）開催	
2018.05	野田村役場との勉強会を開始	

場においてにイベント放送を行った。その後、コミュニティラジオ局の開設をめざしたいという機運が高まり、「のだむラジヲ開局準備会」を村民有志四名と筆者ら、大阪大学の学生など外部者の約一〇名で二〇一三年一二月に設立し、二〇一九年五月に休止するまでの約七年半の間、活動を展開してきた。

のだむラジヲの活動理念は「野田村民による野田村民のための野田村民のラジオ」であった。この活動は単にコミュニティラジオ局の開設に止まらず、村民の地域アイデンティティの醸成の場となり、むらづくりのハブとなることをめざし、東日本大震災からの復興のコミュニティ・アーカイブズとして番組を残してきた。活動の経緯は表9-1に示すとおりである。三つのステージに分けて軌跡を紹介する。

一・三　コミュニティラジオ局の開設をめざす

二〇一三年一二月一四日に設立した「のだむラジヲ開局準備会（以下、のだむラジヲと示す）」は、同月の二二日に第二回会議を開催し、協議の結果、開局目標を二〇一七年春とした。ここから「三年後には開局」を合言葉に何度も会合をもち、放送技術の習得を兼ねた移動スタジオ放送を開始した。放送は若手の有志二名を中心に筆者を含む大阪大学の教員、学生たちも協力して行った。移動スタジオ放送とは、村民が集まる市日や季節行事の会場、仮設住宅集会所など様々な所へ出かけ仮設のスタジオで行うイベント放送である（図9-1）。

このような活動を始めた二〇一四年八月に、県域放送局（エフエム岩手）よりエリア限定ラジオの社会実験事業への協力要請があり、のだむラジヲとして参画することになった。この事業への参画は、のだむラジヲのメンバーが本物のラジオ放送を経験する貴重な機会となり、放送技術の向上に大いに寄与した。さらにこの事業をきっかけに、ラジオ放送に関心の高い有志による活動だけでなく、多数の村民が関わる活動へと方針を変更する転機となった。これまで有志のみで協議してきた会合の一部を公開型とし、県域放送局と協働で実施する試験放送番組には可能な限り多くの村民に出演してもらうことをめざした。その結果、二〇一四年一二月～二〇一五年二月末までの計一四回の試験放送に、一六団体、約四〇名の村民が番組に出演した（図9-2）。また、公開型の会合（「のだむラジヲ創る会」）を開催するほか、二〇一五年三月から「のだむラジヲたより」を発行して村内全世帯に配布した。このような取り組みを経て、のだむラジヲの認知は村内に広まっていった。

第二回創る会（二〇一五年三月一二日）では、試験放送番組に出演した約二〇名の村民が集まり、出演した感想やコミュニティラジオの役割などについて語り合った。その中で、「ラジオで

図9-1　移動スタジオ放送の様子

図9-2　エフエム岩手エリア限定ラジオ「くじなのだ」放送の様子

話すことで、これまでの自分の活動を振り返る良い機会となった」、「時間が足りなくて活動について伝え切れなかった。もっと話してみたい」といった声が上がった。また、野田村の方言を紹介するコーナーを楽しみにしていたという意見もあり、試験放送に出演したり、聴いたりすることは、村での暮らしぶりや文化を再確認する機会となったようであった（図９-３）。さら

図9-3　第２回のだむラジヲ創る会の様子

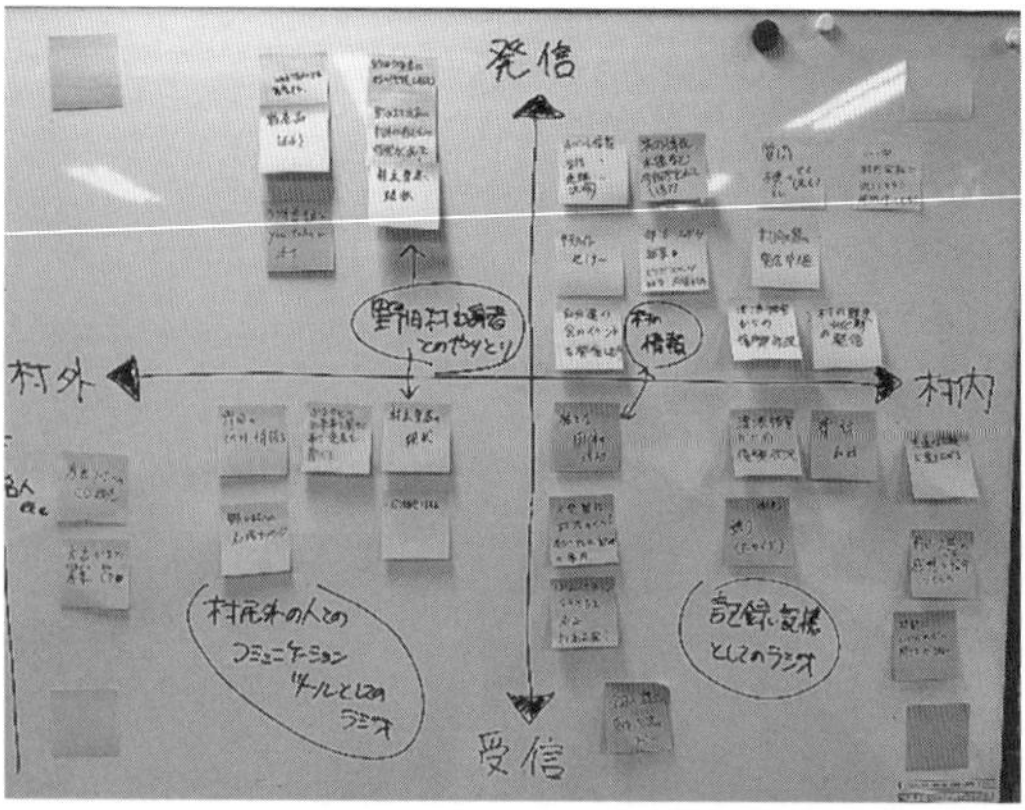

図9-4　第３回のだむラジヲ創る会の成果

に第三回創る会（二〇一五年四月一二日）では、コミュニティラジオについて、村内と村外、発信側と受信側の四つの観点から意見交換を行った。その結果、コミュニティラジオは「村民同士の対話のツール」、「村民外の人との対話のツール」、「村内の情報交換」、「遠方に住む村出身者との対話と情報提供のツール」、そして「村の記録・記憶の媒体」の五つの機能を持つ可能性が村民自身により確認され、共有された（図9-4）。

このようにのだむラジヲの取り組みは、四年目を迎えて村民全体の活動へと広がりをみせはじめた。そして、単なる情報伝達手段としてのラジオではなく、村民自身が村での暮らしぶりや歴史、文化を見つめなおす機会となり、震災の経験を記憶し、村の復興、自らの未来を語り、村内外に発信するツールとなることを村民自身が確認する機会となった。のだむラジヲの取り組みは、野田村のアイデンティティを醸成する場となっていったのである。

一・四　のだむラジヲを「むらづくりのハブ」に

二〇一六年度からは開局に向けて法人化手続きや電界調査などといった本格的な準備段階を迎えた。準備を進めるにあたって資金が必要となることから、県の活動助成を申請して採択され、活動に弾みがついた。村の中心部に建設されたコミュニティ交流施設である「ねまーる」

の一室を借りて、常設のスタジオを開設した。コミュニティラジオの必要性を村民に認知してもらうためは、定期的な放送を行う必要があることが、常に課題となっていた。常設スタジオをもつことで定期的な放送が可能となり、スタジオが立地するコミュニティ交流施設で、商工会と役場が中心となってはじめた毎月最終土曜日に行われる夜市の時間に、定期放送を行うことにした。この時期には、活動するメンバーが、少数ながらも充実してきた。放送技術を担当する前田豊氏は、本業も放送業界で働くプロである。前田氏は野田村出身で現在の自宅は盛岡にあるが、高齢の親を介護するために週末は野田村で過ごす二地点居住をしながら、のだむラジヲの放送活動を支えてくれた。また、ニュースレターの発行など、主に広報を担当している崎山久美氏は野田村役場の職員である。その他に代表の小野寺健二氏ほか数名の村民が、様々な形で活動を支えていた。

次に、法人化に向けた活動について、協議を重ねた。新たにつくる法人は、コミュニティラジオ放送を中心に、村内の様々な団体や活動をつなぐ「ハブ」のような機能をめざすこととした。いわゆる、まちづくり会社のようなものである。その拠点として常設のスタジオを活用していき、ラジオ放送だけでなく、様々な団体、具体的には商工会青年部や商店会などと協力して野田村を盛り上げるような活動、「のだむラジヲフェスタ」の開催へと広げることを試みた。また常設スタジオを実験工房に見立て『FabLab～Fabラジ～』と命名し、モノ・オト・コトの工房として運用していくことにした。モノづくりでは、村内に立地する県立久慈工業高校に協力してもらい、レーザーカッターを用いてオリジナルの人形づくりキットを開発したり（図9-5）、モノづくりワークショップを開催したりした（図9-6）。またオトづくりでは、ラジオ放送をはじめ、番組づくりの勉強会などを村民むけに開催した。コトづくりでは、「のだむラジヲフェスタ」として、バレンタインデーにちなんだイベントを複数企画し、その一つである村内

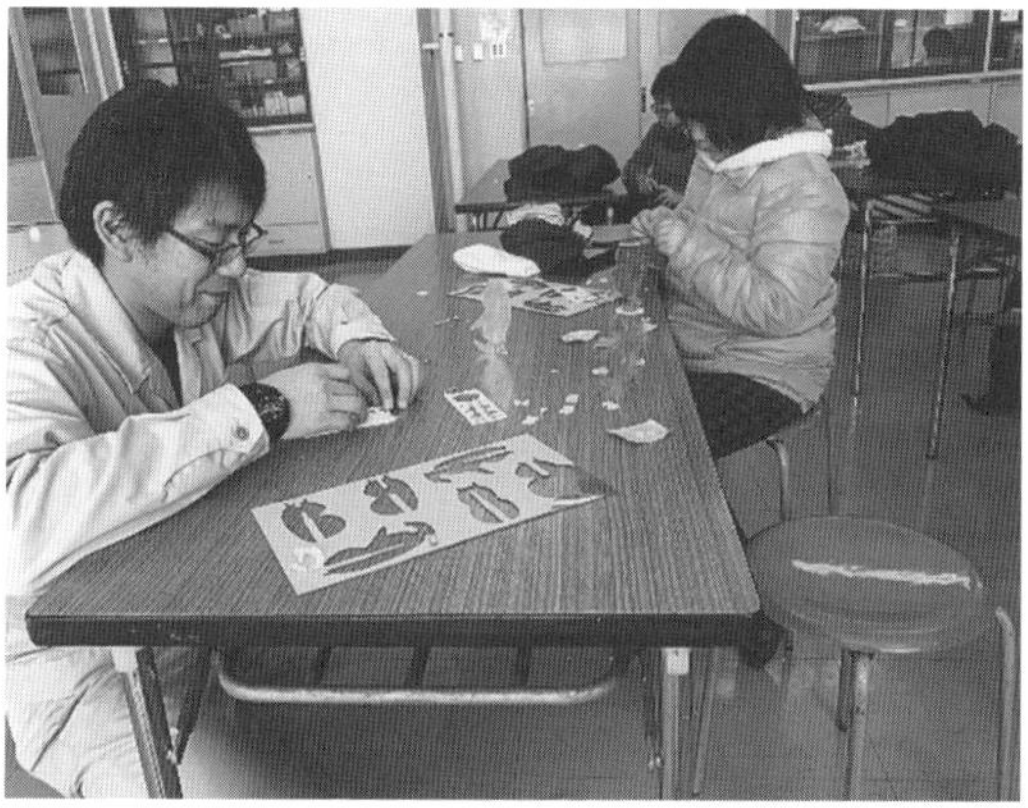

図9-5　のんちゃん（人形）づくり（久慈工業高校）

図9-6　ランプづくりワークショップ

の商店を訪問するとチョコレートがもらえる「スタンプラリー」を行い、子どもたちが村内を駆け巡った。

このように、のだむラジヲはコミュニティラジオという枠組みを超えて、村づくりのハブとして様々な活動を展開していき、「復興ラジオ」になることをめざしていた。

一・五　復興の記録・記憶「コミュニティ・アーカイブズ」

通常のテレビやラジオは主に時事情報を扱い、情報を流していくことが主な役割のメディアといえる。しかし、のだむラジヲでは、時事情報の収集能力、量に限りがあったため、過去に制作した番組を再び流す機会が多かった。二〇一六年九月二五日に開催された夜市において、二〇一四年一二月一八日エフエム岩手エリア限定ラジオ「くじなのだ」で放送した村内保育園おゆうぎ会の番組を再放送した。もちろん当初は、その年月に行われたおゆうぎ会の様子を伝えることを目的とした番組であったが、その約二年後の再放送では、子どもたちから「私が歌っていたんだよ」とか、大人からは「(子どもの声に)元気をもらったねぇ」と二年前を振り返り楽しむ人たちがいた。そして初めて聞いた人からは「いつ収録したんですか?」と関心を寄せられ、そこから二年前の村の様子を思い出している人もいた。これはラジオ番組が、時事情報としてだけでなくアーカイブとして機能し、特に震災のあった野田村では、復興の記録・記憶となる可能性を感じた。そこで筆者らは、コミュニティラジオ局の開設と関連した別軸の取り組みとして、二〇一七年からラジオ番組をアーカイブズとして活用しはじめた。

(一) 震災アーカイブズとは

アーカイブズとは「国家や地方の行政組織や、企業、家や個人などの活動から作成された記録資料が非現用となった後に、アーキビストが評価・選別を行った上で移管された資料群およびそれらを保管・保存する施設(研谷　二〇一五)」と定義される。しかし、近年の急速な技術発展のもと、アーカイブズの対象、収集公開方法、そして編纂の意味づけも変革期を迎えている。アーカイブズ資料のデジタル化が進行する中で編纂資料との境界が曖昧となり、映像資料の急激な増加、主体の多様化を招き、アーカイブズの再定義が必要になっているという(研谷　二〇一五)。そのような中で、アーカイブズの評価・選別をアーキビストといわれる専門家だけでなく、市民が参画して構成していく手法(Community Archive; 例えば Cook 2013)が注目されている。

東日本大震災ではデジタルアーカイブズの構築が様々な団体により取り組まれ、収集内容は、①手記、②写真、③インタビュー、④映像、⑤音声、⑥ウエブサイトに分類できる(永村ら　二〇一二)。写真が約八割を占め、映像や音声などは少ない傾向にある(柴山ら　二〇一七)。また、収集時期は震災から一年以内のものが多く、震災前や復興過程など収集が継続できていない傾向も確認されている（柴山ら　二〇一七）。また野田村周辺では「久慈・野田・普代　震災アーカイブ」があり、約一三万件の資料を収集している。その中で体験談については約二〇〇〇人分を収集しているが、文字情報として保存し、元の音声データの保存については関知されていない状況であった。このため野田村には音声アーカイブが少なく、のだむラジヲが新たなアーカイブコンテンツを収集、提供できる機会となるのである。

のだむラジヲで制作するラジオ番組は、アーカイブ資料分類でいう、インタビューと音声の記録である。これらの記録は、写真や手記と比較して少数であり、記録の経緯や出所、来歴などが不明な資料が多いことが課題となっているため、ラジオ番組として関連資料と共に保存していく活動は有用であると考えた。

（二）のだむラジヲの番組制作と災害復興・地域防災に関するアクションリサーチ

のだむラジヲに伴走してきた筆者らは、住民主体のラジオの新たな可能性を探求したいと考えた。ラジオ番組の制作過程や番組そのものが災害復興に寄与し、その記録はコミュニティ・アーカイブズとなり、地域アイデンティティの強化や地域防災へと循環するのではないかと仮説をたて（図９-８）、住民と研究者が協働して取り組む研究、アクションリサーチを展開した。まず本研究は電気普及財団の研究助成を受けて二〇一七年〜二〇一八年度の二年間で行った。

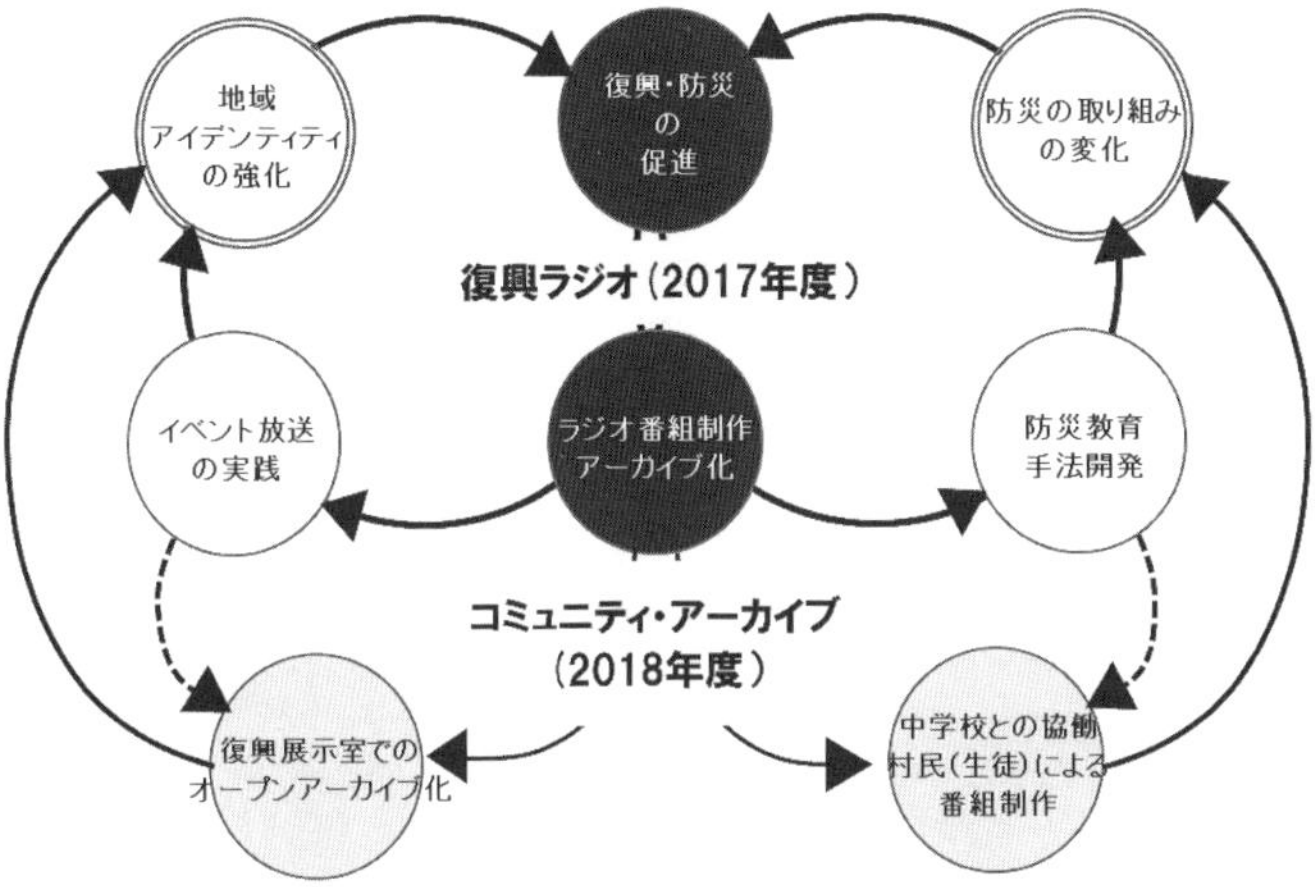

図9-7　アクション・リサーチの展開図

二〇一七年に「東日本大震災の記憶と子どもたちへのメッセージ」と題した村民インタビューを行い三つの番組を製作した。そして制作した番組をアーカイブとして活用する試みとして、野田村小学校六年生の「野田の元気をみつけようプロジェクト」で活用してもらった。二〇一八年度は、村民インタビューによる二番組を追加制作した。そして前年から引き続き野田中学校一年生となった生徒が取り組む「地域を調べる学習」と連携し、その成果発表の場である生涯学習発表会の場を介して、中学生による番組制作（および、そのアーカイブ化）を行った。

　このアクション・リサーチでは、図9-8に示すとおり、ラジオ番組の制作、放送を通じて地域アイデンティティの強化をはかり、復興・防災の促進を図るとともに、ラジオ番組のアーカイブ化を防災教育に活かし、村民による番組制

表9-2　制作した主なのだむラジヲ番組

	出演者の概要	主な内容	収録日
Sさん夫妻	自宅が津波に流されて被災。現在は高台の災害公営住宅に居住。民生委員として長年活動。	・震災当日の体験談 ・仮設住宅での暮らしぶり ・高台での暮らしぶり	2017.08.26
NPO法人	震災直後に設立された地元NPO法人。子どもに笑顔を届ける活動を展開。	・メンバーの被災体験 ・NPO法人の理念、活動内容	2017.08.26
園芸店Oさん	自宅、店舗ともに被災を免れる。地元の園芸店として仮設住宅で園芸講習会を行った。	・震災当日の体験談 ・村の復興について ・震災前後の気持ちの変化（仕事への誇り）	2017.11.05
元漁師のOさん	村の漁業の功労者であり、大正13年生まれの長老。	・震災当日の体験談 ・過去の津波の経験と伝承 ・村の復興	2018.12.2
郷土史会H氏	元行政職員で郷土史会会長。自宅は津波で流され被災。	・震災当日の体験談 ・先祖からの教え ・記念碑建立の経緯	2018.12.2

作が、さらに復興、防災を促進するような循環を創っていくことをめざした。なお、表9-2に示すアーカイブ番組は、野田村が開設した復興展示室で保管、視聴できるようにし、オープンアーカイブ化する予定である。

（三）ラジオ番組制作のコミュニティ・アーカイブズとしての可能性

二年間のアクション・リサーチの結果、ラジオ番組がアーカイブとして活用できる可能性、またそのアーカイブが、地域アイデンティティを醸成するツールとして十分な価値を持つことを確認した。特に番組制作は、住民自身による災害の伝承手段として主流である手記や語り部活動とは異なり、第三者となるインタビュアーとの対話から新たな語りが生み出される点が注目に値する。多くの対話の中から、貴重な記憶を発見することができ、当事者による当事者のためのアーカイブへと成長していく可能性があるといえる。

手記や語り部は、当事者から聴き手への一方通行となりモノローグとなりやすいが、番組制作では当事者と聴き手の間に進行役となるアナウンサーやインタビュアーが存在することでダイアローグ（対話）となる。これまでのアーカイブでは、写真や手記などが多数を占め、インタビューなどのダイアローグ（対話）の記録は非常に少ないことがわかっている。調査手法としてアクティブ・インタビューなど、聴き手と語り手の相互行為による語りの活性化の重要性については既に指摘されているが、アーカイブの収集技法として、ダイアローグ（対話）の重要性は、これまで指摘されてこなかった。コミュニティ・アーカイブズにおいては、ダイアローグ（対話）による記録が有用ではないかという新たな仮説が生まれた。

また、アーカイブは静的な集積物ではない。アーカイブへの集積は、その対象の選択、整理、保存などの過程そのものが記録となり記憶をつくる。アーカイブの利活用については、利活用の目的、環境などに応じて順応的な対応が求められる。こうした変化を伴う動的なアーカイブ（アーカイビング）について、アーカイブを作成、維持、利活用する主体に注目し、アーカイブを巡る運動が社会にもたらす意義を射程に入れた議論としてコミュニティ・アーカイブズの議論がある。せんだいメディアテークの「三がつ一一にちをわすれないためにセンター」プロジェクトなどの先進的な活動事例では、当事者の視点を重視し、他者の想起の可能性を開き、記録と収集、活用が連動したアーカイビングが展開されている。のだむラジヲの取り組みも同類に位置づけることができるだろう。住民主体のラジオ番組制作は、コミュニティをベースにしたアーカイビングであるといえる。

一・六「のだむラジヲ」とは何だったのか

七年半の活動を経た二〇二〇年九月現在、のだむラジヲは残念ながら開局には至っていない。専任できるスタッフが見つからない、持続可能な仕組みがつくれないなどの理由により、現在は、常設スタジオは閉じて、活動は休眠している。しかし、のだむラジヲの活動が創ってきたものとして次の三点に集約できるだろう。

一つめに、のだむラジヲが行ってきた移動スタジオ放送、「くじなのだ」試験放送等は、多くの野田村民が自身の暮らしぶりや活動、仕事、そして震災を経た野田村の今を確認し、振り返る機会を提供したといえる。これらの機会は村民が自身のアイデンティティと野田村に感じるアイデンティティを確認する場となった。そして、その放送を聞いた村民（アクションリサーチでは生徒たち）にとっても、地域アイデンティティを醸成する機会に寄与していることがわかった。

二つめは「村づくりのハブ」の必要性が明らかになったことである。野田村には、それぞれに魅力的な団体があり、野田村への熱い想いをもって活動している。これらをゆるやかにつなぐことにより、さらなる発展の可能性を「のだむラジヲフェスタ」などの活動を通じて確認した。のだむラジヲは、今のところその役割を十分に果たすことはできていないが、「村づくりのハブ」の必要性を示し、考える機会を提供したといえる。

そして三つめは、住民主体のラジオ番組制作が、コミュニティをベースにしたアーカイビングになる可能性を示したことである。佐藤ら（二〇一八）は、コミュニティ・アーカイブズを、イリイチ（二〇一五）のいうコンヴィヴィアルな道具になり得るという。すなわち、コミュニティをベースにしたアーカイビングは「専門家に占有されてしまった技術」を「よりよく生きるための道具に転換させる」営みであり、個々人が周囲の事物や環境との間に、また周囲の人たちとの間に、自立しながらも相互に関わり合うことで、ともに活き活きとしている状態を作り出すことにつながる。のだむラジヲが「野田村民による野田村民のための野田村民のラジオ」をめざした番組制作のプロセスが「野田村民による野田村民のための野田村民のアーカイブズ」を創る道具になったと言い換えてもよいのではなかろうか。

のだむラジヲはコミュニティラジオ局という形は残せなかったが、これからの真の復興を実現するために必要な地域アイデンティティの醸成と自立した村民によるよりよく生きるための活動のあり方を示し、コミュニティ・アーカイブズという運動の端緒を創ったといえる。

（石塚裕子・渥美公秀）

二　共創知への挑戦「野田学」

二・一　はじめに

二〇一八年二月、五年間にわたる全六〇回のサテライトセミナーが終了したこと、野田村サテライトを開設して活動を展開した未来共生プログラムが終了していくことを承けて、大阪大学と野田村との関係を将来に向けて確固たるものとして継続していくことを願い、両者の間でOOS協定が締結されることになった。野田村にとってこれまで関係を深めてきたとはいえ非公式であった大阪大学との関係を公的なものとする機会であり、大阪大学にとっても自治体との協定は初めてのことであった。二〇一八年三月の調印式には大阪大学大学院人間科学研究科から歴代研究科長、未来共生イノベーター博士課程プログラム担当者らが野田村に集まり、将来にわたる関係の持続を誓い合った。

本章では、OOS協定を締結することの意義と、野田村と大阪大学との間で協定に基づいて実践されてきた事柄の経緯を紹介する。

（一）OOS協定の目指すもの

大阪大学大学院人間科学研究科では、知のあり方を専門知、統合知、共創知と分類することがある。専門知は、いわゆる学問分野特有の知のあり方である。人間科学部は伝統的に学問分野を超えた交流を行ってきたので、そのような交流から生まれる学際的な知を統合知とする。こうした二種類の知のあり方に対し、共創知は趣を異にする。共創知は、共生という状態に向かって、大学と大学の外に展開している多様な市民による実社会との間で、創造していく知である。共生については、未来共生プログラムを主導した志水（二〇一四）によって、A＋B→A'＋B'＋αと定式化されてきた。AとBは集合体（渥美　二〇二〇）であり、A'とB'はそれぞれの集合体が変化した状態、そして、αは新たに創造された価値とされる。すなわち、共生とは、集合体AとBが出会うことによって、Aが変化し、Bも変化し、新たな価値αがそこに生成された状態を指し示している。本書の文脈で具体例を挙げれば、大阪大学と野田村が出会って、大阪大学も変化するし、野田村も変化する。そして、新たな価値が生まれるというわけである。そうした共生という状態を達成するにはどうすればよいのか。そのプロセス、過程、手続きが共創であり、共創の進め方を知として整理すれば共創知となる。共生を表した式で言えば、演算子の作用、演算の過程に注目していることになる。共創という過程に含まれる様々な知恵やコツといった実践的な知が共創知である。大阪大学大学院人間科学研究科は附属未来共創センターを介して多様な主体とOOS協定を締結する。その目的は、相手との安定的な関係のもとで、こうした共創知を生み出していくことにある。野田村とのOOS協定締結は、東日本大震災による津波被害からの復興の過程に身を置くことによって、野田村との間で新たな共創知を生み出すことが目的である。その具体的な動きの一つが「野田学」である。

二・二　共創知に向けた「野田学」

野田学という名称は、先行する東北学や水俣学のように市民に開かれた知的な運動として成立することを目指したものである。敢えて野田「学」ということによって、学に備わるべき事柄や手法が想起される。実際、野田学も講義、演習、実習で構成される活動となっている。野田学では、野田村民が、野田村民の力によって、野田村で学び、発信していくことを目指し、その結果、野田村が一〇年後に他の村では真似できないようなユニークな村になることをモットーとしている。

（一）試行錯誤の初年度

ＯＯＳ協定が締結された直後（二〇一八年度）は、野田学という概念は共有されたものの、試行錯誤の連続であった。初年度は、ＯＯＳ協定による交流事業を検討する会（交流事業検討会）を開設して、活動内容を検討した。村からは、企画、観光、教育、保健福祉を担当する課のベテラン職員を選出するとともに、若手職員で構成されるプロジェクトチーム（野田村まち・ひと・しごと創生総合戦略推進プロジェクトチーム）のメンバーも参加した。会議は、協定先の大阪大学大学院人間科学研究科から筆者らも参加して合計一三回開催したが、主体、内容、目的、成果などどれをとっても漠然としていて手探りの状態が続いた。

検討会での議論をもとに、「野田学」セミナーを二回実施した。大阪大学大学院人間科学研究科の木村友美講師による「食」をテーマにしたセミナーで、それまでに大阪大学野田村サテライトで開催されてきたサテライトセミナーと比べると子ども連れの参加など多様化しているように見られたが、基本的に役場が企画し、役場職員が中心となって参加する場となっていたことは否めない。

また、二〇一三年から継続されてきた大阪大学の夏の実習であるコミュニティ・ラーニングにもＯＯＳ協定をもとに野田村役場からの関わりが見られた。具体的には、地方創生の一環として、野田村の「アジア民族造形館」の活用方法について、大学の視点から提言が欲しいというものであった。大阪大学ではそれを承けて、二〇一八年八月一七日～二六日、大阪大学大学院生によるコミュニティ・ラーニング「アジア民族造形館を含めた観光開発」を実施し、研究結果・提案を役場職員に向けて発表した。

初年度の実績は、二〇一九年一月一七日に大阪大学吹田キャンパスで開催された「第一回未来共創センターシンポジウム」で、役場職員によって発表された。パネルディスカッションには小田祐士野田村長が登壇し、今後のOOS事業による交流・研究について期待を述べた。

（二）講義と実習の展開をみた二〇一九年度

二年目となる二〇一九年度は、運営体制として、ベテラン職員に加えて自薦職員により構成する「OOS協定交流事業推進チーム」を創設し、自発的に参加する職員で構成することにより積極的に効果的な交流事業を実施できる体制を構築した。まず、四月一二日に全職員に向け「野田学　職員ガイダンス」を開催し、OOS協定交流事業推進チームのチーム員の自薦募集にあたり、改めて職員にOOS協定の内容や「野田学」について紹介した。ガイダンスでは、OOS協定の紹介のほか、筆者らが模擬講義を行った。

次に、本格実施に向けて大きな目標と実施事項を確定した。大目標を「一〇年後の野田村を他の村では真似できないユニークな村にする」と掲げて、職員自身もユニークになっていくことを確認し合った。その上で二つの活動を推進した。まず、「野田学講義」として、基本的に職員を対象とした講義を開講することとした。講師は大阪大学の教授等OOS協定をきっかけとしたつながりの中から選定し、様々なテーマで職員の知的ユニークさの涵養を目指すこととした。次に、「野田学実習」としてグループディスカッションを重ね、「道の可能性を探る」（道を歩くことで、村の歴史を学び、村の自然に興味を持ち、より村を知ることにつなげる）および「アンケート調査のやり方」（コンサルタントなどの企業を使わずとも専門的な調査ができる技術を学ぶ）をテーマとして選定した。道の可能性を探ることからは現場に出て仕事をする組織風土の醸成へと進めていくというねらいと、アンケート調査からは調査技術が野田村役場の知的財産として継承されていくことをねらいとしていた。講義と実習は、毎回村の記録として役場が取りまとめている。以下ではそれらを参考に村役場職員の視点も交えながら記録を兼ねてやや詳しく流れを紹介する。

（三）野田学講義の概要

第一回野田学講義は、筆者らを講師として二〇一九年五月一三日午後四時三〇分から一時間、野田村役場会議室にて開催された。講義テーマは、「まちづくりと減災～〈助かる〉社会を目指して」であった。〝助ける〟ではなく〝助かる〟という中動態を用いる社会、助かる社会づくりが重要であるとし、そうしたまちづくりを目指す手法として「地区防災計画」の説明を行った。事例としては、筆者らが現場研究を行っている兵庫県上郡町赤松地区のまちづくりに織り込まれた防災・減災活動を採り上げた。

表9-3　2019年度野田学講義

回	日付	場所	タイトル	講師	所属		専門
第1回	5／13	野田村役場	まちづくりと減災～〈助かる〉社会を目指して	渥美公秀	大阪大学大学院人間科学研究科	教授	グループ・ダイナミックス
				石塚裕子	同附属未来共創センター	特任講師	まちづくり・都市計画
第2回	6／11	野田村総合センター	サルを見て、人を知る：『サルからの人間科学』	中道正之	大阪大学大学院人間科学研究科	教授	比較行動学
第3回	7／12	野田村役場	社会の寛容性を高める：生きやすい社会にするために	山中浩司	大阪大学大学院人間科学研究科	教授	文化社会学
第4回	8／19	野田村役場	いまどきのまちづくり・みらいにつなぐまちづくり	小林郁雄	阪神・淡路大震災記念人と防災未来センター	上級研究員	まちづくり・都市計画
				室崎益輝	兵庫県立大学大学院減災復興政策研究科	研究科長	建築学、減災・復興学
第5回	10／17	野田村役場	アフリカの開発と教育　野田村にとって遠いところのことなのだろうか？	澤村信英	大阪大学大学院人間科学研究科	教授	国際協力学
第6回	11／8	野田村役場	社会調査の実際	吉川徹	大阪大学大学院人間科学研究科	教授	経験社会学

二〇一九年六月一一日には、第二回野田学講義「サルを見て、人を知る：『サルからの人間科学』」が大阪大学大学院人間科学研究科の中道正之教授によって行われた。人とはどういう生き物なのか？という問いに対し、サルなどの動物を見ることで人を知ることにつながることがあることを、六〇年以上のサル研究をもとに示す内容であった。人の社会とは別の仕組みがあったり、人と同じく子の愛し方・育て方に個性があることなどは、研究のリレーによる積み重ねの賜物であるとされ、「サルの子育ては、親からどのように育てられたかに影響されることが多い。親の子育てがその子が親になったときに同じような行動をとることが確認されている」、「サルの社会では、障がいを持って生まれてきても補って育て、周りのサルも社会から排除しない。サルにできることが人間にできないことも多い」、「人にできてサルにできないは「褒めること」。挨拶や日常会話、お礼などもすべては褒めることである。「褒める力」が人にはあり、褒めあって結びつきを強めるのが人である」といった内容が多くのスライドとともに語られた。

第三回野田学講義は、二〇一九年七月一二日、大阪大学大学院人間科学研究科の山中浩司教授を迎え「社会の寛容性を高める――生きやすい社会にするために」というタイトルで開催された。末期がんを宣告されながら治療せずに五年間講義を続けた教授の思い出から、人の死に方を考えることで生き方を考えることになるとの指摘があり、自殺の問題を考えた。オランダは、自殺に対し社会が寛容で安楽死することを社会が認めていて、幸福度も高い。一方、自殺を禁じられている国は自殺率が低いが幸福感が高い国とは限らないことなどがデータで示され、自死遺族が苦しむのは、他人や社会からの目であり、自死を悪と捉える傾向があることなどから、自死に対する社会の寛容性へと話が展開された。

第四回野田学講義（二〇一九年八月一九日）は、阪神・淡路大震災と東日本大震災の復興まちづくりについて考えるきっかけとなるように設定した。講義テーマを「いまどきのまちづくり・未来につなぐまちづくり」とし、阪神・淡路大震災記念人と防災未来センターの小林郁雄上級研究員および兵庫県立大学大学院減災復興政策研究科長の室崎益輝教授に講義をお願いした。これからの人口減少社会に向けて、明治維新後の技術開発や戦後の高度成長期などによる人口の増加に伴う「ニュータウン」などの拡大開発や開発コントロールを目的とした都市計画は必要のないものになること、そして、開発しすぎた財産の管理運営・マネジメントが今後のまちづくりの課題であることが示された。野田村を含めて、防災、減災を目指したまちづくりについて、巨大防潮堤や高台移転が必ずしも正しいとは限らず、インフラの整備のみならず社会コミュニティの復興、維持を考えなくてはならないという点が指摘された。

一〇月七日には、第五回野田学講義として大阪大学大学院人間科学研究科の澤村信英教授が「アフリカの開発と教育　野田村にとって遠いところのことなのだろうか?」と題した講義を行った。アフリカは先進国の団体などによる支援によって近年急激に開発されてきたが、開発は一部の目立つ部分のみであり、大きな道路の少し横は何十年も昔の未開発地である「ロードサイド・バイアス」の状況であること、サブサハラ・アフリカは近年人口が急増しており、国民総所得も大きくなっていて寿命も延びて順調に成長しているように見えるが、これは南アフリカが大勢を占めており、ほかの国でも一部の高所得者がいるだけで、ほとんどの国民は貧困層であることなど様々な事実が報告された。支援者は支援する側の目線のみで支援するが、そのことによって争いが起きたり、問題が発生したりすることもあり、アフリカにおいても、支援の仕方を考える必要があることが述べられた。

こうした講義シリーズと並んで、野田学実習では、アンケート調査がテーマの一つとして選定されていたので、第六回野田学講義として、大阪大学大学院人間科学研究科の吉川徹教授に「社会調査の実際」という講義を依頼した。社会調査は分析結果をイメージして設計されること、調査は自記式と他記式があり、直接接触と間接接触があること、他記式の直接接触（調査員を配置して直接訪問による調査など）が一番精度が高く回収率の高い調査方法だが、コストが高く、自記式の間接接触（郵送で送り本人が記入する調査など）は精度が低く回収率は下がってしまうが、コストが安価で実施しやすい調査であることなどが伝えられた。今後の実習では、アンケート作成や分析をも継続的に指導してもらえるように交渉し、快諾された。

（四）野田学実習　「道の可能性を探る」「アンケート調査のやり方」

野田村実習では、それぞれのテーマに応じてフィールドワークを実施したり、吉川教授のアドバイスを受けながら質問紙を作成して模擬調査を実施して分析したり、まさしく実習としての活動を行っていった。

「道の可能性を探る」実習

まず、野田村の山々の道を走るトレイルランという最近人気の出てきた行事を参考に、地域の道を二キロメートル（だけ）走るという「トレイルラン2K編」という実習を二〇一九年一〇月七日午後四時から日形井地区アジアの広場周辺で行った。終了後、歩く途中に気づいたことを列挙していった。例えば、「マムシグサに衝撃を受けた。マムシグサ畑を作ることもできるかもしれない」「たくさんの種類のキノコがあり、その道にあるキノコマップを作ると面白い」「村の日常でも感じることができていない、昔から変わらない時間の流れを感じることができた」「野田村の〝当たり前の物〟、〝当たり前のこと〟が貴重である」といった意見が挙がった。

次に、二〇一九年一一月二六日午後一時三〇分から、防潮堤、前浜砂浜の道を歩く実習を行った。終了後、途中で気づいたことを挙げてもらった。例えば、「防潮堤の入口へ行くために横断歩道の位置を変えたい」「防潮堤の上の通路海側には柵があるのに、国道側にはなく、危険だった」「防潮堤から街を見ると、震災からの復興状況など街並みの変化を定点観測できる」「防潮堤の海側の壁面にボルダリング設備が設置できるかもしれない」「防潮堤サイクリングができれば楽しい」「防潮堤を震災ガイドコースに加えれば、津波の高さや大きさを体感できる」「防潮堤に街灯を設置すれば夜の観光スポットになれる」「砂浜のゴミが少ない。（青年会で拾った）」「砂浜からの避難路が必要」「砂浜に降りると、世間から切り離された気分になれる。（防潮堤がさえぎってくれる）」といった多様な意見が挙がった。

こうして一年目の実習では、歩くことから多様な気づきが生まれるという体験を共有するところまでは実施できたが、出されたアイデアを整理して施策に反映するところまでは至っていない。また、野田村の歴史に関わる道（例えば、塩の道や震災復興潮風トレイル）との関係や、現場へ出て仕事をする組織風土への発展などは今後の課題として残っている。

「アンケート調査のやり方」実習

実習としてのアンケート調査は、役場職員を対象とした「職場環境調査」とし、職場に関する職員の希望、不満など満足度を調査して、職場環境の改善策を検討することとした。フェイスシート（性別、年齢、在職年数、任用形態）の作り方に始まり、設問を作る際には「抽象度が高く、場面をイメージできないものは避ける」ことや「課題から仮説を立てて設問を作る」といった注意点を学びながら質問紙を作成した。その後、作成した調査票で実際にプレテストを実施した。プレテストをした結果について、チームメンバーから出た修正意見をもとに、調査票を再度作成し、それを「仮完成版」として、吉川教授の確認を受け、二〇一九年一月下旬に調査の本番を実施した。調査結果を整理して吉川教授に報告して結果の整理の仕方について細かく指導を受け、再整理を行った。その後、報告書をとりまとめて終了とした。こうして一年目の実習では、簡単な調査票の作成と実施、分析結果の整理までの一連の作業を体験した。ただし、まだ調査のための調査に留まっているため、より本格的な調査へと移行していく必要があった。

(五)「野田学」の展望

初年度(二〇一八年度)は、『野田学』にとって試行錯誤の準備期間となり、二〇一九年度になってようやく講義、実習といった内容が伴うようになってきた。しかし、二〇二〇年度は新型コロナウイルス感染症の蔓延によって、「野田学」の講義は全面的に中止に追い込まれた。実習は村内で継続されているが、筆者らが参加できる機会は極めて乏しい。一方、野田村に移住した大門大朗氏(京都大学防災研究所)が始めたブッククラブは、その名の通り、参加者と一緒に本を読んでいく場として、今後「野田学演習」として実施されていく見込みが生まれた。

ここまでを振り返れば、確かに、大阪大学と野田村役場との交流はこれまで以上に活発になり、村役場職員が様々な専門家の話を聞くことによって自分の知らない世界から知識や技術を得ることに対しても積極的になったようである。しかし、大阪大学と野田村役場の関係や関わりが強くはなっても、村民が登場する場面はまだ少なく、どのような場を設けることが「野田学」で得た知識や技術を村・村民に伝達してくことになるのか、また、村民が主体的に野田学を学ぼうとしていくにはどのような場が必要となるか、また、村民が学ぶというだけでなく、村民が主体的に野田学に関わり、ゆくゆくは自ら企画していくためにはどうしていけばよいかといった検討はこれからの課題として残る。大阪大学と野田村との共創知は、今後村民の村民による村民のための「野田学」が生まれることによって評価されるだろう。

冒頭で示した概念図式でいえば、確かに、A＋B→A′＋B′＋α になってきてはいる。そして、初年度の試行錯誤から二年目への移行には共創していくための知恵やコツも少しは蓄積されてきたように思える。しかし、共創していく過程における根本的な問題――例えば、ＡやＢという集合体の多様性と境界の画定、そもそも誰がＡである、Ｂであると認知するのか、αとは何か、演算子の意味――が露呈している。確かに、大阪大学（Ａ）と野田村（Ｂ）がＯＯＳ協定を締結して、野田学を推進してきている。しかし、Ｂに含まれる多様な村民は誰がいつからどのように野田学に参加するのか、何が新しい価値αとして生まれてくるのか、そして、演算子（＋）は講義、実習、演習といったことを巡る実践だとしてよいのかといった問題は、どれもこれからの課題である。新型コロナウイルス感染症の蔓延でリモートでの接触になることなどをむしろ好機と捉え、前章で紹介したサテライトセミナーを乗り越えるといった具体的な作業に取り組むことから道が拓けるように感じている。

（渥美公秀・石塚裕子）

謝辞

本章一節で述べた活動は岩手県の「ＮＰＯ等による復興支援事業費補助金」（二〇一六、二〇一七年度）ならびに（公財）電気通信普及財団助成「コミュニティＦＭの番組制作と災害復興・地域防災に関するアクション・リサーチ」（二〇一七、二〇一八年度）の支援を受けて実施した。この場をかりて心より感謝申し上げる。

参考文献

Atsumi, T., Ishizuka, Y., & Miyamae, R.（2016）. Collective Tools for Disaster Recovery from the Great East Japan Earthquake and Tsunami: Recalling Community Pride and Memory through Community Radio and "Picturescue" in Noda Village, Iwate Prefecture. *IDRiM Journal*, 6(2), 1–11. 10.5595/idrim.2016. 0183.

Cook, T.（2013）. Evidence, memory, identity, and community: four shifting archival paradigms. Archival Science, 13, 95–120.

渥美公秀（二〇二〇）「防災第三世代のインクルーシブ防災とは」『未来共創』七，六七–八一．

江幡平三郎（二〇一六）「地域活性とラジオの力！」第五回のだむラジヲ創る会講演資料．

イリイチ、イヴァン　渡辺京二・渡辺梨佐訳（二〇一五）『コンヴィヴィアリティのための道具』ちくま学芸文庫．（Illichi, Ivan（1973）Tools for Conviviality, Harper & Row.）

北郷裕美（二〇一五）『コミュニティFMの可能性：公共性・地域・コミュニケーション』青弓社．

研谷紀夫（二〇一五）「デジタルネットワーク社会において複合化する記録資料とアーカイブズ」『メディア表象』東京大学出版会．六七–八四．

松浦さと子・川島隆（二〇一〇）『コミュニティメディアの未来』晃洋書房．

佐藤和久・甲斐賢治・北野央（二〇一八）『コミュニティ・アーカイブをつくろう！：せんだいメディアテーク「3がつ11にちをわすれないセンター」奮闘記』晶文社．

芝山明寛・北村美和子・ボレー・セバスチャン・今村文彦（二〇一七）「近年の震災アーカイブの変遷と今後の自然災害アーカイブのあり方について」『デジタルアーカイブ学会誌』一，一三–一六．

志水宏吉（二〇一四）「未来共生学の構築に向けて」『未来共生学』一，一七–五〇．

おわりに

災害ボランティアが被災地を訪れ、土砂や壊れた家財の撤去作業、救援物資の整理運搬、避難所での炊き出しなど様々な救援作業に取り組む。猫の手も借りたいという場面で、まさに猫の手になって作業を手伝っていく。「ボランティア元年」と言われた阪神・淡路大震災から続く風景である。野田村を初めて訪れた一〇年前、私たちもそうした活動に懸命に取り組んだ。津波に流された家の後を片付けていると写真が出てきた。子どもさんのおもちゃが出てきた。救援物資を整理していると、心を込めて送ってくださったことがよく伝わる包みに出会ったりした。また、炊き出しをしていると、一緒に食べようと誘ってくださる方々がいて、座って話しながら時間をともにすることもあった。遠く西宮から見知らぬ土地に来て、歓待されているのはこちらなのではないかと何度も申し訳なく感じた。何度か通ううちに顔見知りもできた。「また来ます」と言って、関西に戻ることも多くなった。

あれだけ大きな被害を受けた野田村と出会い、西宮のNVNAD事務所に戻って最初に寺本と会ったとき、「こら一〇年やで」「ほんまですねぇ」「一〇年できるやろか?」「還暦までやることになりますね」といった会話をしたことを思い出す。そしてもうすぐ本当に一〇年が経とうとしている。本書で述べたとおり、貫牛さんとの出会いに始まり、野田村の様々な方々との出会い、チーム北リアスの結成とメンバーとの活動、そして、大阪大学未来共生イノベーター博士課程プログラムを介した多様な人々との関係。皆様からこの一〇年で学ばせて頂いたことは計り知れない。心からのお礼を申し上げたい。

私事になるが、二五年前、神戸大学の教員として阪神・淡路大震災に遭った。その時、全国からたくさんの人々に何から何まで助けて頂いた。西宮でボランティア団体を結成した。市内の救援活動を展開するとともに、翌年、全国の皆様にお返ししていく団体になった。その後、災害NPOとなって、その代表を務めてきた。国内外の被災地を訪れたが、いわゆるこの人にお世話になったからこの人にお返しをする恩返しではなく、自分たちが助けて頂いたことを次の被災地へと伝えていくという恩送り(被災地のリレー)だった。実際、西宮で助けて頂いたから、今度は新潟にお返しをするというリレーをした。すると、今度は新潟の人たちが東日本大震災の被災地で救援活動に加わってくださった。野田村には、二〇〇四年新潟県中越地震や、二〇〇七年能登半島地震、同年の中越沖地震で被災した方々が救援に来られた。中でも新潟県刈羽村の皆さんは何度も訪問されて、仮設住宅に入っておられた方々と個別に深く関係を築いて行かれた。今では、西宮→刈羽→野田村という具合に関係が深まって、毎年刈羽村に集まって「粉もん大会」を開いて、交流を続けている。被災地のリレーは、野田村から熊本地震（二〇一六年）への救援活動にもつながり、全国的な拡がりを見せている。

災害ボランティアは、被災直後の大変な時期に様々な作業をお手伝いすることから始まるが、そこで終わるのではなく、そこから深い人間関係が生まれる可能性を秘めている。少し堅い言葉になるが、最後に、災害ボランティアの魅力をまとめておこう。

災害ボランティアは、大変なときの手伝いとして貴重な存在である。もちろん、やり過ぎると被災地の方々の自立生活がかえって妨げられる。悲しみに耐えながら静かに片付けている方々もいれば、黙って避難所で耐えている方々もいる。それになんと言っても被災地の住民どうしの助け合いというのが大切にされるべきだからだ。また、どこで誰のお手伝いをするかということも大きな問題である。実際、チーム北リアスのボランティアが仮設住宅の方々ばかりと接していることをご覧になって、仮設住宅以外にも（たとえば、いわゆるみなし仮設にも）支援を待っている人がいると注意を促すお手紙を匿名で頂いたこともある。災害ボランティアは、こうした点に十分な注意を払いながら、大変なときの手伝いとして様々な活動を展開する。このことが災害ボランティアのまずもっての魅力であることは間違いない。

しかし、災害ボランティアの魅力はそれに留まらない。そもそも災害ボランティアは、いわば根拠なくやってくる。お世話になったからでもない、知り合いだからでもない、もちろん、儲かるからでもない。まったく縁もゆかりもなかったところに、まったく知らない人がやってくる。お金のやりとりはない。それなのに被災地のために一生懸命活動する。何ならお礼を言って帰って行く。よくわからない人たちでもある。実はそこに災害ボランティアの魅力がある。そして、この魅力こそがこれからの社会にとって大切ではないかと考えている。

災害ボランティアは、われわれが日頃の生活では忘れてしまいがちなことを思い出させてくれている。普通、日常生活は様々な利害関係に満ちている。経済的な利害だけでなく、心理的な負担など様々だ。そして、何かをするなら目標を立てて効率的にその達成を目指すことがよいことだとされる。こんな世知辛い世の中に、何の根拠もなく助けようとする人々がいる。いや、本当にそんな人々がいるのかと思う。仮にいたとしても、どうせ当座のことだとも思う。しかし、本書が示しているように、そういう人々はたくさんいるし、一〇年にわたってずっと支え合おうとしている姿がある。

災害ボランティアは、われわれが日頃忘れたり抑圧したりしている人と人との関係が、本当にありうるのだということを改めて伝えてくれる存在なのではなかろうか。効率は悪いかもしれない、一つ一つの活動をとってみれば偽善的に思えることもあるかもしれない。しかし、利害にも効率や効果といったことにもとらわれず、その人をその人のままにリスペクトする関係が育まれるのではないだろうか。そんな想いを野田村で強くした一〇年だった。

一人の災害ボランティアとして、また、チーム北リアスの一員として、野田村の皆さんときちんと向き合えたのだろうか。大阪大学の一員として野田村の人々の声をしっかりと聴いてきただろうか。まだまだ心許ない面も残るが、一旦、ここまでの一〇年間のまとめをして、また新たな一〇年に向けて動いていきたいと思う。

本書では、できるだけ詳細に一〇年にわたる活動を記すことを重視し、学術論文をもとに理論的に深めるという展開は採らなかった。今後、執筆者らがそれぞれに機会を得て専門書として刊行していくつもりである。次に、本書で紹介してきた事例に基づく、国内外での学会発表、和文英文による学術論文や著書を野田村関連文献として収録した。さらに、活動を記録として残しておくという意味から詳細にわたる年表を巻末に収録した。

本書の企画は、東日本大震災から一〇年が射程に入った時期に、執筆者が一堂に会し、執筆プランを練るところから始まった。会議を重ねるほどに盛り込みたい事柄が溢れ膨大になった。活動の記録を言い出せば切りが無い……研究論文も様々なテーマで書いてきたのだから収録したい……そして何よりも関わって下さった野田村の方々にももっと登場して頂きたい……議論は尽きなかった。一〇年をともにしてきた野田村の皆さまや、今後災害からの復興に携わる様々な方々に幅広く読んで頂きたいとの想いは共通であることを確認しつつ、本の分厚さ、ページ数などを具体的にイメージしていくと、ようやく内容が定まってきた。大阪大学出版会の板東詩おりさんには、一〇年にわたる活動を熱く語るばかりの私に根気よくおつきあい頂き、企画として成立するよう多大なアドバイスを頂き出版への筋道を作って頂いた。編集にあたっては、川上展代さんに迅速かつ実に細やかな対応をして頂き、また年表収録などもご無理ばかり聴いて頂き出版することができた。お二人のご尽力に執筆者一同心より感謝申し上げます。

最後になりましたが、私たちの救援、復興支援活動にご支援を頂戴しました全国各地のまた海外からのたくさんの皆様、また、研究活動に助成を頂きました諸機関にお名前を挙げることは控えさせて頂きますが、一同心より感謝申し上げます。皆様のお力添えがなければ、本書の活動の何一つが実現しなかったことは確実であります。

そして野田村の皆様、本当にありがとうございました。

渥美公秀

文献・学会発表一覧

本書で紹介した様々な実践については、著者らがそれぞれに分析を加え、研究論文等として様々な媒体に公刊してきています。参考にして頂ければ幸いです。

文献

渥美公秀（二〇一二）：災害復興過程に接続する災害ボランティア　藤森立男・矢守克也（編）復興と支援の災害心理学——大震災から「なに」を学ぶか　福村出版

渥美公秀（二〇一二）：災害時のボランティアの組織論：即興の演出に向けて　組織科学、四五（四）、三六‐四六．

渥美公秀（二〇一二）：被災地のリレーから広域ユイへ　人間関係研究、一一、一‐一二．

Atsumi, T.（2014）. Against the Drive for Institutionalization: Two decades of disaster volunteer in Japan, Andrew E. C., Samantha, J., Manyena, B., & Jayawickrama, J.（eds）. *Hazards, Risks, and Disasters in Society*（pp.19-32）, Springer.

渥美公秀（二〇一四）：災害ボランティア：新しい社会のグループ・ダイナミックス　弘文堂

Atsumi, T.（2014）. Relaying support in disaster-affected areas: the social implications of a 'pay-it-forward' *Disasters*, 38（s2）, 144-156.

渥美公秀（二〇一五）：未来の他者への返礼：被災地のリレーによる未来との共生　未来共生学、二、一一一‐一二四．

渥美公秀（二〇一八）．ツールとしての炊き出し 八十島安伸・中道正之（編）『食べる』大阪大学出版会
渥美公秀（二〇一九）．観光客（郵便的マルチチュード）としての災害ボランティア、渥美公秀、災害と共生、二（二）九-一四．
Atsumi, T. & Goltz, J. D.（2013）. Fifteen Years of Disaster Volunteers in Japan: A Longitudinal Fieldwork Assessment of a Disaster Non-Profit Organization, *International Journal of Mass Emergencies and Disasters,* 32（1）, 220-240.
渥美公秀・稲場圭信（二〇一九）．助ける　大阪大学出版会
渥美公秀・石塚裕子（二〇一八）．コミュニティＦＭの番組制作と災害復興・地域防災に関するアクション・リサーチ、電気通信普及財団・研究調査助成報告書、三三、一-一〇．https://www.taf.or.jp/files/items/1078/File/%E6%B8%A5%E7%BE%8E%E5%85%AC%E7%A7%80.pdf〈アクセス日：二〇二一年一月一三日〉
渥美公秀・石塚裕子（二〇一九）．コミュニティＦＭの番組制作と災害復興・地域防災に関するアクション・リサーチ（継続）、電気通信普及財団・研究調査助成報告書、三三、一-九．https://www.taf.or.jp/files/items/1560/File/%E6%B8%A5%E7%BE%8E%E5%85%AC%E7%A7%80.pdf〈アクセス日：二〇二一年一月一三日〉
Atsumi, T., Ishizuka, Y., & Miyamae,R.（2016）. Collective Tools for Disaster Recovery from the Great East Japan Earthquake and Tsunami: Recalling Community Pride and Memory through Community Radio and “Picturescue” in Noda Village, Iwate Prefecture, *Journal of Integrated Disaster Risk Management,* 6（2）, 47-57.
陳俐珊・永田素彦（二〇一九）．巨大災害後のコミュニティの内発的な活性化：岩手県野田村におけるＮＰ

O法人のんのりのだ物語の活動を中心に、集団力学、三六、六〇-一一二.
大門大朗（二〇一九）.「負債」を通した新たな災害ボランティア論の構築　平成三〇年度大阪大学大学院人間科学研究科博士論文
大門大朗（二〇一九）. 東日本大震災から七年を迎えて――デラウェア大学において岩手県久慈郡野田村の復興を振り返る、災害と共生、二（一）、四一-四三.
Daimon, H., & Atsumi, T.（2018）. "Pay it forward" and Altruistic Responses to Disasters in Japan: Latent Class Analysis of Support Following the 2011 Tohoku Earthquake, *VOLUNTAS: International Journal of Voluntary and Nonprofit Organizations*, 29, 119-132.
Daimon, H., & Atsumi, T.（2018）. Simulating disaster volunteerism in Japan: "Pay It Forward" as a strategy for extending the post-disaster altruistic community, *Natural Hazards*, 93, 699-713.
弘前大学人文学部ボランティアセンター（編）（二〇一二）. チーム・オール弘前の一年：岩手県野田村の復興支援・交流活動の記録　弘前大学出版会
弘前大学ボランティアセンター（編）（二〇一三）チーム・オール弘前の一年――二年目の野田村復興支援・交流活動の記録――　弘前大学ボランティアセンター
弘前大学人文学部ボランティアセンター（編）（二〇一五）. チーム・オール弘前の一年：明日へ一緒に歩む野田村復興支援・交流活動の記録　弘前大学ボランティアセンター（ＨＵＶＣ）
飯孝行・李永俊・作道信介・山口恵子・平野潔・日比野愛子（二〇一二）. 大学教育としての災害ボランティア――「東日本大震災復興論」の開講　二一世紀教育フォーラム、七、一一-二七.
河合直樹・永田素彦（二〇一六）.「復興といわない」復興支援：岩手県野田村における書道教室のアクショ

ンリサーチ　集団力学、三三、二五-四八．

河村信治（二〇一三）．災害ボランティアから協働による地域復興のプロセスへ：岩手県野田村での活動事例　新都市、七、五九-六一．

河村信治（二〇一四）．越境地域の災害復興――復興ボランティアの越境と連携のかたち　愛知大学三遠南信地域連携研究センター（二〇一四）越境地域政策への視点、二二三-二二八．

河村信治・市古太郎・野澤康・玉川英則（二〇一五）．震災被災地における復興支援手法としての提案型学生ワークショップの可能性に関する研究：野田村復興まちづくりシャレットワークショップ四年間のふりかえり　都市計画論文集、五〇（三）、三七九-三八六．

河村信治・齋麻子・細川靖（二〇一一）．岩手県野田村における震災復興ボランティア活動報告、八戸工業校等専門学校紀要、四六、一〇三-一〇八．

河村信治・齋麻子（二〇一二）．野田村における震災復興ボランティア活動報告（二）：チーム北リアス二年目の活動と展望、八戸工業校等専門学校紀要、四七、六九-七六．

李永俊（二〇一二）．東日本大震災と地域交流支援について，人文社会論叢社会科学篇，二七、二一-二九．

李永俊（二〇一三）．野田村のみなさまの暮らしとお仕事に関するアンケート調査報告書　弘前大学人文学部
李永俊（二〇一八）．小規模被災地における人口動態と復興政策：岩手県九戸郡野田村の事例から、NETT、一〇一、三六-三九．

李永俊・渥美公秀（監修）作道信介・山口恵子・永田素彦（編）（二〇一四）．東日本大震災からの復興（一）想いを支えに――聴き書き、岩手県九戸郡野田村の震災の記録　弘前大学出版会

李永俊・渥美公秀（監修）永田素彦・河村信治（編）（二〇一五）．東日本大震災からの復興（一）がんばるのだ――岩手県九戸郡野田村の地域力―― 弘前大学出版会

李永俊・渥美公秀（監修）飯考行・関嘉寛（編）（二〇一六）．東日本大震災からの復興（二）たちあがるのだ――北リアス・岩手県九戸郡野田村のＱＯＬを重視した災害復興研究 弘前大学出版会

Lee, Y. J., & Hanada, S. (2020). An Examination of the Self-Evaluations Over Time of 3.11 Tsunami Survivors Regarding Their Post-Disaster Recovery, *Journal of Integrated Disaster Risk Management,* 10(1), 23-42.

李永俊・花田真一（二〇二〇）．災害復興感の時系列的変化とその決定要因：東日本大震災の被災地住民アンケート調査を用いて、地域未来創生センタージャーナル、六、三七-四七．

李永俊・日比野愛子・山口恵子・作道信介・石岡学（二〇一二）．災害ボランティア活動に関する意識調査報告書 弘前大学人文学部ボランティアセンター

李永俊・永田素彦・渥美公秀（二〇一四）．生活復興感の決定要因について――東日本大震災の被災地住民アンケート調査から、日本災害復興学会論文集、六、一-八．

李永俊・永田素彦・山口恵子・日比野愛子（二〇一八）．野田村出身のみなさまの暮らしとお仕事に関するアンケート調査報告書 弘前大学人文社会科学部地域未来創生センター

Lee, Y. J., & Sugiura, H. (2014). Impact of the Great East Japan Earthquake on Intentions to Relocate, *Journal of Integrated Disaster Risk Management,* 14(2), 64-73.

李永俊・作道信介・山口恵子（二〇一二）．北リアスにおけるＱＯＬを重視した災害復興政策研究報告書 弘前大学人文学部ボランティアセンター

Lee, Y. J., Sugiura, H., & Geciene, I. (2016). Stay of Relocate: The Roles of Networks After the Great East Japan

Earthquake, E. C. Jones, A. J. Faas. (eds.) *Social Network Analysis of Disaster Response, Recovery, and Adaptation*, Elsevier (pp.223-238).

宮前良平（二〇一九）．〈不在〉の写真を見る／撮る、災害と共生、三（一）、二五－三八．

宮前良平（二〇一九）．復興過程における〈かつてあったもの〉のグループ・ダイナミックス　平成三〇年度大阪大学大学院人間科学研究科博士論文

宮前良平（二〇二〇）．復興のための記憶論――野田村被災写真返却お茶会のエスノグラフィー――　大阪大学出版会

宮前良平（二〇二〇）．死者との共同体――記憶の忘却と存在の喪失　（志水宏吉・河森正人・栗本英世・檜垣立哉・モハーチゲルゲイ編著）共生学宣言　大阪大学出版会、二三五－二五五．

宮前良平・渥美公秀（二〇一七）．被災写真返却活動における第二の喪失についての実践研究、実験社会心理学研究、五六（二）、一二二－一三六．

宮前良平・渥美公秀（二〇一八）．被災写真による「語りえないこと」の恢復、実験社会心理学研究、五八（一）、二九－四四．

宮前良平・渥美公秀（二〇一八）．復興における死者との共生に関する一考察、災害と共生、二（一）、一－一一．

Miyamae, R., Atsumi, T. (2020). The Picturescue Movement: Restoring Lost Photographs Following the Great East Japan Earthquake and Tsunami, *Disasters*, 44(1), 85-102.

永田素彦（二〇一二）．住民主体のコミュニティ復興へ向けて：岩手県野田村の取り組み、人環フォーラム、三一、一六－一九．

Nagata, M.（2012）. A 'soft' volunteerism in super-extensive disaster: Case of Noda., R. Shaw and Y. Takeuchi（eds.）*East Japan Earthquake and Tsunami: Evacuation, Communication, Education and Volunteerism,* Research Publishing Services（pp.239-253）.

Nagata M.（2016）. A bottom-up counterpart assistance approach for the revitalization of communities. Li Peilin and Laurence Roulleau-Berger（eds.）*Ecological Risks and Disasters in China and Europe,* Routledge（pp.157-169）.

永田素彦（二〇一六）．住民とともに行う地域見守り活動　日本心理学会（監修）地域と職場で支える被災地支援　誠信書房、二-一六．

野澤康・市古太郎・河村信治（二〇一二）．被災地における計画主体を組み立てる：野田村復興まちづくりシャレットワークショップを通した復興まちづくり支援から、都市計画、二九九（六一-五）、一四-一七．

山口恵子・渥美公秀・永田素彦・作道信介（編）（二〇一三）．「北リアスにおけるＱＯＬを重視した災害復興政策研究」報告書 聞き書き――野田村の震災の記憶　弘前大学人文学部

八ッ塚一郎・永田素彦（二〇一二）．変化と発見としてのコミュニティ復興　藤森立男・矢守克也（編）復興と支援の災害心理学　福村出版、一五五-一六九．

国内学会での発表

年	学会	場所	タイトル	発表者
2013	日本グループ・ダイナミックス学会	北星学園大学	東日本大震災からの復興に向けた恊働的実践とアクションリサーチ	渥美公秀、李永俊、河村信治、貫牛利一、永田素彦
2013	日本災害復興学会	関西大学（高槻）	災害復興過程における恊働的実践とアクションリサーチ：岩手県野田村「チーム北リアス」の事例	渥美公秀、李永俊、河村信治、貫牛利一、関嘉寛、永田素彦
2014	日本グループ・ダイナミックス学会	東洋大学	東日本大震災からの復興に向けた恊働的実践とアクションリサーチ（2）被災者本位の災害復興のために	永田素彦、渥美公秀、李永俊、河村信治、貫牛利一
2015	日本グループ・ダイナミックス学会	奈良大学	東日本大震災からの復興に向けた恊働的実践とアクションリサーチ（3）震災5年目の成果と課題	永田素彦、李永俊、河合直樹、河村信治、貫牛利一、宮前良平
2016	日本グループ・ダイナミックス学会	九州大学	東日本大震災からの復興に向けた恊働的実践とアクションリサーチ（4）次の5年を見据えて	永田素彦、渥美公秀、李永俊、河村信治、貫牛利一
2017	日本グループ・ダイナミックス学会	東京大学	東日本大震災からの復興に向けた恊働的実践とアクションリサーチ（5）内発的復興を支えるために	永田素彦、渥美公秀、李永俊、貫牛利一、伊藤哲司
2018	日本グループ・ダイナミックス学会	神戸大学	被災地の内発的復興を支える協同的実践とアクションリサーチ	永田素彦、渥美公秀、貫牛利一、陳俐珊、宮本匠、伊藤哲司

国際学会での発表

年	学会	場所	タイトル	発表者
2013	カリフォルニア社会学会	Berkeley, CA, USA	Survivors Centered Approach toward Long-term Recovery after the 3.11 Earthquake and Tsunami: A Case of Team North Rias	Atsumi, T., Lee, Y.J., Sugiura, H.
2013	Dealing with Disasters Conference 2013	New Castle, UK	Survivors Centered Approach toward Long-term Disaster Recovery: Collaborative Practices and Action Research after the 3.11 Earthquake and Tsunami	Atsumi, T., Iijima, H., Kawamura, S., Lee, Y.J., Miyamoto, T., Nagata, M., Sugiura, H.
2014	Society for Applied Anthropology（SfAA）2014	Albuquerque, NM, USA	Collaborative Practice and Action Research toward Survivors Centered Recovery from the 3.11 Earthquake and Tsunami: The First 3 Years of Team North Rias	Atsumi, T., Kangyu, T., Kawamura, S., Lee, Y.J., Miyamoto, T., Nagata, M., Sugiura, H., Yamaguchi, K.
2014	IDRiM2014	London, OT, Canada	Collaborative Practice and Action Research toward Recovery from the 3.11 Earthquake and Tsunami: Survivors Centered Approach with Disaster Volunteers at Team North Rias	Atsumi, T., Kawamura, S., Kangyu, T., Kawamura, S.,Lee, Y.J., Nagata, M.
2015	IDRiM2015	New Delhi, India	Survivors Centered Approach for Long-term Recovery from the 3.11 East Japan Earthquake & Tsunami: Collaborative Practice and Action Research with Disaster Volunteers for 5 years	Atsumi, T., Ishizuka, Y., Kangyu, T., Lee, Y.J., Miyamae, R., Nagata, M.

年	学会	場所	タイトル	発表者
2015	SfAA2015	Pittsburgh, PA, USA	Collaborative Practice and Action Research on Survivors-Centered Long-Term Recovery from the 3.11 Great East Japan Earthquake and Tsunami	Kangyu, T., Lee, Y.J., Nagata, M., Sakumichi, S., Yamaguchi, K.
2016	DRC seminar	Disaster Research Center, University of Delaware, USA	Academic and Practical Activities in Tohoku, Japan.	Atsumi, T., Daimon, H., Miyamae, R.
2017	SfAA2017	Santa Fe, NM, USA	Collaborative practice and action research on long-term recovery from the 3.11 Great East Japan Earthquake and Tsunami: A survivors-centered approach	Atsumi, T., Daimon, H., Kangyu, T., Kawai, N., Kawamura, S., Nagata, M.
2018	DRC public forum	University of Delaware, USA	Seven Years Later … Community Recovery from the Tohoku Earthquake and Tsunami	Atsumi, T., Daimon, H., Kangyu, T., Kawamura, S., Lee, Y.J., Nagata, M.
2018	IDRiM2018	UNSW, Sydney, Australia	Encouraging Collaborative Practice and Action Research after Great East Japan Earthquake	Atsumi, T., Kangyu, T., Kawamura, S., Lee, Y.J., Nagata, M.
2019	IDRiM2019	Nice, France	Collaborative Practice and Action Research to Promote Endogenous Recovery from the 3.11 East Japan Earthquake & Tsunami: 8 Years Experience in Noda	Atsumi, T., Hanada, S., Kangyu, T., Kawamura, S., Lee, Y.J., Nagata, M.,

南仏ニースの海岸に現れた野田村の伝統行事「なもみ」の鬼たち
（当地で開催された学会での発表のため貫牛氏が持参）

執筆者紹介

（敬称略、50音順）

渥美　公秀（あつみ・ともひで）（1・8・9章、おわりに）
大阪大学大学院人間科学研究科（共生行動論）教授。1993年米国ミシガン大学博士課程修了・Ph.D.（心理学）。単著「災害ボランティア」（弘文堂）、編著「助ける」（大阪大学出版会）、監修「地震イツモノート」（木楽舎・ポプラ文庫）など著書、国内外にて学術論文多数。チーム北リアス、野田村サテライト、大阪大学オムニサイト（OOS）協定などを通して野田村の皆様にお世話になっております。

石塚　裕子（いしづか・ゆうこ）（8・9章）
大阪大学大学院人間科学研究科附属未来共創センター特任講師。大阪大学大学院工学研究科地球総合工学専攻修了・博士（工学）。技術士（都市および地方計画）。分担執筆「総合検証 東日本大震災からの復興」（岩波書店）、「日本の交通バリアフリー」（学芸出版社）など。専門は、まちづくり、バリアフリー計画学。野田村では野田村サテライトの運営を担当し、村民の「のだむラジヲ」の活動に伴走してきました。

李　永俊（い・よんじゅん）（3・7章）
弘前大学・人文社会科学部教授。2002年名古屋大学大学院経済学研究科修了・博士（経済学）。東日本大震災の発生後は、教員有志と一緒に弘前大学ボランティアセンターを設立し、弘前市と協働で岩手県野田村への支援・交流活動を展開しています。現在は、復興政策や災害に強い地域づくり、災害と人的なネットワークなどに関して研究活動を行っています。弘前大学ボランティアセンター長。チーム北リアス共同代表。

河村　信治（かわむら・しんじ）（4章）
八戸工業高等専門学校・総合科学教育科教授。2004年東京都立大学大学院都市科学研究科修了・博士（都市科学）。地理学専攻の学部学生時代にヒマラヤ地域の徒歩旅行に没頭。以後写真家（85～00年 自然環境、企業広告）、板橋区立エコポリスセンター環境学習指導員（95～00年）を経て、2000年より八戸高専教員。八戸中心市街地活性化から震災後は野田村復興応援に軸足が移っています。チーム北リアス共同代表。

貫牛　利一（かんぎゅう・としかず）（はじめに・1章）
久慈広域観光協議会・専務理事。岩手県北圏域の観光及び物産の振興に関する事業を行い、観光による地域づくりを推進し、広く公益に貢献することを目的として事業展開を実施しています。チーム北リアスの一員として、復興推進活動の現地調整役を担っています。野田村民、チーム北リアス現地事務所長。

大門　大朗（だいもん・ひろあき）（文献リスト・年表）
京都大学防災研究所・日本学術振興会国際競争力強化研究員（CPD）。2019年大阪大学大学院人間科学研究科修了・博士（人間科学）。現在は、米国デラウェア大学災害研究センターで客員研究員として研究に従事しています。被災地の人々が将来の被災地でボランティアを行うという「被災地のリレー」を贈与論に関する視点から研究を行っています。2020年2月より10ヶ月間、野田村に移住して、災害復興に関する研究と神出鬼没の屋台カフェを実施しました。

寺本　弘伸（てらもと・ひろのぶ）（2章）
特定非営利活動法人 日本災害救援ボランティアネットワーク（NVNAD）常務理事。阪神・淡路大震災時に兵庫県西宮市に発足したNPOで、災害救援活動を中心に、日頃は防災イベントや子どもの防災教育の企画運営、また、講演活動などに従事しています。野田村では、泥のかき出し作業や救援物資の配布、仮設住宅での炊き出しや茶話会、足湯や子どもとの遊びなどの活動に従事してきました。チーム北リアス共同代表。

外舘　真知子（とだて・まちこ）（6章）

エスニックレストラン モグ＠南風堂店主。青森県八戸市朔日町にて飲食店を経営。2011年3月11日から八戸で炊き出し・泥かき等のボランティアを開始。3月末に野田村へ辿り着き、運命的な縁を感じ、現在まで続く写真返却活動を行う写真班を結成しました。写真班のメンバーのうち8名はもともとお店の常連客でしたが、写真返却や祭りの山車作りを手伝うなかで今では全員野田村のファンとなっています。

永田　素彦（ながた・もとひこ）（5・7章）

京都大学大学院人間・環境学研究科教授。2002年京都大学博士（人間・環境学）。専門は社会心理学、グループ・ダイナミックス。災害復興、コミュニティや組織の活性化を研究テーマに、さまざまなフィールドで現場研究、アクションリサーチを行っています。野田村には震災以降（コロナ禍までは）月1回以上のペースで通い、本書で紹介されている諸活動に幅広く携わっています。チーム北リアス共同代表。

宮前　良平（みやまえ・りょうへい）（6章）

大阪大学大学院人間科学研究科・助教。2019年大阪大学大学院人間科学研究科博士後期課程修了・博士（人間科学）。同年大阪大学未来共生イノベーター博士課程プログラム修了。専門は、災害心理学・グループ・ダイナミックス、主な研究テーマは、災害と記憶・被災写真に関する研究です。近著に『復興のための記憶論：野田村被災写真返却お茶会のエスノグラフィ』（大阪大学出版会）。チーム北リアス写真班のメンバーとして活動しています。失恋の傷を癒しに和佐羅比山に登ったこともあります。

チーム北リアス年表

年.月	出来事（村内：村、チーム北リアス：チ）	チーム北リアスの活動 ※点線下段は、野田村外での活動、発信、学術発表など
2011.3	村：東日本大震災（11日）、ボランティア受付センターの設置（19日）、全村民の安否確認の終了（28日）	救援物資の受け入れ、窓口的な対応（中旬～、貫牛）、野田村役場訪問（23日、大阪大（渥美）、京都大（永田））、八戸、弘前、関西ミーティング（24日、八戸高専（河村）、弘前大（李他）、NVNAD）、大阪大（渥美）、京都大（永田））、野田村の救援活動展開を決定（25日、大阪大（渥美））、教員による野田村視察・弘前大学・北海道教育大学チームとの打ち合わせ・支援物資集め（29日、八戸高専（河村）、弘前大（李他））、NVNADボランティアバス（30～31日、NVNAD）、NVNADボランティアバスに合流（30日、八戸高専（河村））、避難所訪問・支援物資届け（30～4月1日、八戸高専（河村））
4	村：野田中仮設住宅建設決定（8日）、野田村災害ボランティアセンター開設（13日）・受付開始（14日）、犠牲者合同葬儀（17日）	野田村での活動の報告会（於西宮市市民交流センター）（5日、NVNAD）、野田村・田野畑避難所、久慈港視察（11日、八戸高専（河村））、野田小中学校、野田村商工会、田老支所、山田町役場、大槌町災害対策本部に訪問し復興ニーズ調査（12日、八戸高専（河村））、チームオール弘前の発足（15日、チームオール弘前）、NVNADボランティアバス（15～16日、NVNAD）、支援物資届け（15日、八戸高専（河村）、京都大（永田））、支援物資届け（17日、八戸高専（河村））、瓦礫、泥の撤去、行動の側溝清掃、個人宅清掃、物資仕分けなど（18日、チームオール弘前）、支援物資届け、瓦礫撤去作業（24日、八戸高専（河村））、瓦礫撤去、個人宅清掃など（25日、チームオール弘前）
5	村：野田村さくらまつり（於野田小学校）（7日）、野田中仮設住宅入居開始（14日） チ：チーム北リアスの結成（6日）、事務所設置（13日）、第1回地域見守り勉強会の開催（14日）	子供の遊び支援（於えぼし荘）・支援物資整理（於体育館）・ネットワーク構築のミーティング（於八戸市社協）（2日、八戸高専（河村）、NVNAD、大阪大（渥美）、京都大（永田））、NVNADボランティアバス（2～3日、NVNAD、すずらん）、避難所訪問、物資提供、さくらまつり準備、地域商材探し、ゲートボールメンバー探し（2～6日、チームともだち）、ネットワーク構築のミーティング（於弘前大）（4日、弘前大（李他）、大阪大学（渥美他）、京都大（永田））、打ち合わせを兼ねた会食（貫牛氏への事務所開設依頼）（於ひさご）（6日、貫牛、大阪大（渥美他））、災害ボランティア活動（チームオール弘前としての初活動）（6日、チームオール弘前）、野田村さくらまつり（於野田小学校）（7日、大阪大（渥美）、チームともだち）、瓦礫撤去・物資仕分け（11日、チームオール弘前）、仮設住宅への物資搬入手伝い（12日、大阪大（渥美））、打ち合わせ（自宅への事務所開設）（13日、貫牛）、交流会（13日、貫牛、NVNAD、大阪大（渥美）、すずらん、京都大（永田））、戸別訪問・瓦礫撤去・仮設住宅引越し手伝い（14日、八戸高専（河村）、弘前大（李他）、チームオール弘前、大阪大（渥美）、すずらん、関西学院大）、戸別訪問・仮設住宅引越し手伝い（15日、弘前大（李他）、チームオール弘前、大阪大（渥美）、すずらん、関西学院大）、瓦礫撤去・畑整地・コメの小分け・避難所ニーズ調査（18日、チームオール弘前）、ボラセン訪問・救援物資の仕分け・仮設住宅戸別訪問（22日、NVNAD、すずらん、関西学院大）、子供の遊び支援（22日、八戸高専（河村））、物資仕分け・個人宅清掃・畑の石や瓦礫の撤去（於下安家）（25日、チームオール弘前）、足湯隊（於総合センター）（26日、八戸高専（河村）、京都大（永田））、身体ほぐしアクティビティー（於総合センター）（26日、JCDN、佐藤さん）、河村プレゼンツ復興プチイベント（29日、八戸高専（河村）、京都大（永田）、JCDN）
6	チ：事務所（プレ）開設式（11日）	瓦礫撤去・側溝泥上げなど（4日、チームオール弘前）、仮設住宅戸別訪問（5日、すずらん）、NVNADボランティアバス（5～6日、NVNAD）、関学ボランティアバス（5～6日、関西学院大））、仮設住宅戸別訪問（南風堂として）（5～6日、写真班）、仮設住宅戸別訪問・足湯・瓦礫撤去・救援物資仕分け（6日、すずらん）、現地拠点の整理など（7日、大阪大（渥美・塩田））、瓦礫撤去・物資仕分け・戸別訪問（8日、大阪大（渥美・塩田））、身体ほぐし（於えぼし荘）（10日、JCDN）、事務所（プレ）開設式（11日、貫牛、八戸高専（河村）、大阪大（渥美）、京都大（永田））、お好み焼き・たこ焼き・物資青空市（於野田中仮設）（11日、八戸高専（河村）、チームオール弘前、NVNAD、大阪大（渥美

年.月	出来事（村内：村、チーム北リアス：チ）	チーム北リアスの活動 ※点線下段は、野田村外での活動、発信、学術発表など
		他）、北海道教育大学）、健康相談会（於仮設住宅集会所）（14日、大阪大（渥美他））、瓦礫撤去・物資仕分け（18日、チームオール弘前）、災害ボランティアセンターでの活動（18～19日、北教大）、ボラセン・子育てサポート（於えぼし荘）・側溝の泥掻き出し（19日、八戸高専（河村））、ボラセン、子育てサポート（於えぼし荘）、関学ボランティアバス（22日、関西学院大））、個人宅清掃・戸別訪問・小学生によるお手紙プロジェクト（22日、チームオール弘前）、高校生との交流会（25日、すずらん、大阪府内の高校）、側溝の泥掻き出し（26日、八戸高専（河村））、教育委員会・野田中学校訪問・こども新聞配布（29日、チームともだち）、仮設住宅への物資搬入手伝い（於門前小路、泉沢、米田、下安家）（30日、八戸高専（河村）、チームオール弘前、NVNAD） 第一回野田村復興支援・交流活動 活動報告会（於弘前大学（10日、弘前大（李他）、チームオール弘前、すずらん）、東日本大震災・支援活動報告会（於西宮市市民会館）（25日、NVNAD）
7	村：門前小路、泉沢、米田、下安家の仮設住宅入居開始（2日）、村内11ヶ所の避難所全て閉鎖（3日）	なごみ体操教室（於仮設住宅集会所）（1日、大阪大（渥美））、野田小学校訪問・こども新聞配布・絵本提供（1日、チームともだち）、NVNADボランティアバス（2～3日、NVNAD）、タコス・フランクフルト販売・物資青空市・足湯・仮設住宅引越し手伝い（於野田中仮設）・瓦礫撤去作業・拠点の整理（2日、写真班※南風堂として、チームオール弘前、すずらん、京都大（永田））、こども新聞配布・取材（於野田中仮設・物資提供）（2日、チームともだち）、足湯・戸別訪問（於野田中仮設）・子供の遊び場・えぼし荘避難所撤去（3日、NVNAD、すずらん）、仮設住宅戸別訪問・瓦礫撤去・物資仕分け・畑仕事の手伝い（6日、チームオール弘前）、なごみ体操教室（於野田中仮設住宅集会所）参加（8日、大阪大（渥美））、仮設住宅戸別訪問（和みバッグ配布）（10日、八戸高専（河村）、写真班※南風堂として、大阪大（渥美））、個人宅清掃・側溝泥上げほか（20日、チームオール弘前）、なごみ体操教室（於野田中仮設住宅集会所）・戸別訪問（チラシ配布）（22日、大阪大（渥美他））、チーム北リアス・ウインドブレーカ、シャツ、ビブスデザイン（23日、関川）、物資青空市（24日、八戸高専（河村）、写真班※南風堂として、NVNAD）、かき氷（於米田仮設、えぼし荘）（24日、八戸高専（河村）、NVNAD）、フォーとちまき（於写真保管室前）（24日、写真班※南風堂として、NVNAD、チームkokoro、アライブパル）、チームオール弘前ワークショップ（於弘前大）（28日、チームオール弘前）、野田村復興シャレットワークショップ（28～29日、貫牛、八戸高専（河村）、弘前大、京都大（永田）、北海道教育大、函館高専、首都大、工学院大）、NVNADボランティアバス（30日～8月1日、NVNAD）、現地事務所整地・和みバッグ配布・プレーパーク準備・瓦礫撤去・個人宅清掃（30日、チームオール弘前、NVNAD）、プレーパーク（於野田小学校）（31日、八戸高専（河村）：31日～8月1日、NVNAD、にしのみや遊び場つくろう会）
8	村：村体育館の支援物資配布終了（6日）、生涯学習センター写真保管室の閉鎖（31日） チ：事務所開設式（26日）、写真返却お茶会の開始（於写真班）（26日）	のんちゃんねぷた運行（於弘前ねぷたまつり）（1、3、5日、チームオール弘前）、野田小児童の神戸訪問（3～6日、語り部KOBE1995・矢守ほか）、被災古文書の補修作業（5日、八戸高専（河村））、NVNAD・関学ボランティアバス（6～7日、NVNAD、関西学院大）、お好み焼き・焼きそば・たこ焼き（於役場前）・足湯（於役場前）・戸別訪問（於野田中仮設）（7日、写真班※南風堂として）、被災古文書の補修作業（8日、八戸高専（河村））、畑の清掃（10日、チームオール弘前）、サマーキャンプボランティア（於種差少年自然の家）（15～17日、チームkokoro）、瓦礫撤去ほか（17日、チームオール弘前）、すずらんボランティアバス（仮設戸別訪問（於野田中）仮設・お茶会（於野田中仮設）・現地事務所整備）（22日、すずらん）、戸別訪問（於米田）・写真整理（於写真保管室）・復興イベント手伝い・現地事務所整備（23日、すずらん））、瓦礫撤去・側溝泥上げ・草取りなど（24日、チームオール弘前）、まけないぞう（於

年.月	出来事（村内：村、チーム北リアス：チ）	チーム北リアスの活動 ※点線下段は、野田村外での活動、発信、学術発表など
		野田中仮設集会所（25日、大阪大（渥美他）、被災地NGO協働センター）、写真お茶会（於写真保管室）（26日、写真班、八戸高専（河村））、事務所開設式（26日、貫牛、すずらん）、NVNADボランティアバス（26～28日、NVNAD）、野田村復興イベントに参加（のんちゃんねぷた、足湯・お茶会、灯籠づくり）・戸別訪問（27日、チームオール弘前、すずらん）戸別訪問（於下安家・野田村復興イベントに参加（足湯＆お茶会、灯籠づくり、焼き鳥屋）（28日、チームオール弘前、すずらん）、コールわさらびへの電子ピアノ贈呈式（於みなみ）（31日、大阪大（渥美他））、個人宅清掃・写真の整理作業・現地事務所整備（31日、チームオール弘前）
9	村：ボランティアの募集の休止（5日）	「村の記憶」写真の選定（於写真保管室）（1日、写真班）、野田中仮設住民・新郷村ツアー（1日、大阪大（渥美他））、写真保管室の写真撤収・預かり（9日、写真班）、野田中仮設（ペットボトルロケット、押し花つくり、とうもろこしの振る舞い）・商工会青年部と交流会（於現地事務所）・反省会（17日、チームオール弘前、すずらん）、支援物資配布（於のんちゃん広場）（17日、チームkokoro）、NVNADボランティアバス（17～18日、NVNAD）、茶話会・足湯（於野田中仮設）、生活支援員交流会（於ボラセン）（18日、すずらん）、結城登美雄さん・宮城県鳴子の米プロジェクトの皆さんとの交流会（於野田中仮設）（21日、大阪大（渥美他））、塩の道を歩こう会参加・「動こう津軽！」主催の移動おもちゃ館サポート（25日、NVNAD）、野田村復興研究会（於現地事務所）（26日、弘前大（李他）、大阪大（渥美）、京都大（永田）） …………………… 第1回野田村ファンクラブのつどい（於関学梅田キャンパス）（23日、NVNAD、すずらん、関西学院大）
10		酒蔵ルネッサンス（於西宮）参加・野田村物産展の手伝い（1～2日、貫牛、NVNAD、すずらん）、野田村復興研究会（於現地事務所）（10日、弘前大（李他）、大阪大（渥美他）、京都大（永田））、野田中仮設、役場、ボラセン訪問（11日、八戸高専（河村））、写真整理ほか（15日、八戸高専（河村）、写真班）、現地事務所整備・お米配布（於米田・野田中・泉沢仮設）・ペットボトルロケットと押し花（於役場前）（15日、チームオール弘前、すずらん、関西学院大、岩手大学教員）、NVNADボランティアバス（15～16日、NVNAD）、健康体操・茶話会（於野田中仮設、戸別訪問（於泉沢・下安家・野田中仮設）（16日、チームオール弘前、すずらん、関西学院大）、関学ボランティアバス（17日、関西学院大））、写真お茶会（於野田中仮設）（18日、写真班、八戸高専（河村））、写真撮影会・アルバムカフェサポート（29日、八戸高専（河村）、チームオール弘前）、押し花作り・ペットボトルロケット製作と打ち上げ・仮設住宅訪問兼りんご配布（29日、チームオール弘前）、仮設のトリセツ配布（於野田中、門前小路・下安家仮設）（29日、すずらん）、新潟大学岩佐先生訪問（於宮古市田老）・仮設のトリセツ配布（於泉沢・米田仮設）（30日、すずらん）、写真撮影プロジェクト（野田中仮設）（東北PGC、長谷川）
11	村：世代間交流ふれあいフェスタ（いわて三陸復興食堂於総合センター）（20日）	NVNAD・関学ボランティアバス（3～4日、NVNAD、関西学院大）、野田村・弘前市登山会（於和佐羅比山）（5日、貫牛）、野田村・弘前市登山会（於和佐羅比山）（5日、チームオール弘前）、足湯（於総合センター）・フリーマーケット（於総合センター）・インドカレー（於総合センター）（6日、八戸高専（河村）、アライブ・パル、チームkokoro）、健康体操の指導（於仮設（6日、NVNAD）、交流会（於泉沢仮設）（19日、貫牛、八戸高専（河村）、大阪大（渥美他））、野田村合同七五三手伝い（19日、八戸高専（河村）、大阪大（渥美他））、野田村復興研究会（於現地事務所）（20日、八戸高専（河村）、弘前大（李他）、大阪大（渥美他）、京都大（永田））、押し花教室・松ぼっくりツリー制作・りんご・りんごジュース・靴下（弘前市民の手編み）の配布・戸別訪問・物資配布（於各仮設）・復興食堂手伝い（20日、チームオール弘前）、断熱シート貼り付

年.月	出来事（村内：村、チーム北リアス：チ）	チーム北リアスの活動 ※点線下段は、野田村外での活動、発信、学術発表など
		け手伝い・たこ焼き（於泉沢仮設）・仮設のトリセツ配布（於えぼし荘仮設）（26日、すずらん）、断熱シート貼り付け手伝い・戸別訪問・元気だ状カタログ配布（於泉沢仮設）・戸別訪問・元気だ状カタログ配布（於米田仮設）・元気だ状カタログ配布（於門前小路）（27日、すずらん）
		第2回野田村ファンクラブのつどい（於西宮市市民交流センター）（11日、NVNAD他）
12	村：野田村本町地区仮設店舗オープン（3日） チ：コミュニティFMの検討を開始（3日）	なごみ体操（於野田中仮設）（2日、JCDN）、体験学習会・弘前大学東日本大震災論・野田村復興支援特別講義（於えぼし荘）（3日、貫牛、チームオール弘前、大阪大（渥美他）、矢守）、野田小ほか訪問・交流会（3～5日、神戸学院大、語り部KOBE1995）、側溝清掃（5日、大阪大（渥美他）、すずらん）、野田小デジタルカメラ寄贈（5日、チームともだち）、まるきん　クリスマスツリー寄贈（8日、チームともだち）、被災住宅敷地の泥だし、整地作業（10日、八戸高専（河村））、弘前大学東日本大震災論・野田村復興支援特別講義（於えぼし荘）・戸別訪問・側溝清掃（10日、チームオール弘前）、お餅つき大会・茶話会・ビンゴゲーム大会（於泉沢仮設）・ブローチ作り（於野田中仮設）・クッキー配布（於泉沢・野田中仮設）・交流会（於泉沢・野田中仮設）、泥かき作業（10日、八戸高専（河村）、京都大（永田）、早川、刈羽村ボランティア）、クッキー配布（於野田中仮設）、クリスマス会（於野田中仮設）、お鍋ペーティー、まつぼっくりツリー、ビンゴゲーム（11日、刈羽村ボランティア、関学ハビタット）、NVNADボランティアバス（10～11日、NVNAD）、クリスマスイベント、仮設住宅訪問（24日、チームオール弘前）、野田村復興まちづくりセミナー（於工学院大学）（29日、八戸高専（河村）、工学院大学・首都大学）
		第二回野田村ファンクラブのつどい（於西宮市市民交流センター）（18日、NVNAD、大阪大（渥美他）、関西学院大）
2012.1		買い物リスト作成・戸別訪問（於米田仮設）（3日、すずらん）、野田村新年興隆会（於えぼし荘）（4日、貫牛、弘前大（李他）、大阪大（渥美）、京都大（永田）、関西学院大、作道）、すずらんボランティアバス（5～6日、すずらん）、お誕生月交流会（於泉沢仮設）（14日、八戸高専（河村））、交流会（於神戸）（16日、弘前大（李）、NVNAD、大阪大（渥美）、京都大（永田）、松井・外館）、1.17被災地交流会in神戸・西宮（17日、弘前大（李）、NVNAD、大阪大（渥美）、京都大（永田）、作道、八戸（浮木）、松井・外館）、写真返却お茶会（於野田中仮設）（19日、写真班）
2	チ：チーム北リアス会合（5日）、商工会青年部勉強会への参加（於総合センター）（10日）	チーム北リアス会合（5日、貫牛、八戸高専（河村）、大阪大（渥美他）、京都大（永田）、作道・山口、浮木・斎）、NVNADボランティアバス（9～11日、NVNAD）、交流会（於野田中仮設）（9～10日、にしのみや遊び場つくろう会）、商工会青年部勉強会への参加（於総合センター）（10日、貫牛、八戸高専（河村）、大阪大（渥美））プレーパーク、交流会（於泉沢仮設）（11日、にしのみや遊び場作ろう会）お誕生月交流会（於泉沢仮設）（11日、八戸高専（河村）、大阪大（渥美他））、NVNADボランティアバス（13～14日、NVNAD）、仮設・みなし仮設訪問・バレンタイン企画ほか（13～14日、大阪大（渥美他）、関西学院大）、写真返却イベント（於総合センター）・写真返却お茶会（於泉沢仮設）（14日、写真班）、お好み焼き講習会（於泉沢仮設）（18日、貫牛）、お好み焼き講習会（於野田中仮設）（20日、貫牛）
		FM青森番組（三村知事と河村、弘前大学学生）対談収録（20日、八戸高専（河村）、弘前大（李））
3	村：十府ヶ浦食堂再開（6日）、犠牲者追悼式（11日）	犠牲者追悼式の手伝い・参加、八戸市ボランティア連絡協議会フォーラムでの学生発表（11日、八戸高専（河村））、NVNAD・関学ボランティアバス（10～11日、NVNAD、関西学院大）、炊き出し、戸別訪問（於野田中仮設）、炊き出

年.月	出来事（村内：村、チーム北リアス：チ）	チーム北リアスの活動 ※点線下段は、野田村外での活動、発信、学術発表など
		し、戸別訪問（於泉沢仮設）、戸別訪問（於みなし仮設）、炊き出し、子供遊び、お茶会（10日）、個別訪問（於久慈みなし仮設）、犠牲者追悼式の参加（11日、NVNAD、京都大（永田）、すずらん、関西学院大）
		第3回野田村ファンクラブのつどい（於関学梅田キャンパス）（4日、NVNAD、関西学院大）、弘前大学ボランティアセンター活動報告会（於弘前大）（9日、弘前大（李）、大阪大（渥美））
4		住民交流会（於泉沢仮設）（14日、八戸高専（河村）、弘前大（李他）、NVNAD）、写真返却会（於泉沢仮設）、アメリカ Los Gatos 高校からの学生受け容れ（19日、大阪大（渥美他））
		野田村物産の販売・復興カフェ（於大阪大学校祭）（30日～5月1日、すずらん）
5		アロマの恵を楽しむ会（於泉沢仮設）（1～2日、アロマピュア、大阪大（渥美他））、上町台地屋台村メンバー歓迎会（於えぼし荘）（4日、八戸高専（河村）、NVNAD、大阪大（渥美他）、京都大（永田）、関西学院大）、上町台地屋台イベント（於愛宕神社）手伝い（5日、八戸高専（河村）、NVNAD、大阪大（渥美他）、京都大（永田）、関西学院大）、ウクライナ郷土料理（於現地事務所）泉沢仮設月例誕生会（6日、京都大（永田））、NVNAD・すずらんボランティアバス（12～13日、NVNAD、すずらん）、田植えの支援（20日、チームオール弘前）、塩の道を歩こう会への参加（27日、八戸高専（河村）、チームオール弘前）、農作業の手伝い（27日、チームオール弘前）
6		津波被害を受けた岩手県野田村の歴史資料の修復作業（3日、チームオール弘前）、第二回地域見守り勉強会の打ち合わせ・2012年度のNVNAD活動企画を考える・チーム北リアス・聴き書き作業（9日、NVNAD）、交流会（於泉沢仮設）（16日、八戸高専（河村）、京都大（永田））、学習支援活動（於役場・総合センター2階）・押し花教室・茶話会・三味線体験教室・交流会（於泉沢仮設）（16日、チームオール弘前）、杉並区商工関係者の被災地案内（久慈～野田）（25日、八戸高専（河村））、見守り勉強会（25日、NVNAD、京都大（永田）、関西学院大）
		NVNAD活動報告会（16日、NVNAD、貫牛）、新世代のためのフォーラム（於出水市）参加（17～18日、貫牛、大阪大（渥美））
7	チ：商工会青年部等との復興まちづくり勉強会の開始（20日）	写真返却お茶会（於野田中仮設、生涯学習センター）（17日、写真班）、商工会青年部等との復興まちづくり勉強会（20日、八戸高専（河村）、大阪大（渥美、塩田）、京都大（永田））、学習支援活動（於総合センター）茶話会・あんよ・せらぴー、キッズスポーツひろばの開催（於体育館）（21日、チームオール弘前、大阪大（塩田））、泉沢仮設月例誕生会（22日、八戸高専（河村）、弘前大（李他）、大阪大（塩田）、京都大（永田））、NVNADボランティアバス（24～25日、NVNAD）、子供たちとの遊び活動（於泉沢仮設）、翌日の催しビラ配り（於野田中仮設）、（24日、大阪大（渥美他）、関西学院大）、子供たちとの遊び活動（於野田中仮設）、仮設訪問（於下安家仮設）（25日、大阪大（渥美他）、関西学院大）、戸別訪問（於みなし仮設）足湯、茶話会（24～25日、大阪大（渥美他）、関西学院大）
		中越沖地震5周年「げんきをつなげよう復活祭」参加（8日、貫牛、大阪大（渥美）、刈羽村村民）
8	村：LIGHT UP NIPPON 開催（11日）、野田まつり（24～26日※2年ぶりの開催）	泉沢仮設月例誕生会（10日、八戸高専（河村）、大阪大（塩田））、学習支援活動（於総合センター）・押し花教室・茶話会（18日、チームオール弘前、京都大（永田））、シャレットワークショップ（18～21日、八戸高専（河村）、弘前大（李他）、京都大（永田）、大阪大（塩田）、工学院大・首都大）、シャレットワークショップ片付け（21日、八戸高専（河村）、弘前大（李他））、写真返却

年.月	出来事（村内：村、チーム北リアス：チ）	チーム北リアスの活動 ※点線下段は、野田村外での活動、発信、学術発表など
	チ：ラジオ放送「エフエムスマイル」実施（24～26日）	お茶会（於生涯学習センター）（26日、写真班）、流しそうめん（於米田仮設）、屋台出店（お好み焼き）（於のんちゃん広場）、青年部のお手伝い、足湯（於のんちゃん広場）、マップづくり（野田村の好きなところ）、子供遊び（サイエンス教室）（於のんちゃん広場）、コミュニティFMお手伝い（24～26日、NVNAD、大阪大（渥美他）、関西学院大）、NVNADボランティアバス（24日～26日、NVNAD）、流しそうめん（於泉沢仮設）（25日、NVNAD、大阪大（渥美他）、関西学院大）、流しそうめん（於野田中仮設）（26日、NVNAD、大阪大（渥美他）、関西学院大）
9		野田中学校防災講演（3日、八戸高専（河村）、大阪大（渥美他））、泉沢仮設月例誕生会（花火）（8日、八戸高専（河村）、京都大（永田））、シャレットワークショップ成果物の展示（於ボランティア祭り）・商工会青年部等との復興まちづくり勉強会（9日、八戸高専（河村）、大阪大（塩田）、京都大（永田））、学習支援ボランティア（於総合センター）・リンパマッサージ講習（於かまどのつきや）・津軽三味線演奏会・体験会（15日、チームオール弘前）、写真返却お茶会（於泉沢仮設、野田中仮設）（23日、写真班）、塩の道歩こう会参加（23日、大阪大（塩田））、復興応援フィールドツアーの開催・補助（28～29日、八戸高専（河村）、すずらん、関西学院大、29日、チームオール弘前）、学習支援ボランティア（於総合センター）・子どもとの交流活動・蕎麦の収穫・個人宅の砂利敷き（29日、八戸高専（河村）、チームオール弘前）
		野田村の物産販売（於みのおNPOフェスタ）（16日、すずらん）、グループ・ダイナミックス学会大会（於京都大）参加（22日、貫牛、八戸高専（河村）、大阪大（渥美）、京都大（永田））
10		農地土壌中の瓦礫除去作業・稲刈手伝い（6日、八戸高専（河村））、泉沢仮設月例誕生会（19日、八戸高専（河村）、京都大（永田））、地域見守り勉強会（19日、京都大（永田）、刈羽村社協：安沢めぐみ、佐藤葉子）、NVNADボランティアバス（20～21日、NVNAD）、写真返却お茶会（於現地事務所）（20日、写真班）、お鍋パーティ・足湯（於泉沢仮設）（20日、NVNAD）、お鍋パーティ・足湯（於野田中仮設）（21日、NVNAD）、河合書道教室（21日、京都大（永田・河合））、マレーシアKTJ来日視察案内（23日、八戸高専（河村））、やませデザイン会議20周年式典参加、北リアス代表者緊急会議（27日、八戸高専（河村））
		第4回野田村ファンクラブのつどい（於西宮市市民交流センター）（4日、NVNAD、すずらん）
11	村：野田村産業まつり（野田村総合文化祭）（3～4日）	プレーパーク開催（於野田村総合文化祭）（4日、にしのみや遊び場つくろう会、八戸高専（河村））・小野氏ハウス土壌整備・野田村総合文化祭補助（4日、八戸高専（河村））、プレーパーク（於役場前広場）（5日、にしのみや遊び場つくろう会、大阪大（塩田））、まちづくり勉強会（9日、京都大（永田））、泉沢仮設月例誕生会（お好み焼きパーティー）（10日、NVNAD、京都大（永田））、戸別訪問（於泉沢仮設、野田中仮設）（11日、NVNAD、京都大（永田））、押し花（於野田中仮設）・松ぼっくりツリー作り（於野田中仮設）・学習支援（於学習センター）・野田村ツアー（17日、チームオール弘前）、河合書道教室（於野田中仮設、ウクライナ料理教室（於野田中仮設）（24日、京都大（永田、河合、インナ））、写真返却お茶会（於米田仮設、生涯学習センター）（25日、写真班）、奥尻島復興状況調査（30～11月3日、八戸高専（河村）、弘前大（李）、大阪大（渥美）、京都大（永田））
		野田村復興カフェの開催（於大阪大学学まちかね祭）（2～4日、すずらん）
12	村：野田ほたてまつり（8日）	野田ほたてまつり視察、泉沢仮設月例誕生会（8日、八戸高専（河村））、NVNADボランティアバス（15～16日、NVNAD）、大阪大（塩田）、京都大（永田、小

年.月	出来事（村内：村、チーム北リアス：チ）	チーム北リアスの活動 ※点線下段は、野田村外での活動、発信、学術発表など
		島)、学習支援（於学習センター）・弘前喫茶（於野田中仮設）・NVNAD 主催のフリーマーケットのサポート（15 日、チームオール弘前)、フリーマーケット開催（於生涯学習センター）・1 月開催の子供達を西宮に招待するツアーの説明回（於総合センター）（15 日、NVNAD)、フリーマーケット開催（於えぼし荘、泉沢仮設）（16 日、NVNAD、大阪大（塩田))、河合書道教室（22 日、京都大（永田・河合))、年越市そば会（於野田中仮設）（30 日）
2013.1	村：小正月行事・なもみ（15 日)、高台移転用地造成工事の安全祈願祭（29 日）	野田村の子どもたちを西宮に招待（7 ～ 9 日、NVNAD、大阪大（塩田))、住民交流会（於泉沢仮設）（11 日、八戸高専（河村)、京都大（永田))、河合書道教室（於野田中仮設（13 日、京都大（永田・河合))、学習支援（於総合センター）・押し花教室・茶話会（於野田中仮設）（19 日、チームオール弘前)、神戸第 18 回慰霊祭、阪神・中越・東日本被災者交流会、人と防災未来センター見学、懇親会（17 日、NVNAD、大阪大（渥美他)、京都大（永田)、関西学院大)、学習支援（於総合センター）・押し花教室・茶話会（於野田中仮設）（19 日、大阪大（塩田))、第二次復興応援フィールドツアー 事前説明会（20 日、すずらん)、写真返却お茶会（於生涯学習センター）（27 日、写真班）
2	村：城内地区土地区画整理事業（1 日） 大阪大学野田村サテライトの完成（13 日） チ：大阪大学野田村サテライトの完成（13 日）	野田村若手座談会（21 世紀むらづくり委員会）・外舘邸訪問（8 日、八戸高専（河村))、写真班活動補助（14 日、八戸高専（河村))、写真返却お茶会（於野田中仮設）（14 日、写真班)、学習支援（於総合センター）栄養教室・交流茶話会・あんよセラピー・小学生対象学習支援（於野田中仮設）（青森県保健大学との共催）・バレンタインチョコの配布（於野田中仮設）（16 日、チームオール弘前)、泉沢仮設月例誕生会（23 日、八戸高専（河村)、京都大（永田))、河合書道教室（於泉沢仮設住宅）（23 日、京都大（永田、河合)）第二回野田村復興応援フィールドツアー（23 ～ 24 日、八戸高専（河村))、第二回野田村復興応援フィールドツアー（23 ～ 24 日、すずらん、大阪大（塩田)) ‥‥‥‥‥‥‥‥‥‥ 第 5 回野田村ファンクラブのつどい（於西宮市市民交流センター）（15 日、NVNAD、すずらん、関西学院大)
3	村：災害公営住宅・門前小路第一団地内覧会（10 日)、犠牲者追悼式（11 日）	写真返却お茶会（於生涯学習センター）（9 日、写真班)、NVNAD ボランティアバス（9 ～ 11 日、NVNAD)、炊き出し・足湯・ハンドマッサージ・茶話会（於生涯学習センター）・戸別訪問（於門前小路仮設）・プレーパーク（於役場前広場）（9 日、NVNAD、京都大（永田)、関西学院大)、炊き出し・足湯・ハンドマッサージ・茶話会（於野田中仮設・米田仮設・泉沢仮設）・交流事業報告会（於生涯学習センター）（10 日、NVNAD、京都大（永田)、関西学院大)、犠牲者追悼式典参加（11 日、八戸高専（河村)、NVNAD、関西学院大)、大阪大学学サテライト開設シンポジウム：第 1 回サテライトセミナー「野田村から被災地の復興を考える」（11 日、大阪大（渥美他)、八戸高専（河村))、今後の活動を考えるワークショップ（於生涯学習センター）・こたつ列車乗車（11 日、NVNAD、関西学院大)、河合書道教室（於生涯学習センター）（17 日、京都大（永田、河合))、住民交流会（於泉沢仮設）（18 日、八戸高専（河村))、「野田村のみなさまの暮らしとお仕事に関するアンケート調査」実施（弘前大（李他)) ‥‥‥‥‥‥‥‥‥‥ 東アジア法と社会学会 EALS 2013（上海）研究発表（22 ～ 23 日、弘前大（李)、京都大学（永田)、飯、山口)、「北リアスにおける QOL を重視した災害復興政策研究」報告書の出版、『聴き書き - 野田村の震災の記録』の出版（31 日、弘前大（李)、大阪大（渥美)、京都大（永田)、山口恵子、作道信介)
4		第 2 回野田村サテライトセミナー「大阪大学学からの報告 Part 1 & 上棟式」（11 日、大阪大（渥美他))、商工会青年部・青年会とのまちづくり勉強会（於総合センター）（19 日、八戸高専（河村)、京都大（永田))、あんよセラピー（於野田中仮設）・交流茶話会（於野田中仮設）・農作業の手伝い（20 日、弘前大（李他))、泉沢仮設月例誕生会ほか（20 日、京都大（永田)))、河合書道教室（28 日、京都大（永田・河合))

年.月	出来事（村内：村、チーム北リアス：チ）	チーム北リアスの活動 ※点線下段は、野田村外での活動、発信、学術発表など
5	村：ベアレンフェスタ 2013 in 野田村（12日）、野田、塩の道を歩こう会（26日）	第3回野田村サテライトセミナー「大阪大学学からの報告 Part 2 & 中継交流会」（11日、大阪大（渥美他））、ベアレンビアフェスタ 2013 in 野田村の手伝い（12日、チームオール弘前）、伝承あそびと交流茶話会（於総合センター）・学習・遊び交流会（於総合センター）（18日、チームオール弘前）、写真返却お茶会（於泉沢仮設）（20日、写真班）、写真返却お茶会（於野田中仮設）写真整理・お渡し作業（21日、写真班）、野田村図書館へ土岐先生（八戸高専・河村名誉教授）寄贈の中古書籍搬入（22日、八戸高専（河村））、河合書道教室（26日、京都大（永田・河合））農地整備・農家手伝い（27日、八戸高専（河村））、商工会青年部・青年会とのまちづくり勉強会（31日、八戸高専（河村）、京都大（永田）））、地域見守り勉強会（31日、京都大（永田））） 野田村ファンクラブ（於西宮市市民交流センター）（31日、関西学院大））
		フランス国立科学研究センター教授の野田村視察案内（5日、八戸高専（河村）、京都大（永田））、第6回野田村ファンクラブのつどい（於西宮市市民交流センター）（31日、NVNAD、大阪大（渥美）、関西学院大）
6	村：三陸沿岸道路 普代～久慈間着工式（27日）	泉沢仮設月例誕生会（1日、八戸高専（河村）、京都大（永田）））、第4回野田村サテライトセミナー「北海道南西沖地震から20年、奥尻島のあゆみ」（11日、大阪大（渥美他））、学習支援（於総合センター）・演奏会（於野田中仮設）・演奏会（於南浜公民館）（15日、チームオール弘前）、農地整備、農家手伝い（19日、八戸高専（河村））、商工会青年部・青年会とのまちづくり勉強会（21日、八戸高専（河村））、泉沢仮設月例誕生会（BBQ）（22日、八戸高専（河村）、京都大（永田））、河合書道教室（22日、永田・河合）、見守り勉強会（24日、京都大（永田））
7		フリーマーケット・カフェ（於フリマ会場内）・プレーパーク（於生涯学習センター）（14日、NVNAD）、第5回野田村サテライトセミナー「現代社会の学力問題」（11日、大阪大（渥美・志水））、写真返却お茶会（於野田中仮設、生涯学習センター）（15日、写真班）、商工会青年部・青年会とのまちづくり勉強会（20日、八戸高専（河村）、NVNAD、京都大（永田））、ギター弾き語り（於野田中仮設）・茶話会（於野田中仮設）・学習支援（於総合センター）・テント物産品販売（於道の駅「ぱあぷる」）（20日、チームオール弘前）、産直販売イベント補助（八戸高専生）・住民交流会（於泉沢仮設（21日、八戸高専（河村））、泉沢仮設月例誕生会（21日、NVNAD、京都大（永田））、地域見守り勉強会（22日、NVNAD、京都大（永田）））、弘前中央高校書道部の招聘（27日、京都大（永田・河合））、河合書道教室（29日、京都大（永田・河合））
		グループ・ダイナミックス学会（於北星学園大）研究発表（14～15日、貫牛、八戸高専（河村）、弘前大（李）、大阪大（渥美）、京都大（永田））
8	村：都市公園、高台団地道路の安全祈願祭・事業着手（6日）、LIGHT UP NIPPON（11日）、野田まつり（23～25日） チ：ラジオ番組「のだむラジヲ」実施（於野田まつり）（23～25日）	第6回野田村サテライトセミナー「ボランティア講座～ボランティアって何だろう？」（11日、大阪大（渥美他））、シャレットワークショップ合宿（11～14日、八戸高専（河村）、弘前大（李他）、京都大（永田）、学芸大（山口）、首都大・工学院大）、大阪大学未来共生イノベータープログラム・コミュニティラーニング（18～27日、大阪大（渥美他））、野田祭りの参加・野田祭りでのねぷた運行（20日、チームオール弘前）、ボランティアセンター事務所の引越し作業（20日、大阪大（渥美他））、NVNADボランティアバス（23～25日、NVNAD）、流しそうめん（於泉沢仮設）・流しそうめん（於米田仮設）・ゴミ拾い（於海岸沿い）・ビラ配り（於野田中仮設）・まちあるき・野田村祭り参加（23日、八戸高専（河村・学生）、NVNAD、関西学院大）、拠点片付け（23日～25日、八戸高専（河村・学生））、流しそうめん（於泉沢仮設）・流しそうめん（於米田仮設）・ゴミ拾い（於海岸沿い）・ビラ配り（於野田中仮設）・まちあるき・野田村祭り参加・拠点片付け（24日、八戸高専（河村）、NVNAD、すずらん、関西学院大、西宮遊び場作ろう会）、流しそうめん（於えぼし荘）・ゴミ拾い（於海岸

年.月	出来事（村内：村、チーム北リアス：チ）	チーム北リアスの活動 ※点線下段は、野田村外での活動、発信、学術発表など
		（永田））、見守り勉強会（16日、京都大（永田））、茶話会（於野田中仮設）・タオル帽子作り（於野田中仮設）・小学生向け学習支援（於総合センター）（21日、チームオール弘前）、CWS2014キックオフミーティング（於工学院大学）（25日、八戸高専（河村）、工学院大、首都大）、河合書道教室（於生涯学習センター）（27日、京都大（永田・河合））、写真返却お茶会（於生涯学習センター・野田中仮設）（29日、写真班）
7	村：レクイエムプロジェクト参加（27日）、災害公営住宅南浜住宅（6棟）・下安家住宅（1棟）完成・鍵引き渡し式（31日）	第17回野田村サテライトセミナー「野田村社協の3年――災害ボランティアセンターと見守り活動」（11日、大阪大（渥美）、京都大（永田））、見守り勉強会（11日、京都大（永田））、写真返却会（於生涯学習センター・泉沢仮設）（13日、写真班、八戸高専（河村））、第3回　移動スタジオ（於泉澤仮設集会所）（13日、のだむラジヲ開局準備会）、全盲ランナー秋田氏による講演（於野田中仮設）・唄を通した交流会・茶話会（於野田中仮設）・学習支援（於総合センター）・住民退去後の仮設住宅の清掃ボランティア（19日、チームオール弘前）、泉沢仮設月例誕生会（25日、京都大（永田））、レクイエムプロジェクト参加（27日、京都大（永田））
8	村：LIGHT UP NIPPON 2014（11日）、野田まつり（22～24日）	大阪大学未来共生イノベータープログラム・コミュニティラーニング（3～12日、大阪大（渥美他））、中学生の学習支援（於野田中学校）（6日、八戸高専（河村））、第18回野田村サテライトセミナー「のだむラジヲセミナー」（11日、大阪大（渥美・石塚））、第4回　移動スタジオ（於役場前広場）（11日、のだむラジヲ開局準備会）、下組山車復活制作作業の手伝い（17日、八戸高専（河村））、シャレットワークショップ合宿（18～21日、八戸高専（河村）、弘前大、京都大（永田）、首都大・工学院大）、野田村まつり手伝い（22日、NVNAD、大阪大（渥美）、関西学院大）、野田祭り参加（22、24日、八戸高専（河村）；23日、チームオール弘前、NVNAD、大阪大（渥美））、農作業手伝い・戸別訪問（於泉沢仮設）（23日、NVNAD、大阪大（渥美）、関西学院大）、農作業手伝い・茶話会・そうめん・ハンドアロマ（於泉沢仮設）（24日、NVNAD、大阪大（渥美）、関西学院大）
		講演会（於西宮市民会館）（2日、NVNAD）
9		第10回のだむラジヲ開局準備会開催（11日）、第19回野田村サテライトセミナー「薬から学ぶ人々の多様性：一錠に詰め込まれた世界」（11日、大阪大（渥美・石塚他））、見守り勉強会（12日、京都大（永田））、BBQ（於門前第二住宅）（13日、京都大（永田））、NVNADボランティアバス（13～15日、NVNAD）、流しそうめん・ハンドアロマ・茶話会（於米田仮設、泉沢仮設、野田中仮設）、仮設清掃（於泉沢仮設）（14日、NVNAD、大阪大（渥美）、関西学院大）、流しそうめん・ハンドアロマ・茶話会（於えぼし荘）・流しそうめん（於復興住宅）・農作業手伝い・手芸交流参加（於野田中仮設）（15日、NVNAD、関西学院大）、押し花教室（於野田中仮設・生涯学習センター）・茶話会（於野田中仮設）・学習支援（於総合センター）・住民退去後の仮設住宅の清掃ボランティア（於下安家仮設）（20日、チームオール弘前）、第1回のだむラジヲ開局準備会理事会（21日）、写真返却お茶会（於生涯学習センター・野田中仮設）（28日、写真班）
		グループ・ダイナミックス学会2014（於東洋大学）WS（6～7日、京都大（永田）、貫牛、大阪大（渥美）、弘前大（李）、八戸高専（河村））
10	村：塩の道を歩こう会、野田村ボランティアまつり（於のんちゃん広場）（19日）、土地区画整理事業内の災害公営住宅建設工事地鎮祭（26日）	見守り勉強会（3日、京都大（永田））、第1回のだむラジヲ開局準備会定例会（11日）、第20回野田村サテライトセミナー「野田村で続けるシャレットワークショップの展望」（11日、大阪大（渥美・石塚））、写真返却お茶会（於生涯学習センター・泉沢仮設）（13日、写真班）、河合書道教室（於生涯学習センター）（25日、京都大（永田・河合））

年.月	出来事（村内：村、チーム北リアス：チ）	チーム北リアスの活動 ※点線下段は、野田村外での活動、発信、学術発表など
		第8回野田村ファンクラブのつどい（於西宮市大学交流センター）（8日、NVNAD、大阪大（渥美、関西学院大）、IDRiM 2014 Conference（於カナダ）研究発表（30日～11月1日、貫牛、八戸高専（河村）、弘前大（李）、大阪大（渥美）、京都大（永田））
11	村：野田村総合文化祭（於体育館）（2～3日）、野田村社会福祉大会（22日）、南浜地区コミュニティセンター完成（23日） チ：第一回のだむラジヲ創る会（10日）	チャリティーフリーマーケットの開催（於野田村総合文化祭）（1～2日、NVNAD）、見守り勉強会（10日、京都大（永田））、第2回のだむラジヲ開局準備会定例会（第1回のだむラジヲ創る会）（10日）、第21回野田村サテライトセミナー「私たちは今何をしている野田！！？～私たちが学んだもの～」（兼コミュニティラーニング報告会）（11日、大阪大（渥美・石塚））、第2回のだむラジヲ開局準備会理事会（11日）、交流茶話会（於野田中仮設）・タオル帽子作り（於野田中仮設）・学習支援（於総合センター）（15日、チームオール弘前）、河合書道教室（於生涯学習センター）（15日、京都大（永田・河合））小野氏の農地整備・被災写真返却お茶会手伝い（16日、八戸高専（河村））、写真返却お茶会（於総合センター・野田中仮設）（16日、写真班）、野田村社会福祉大会参加（22日、八戸高専（河村）、弘前大（李）、大阪大（渥美）、京都大（永田））、住民交流会（於泉沢仮設）（22日、八戸高専（河村））、第3回のだむラジヲ開局準備会理事会（22日）、シャレットワークショップ・フォローアップ研究会（於工学院大学）（28日、八戸高専（河村）京都大（永田、首都大、工学院大） 野田村特産物販売（於首都大学みやこ祭）（3～4日、首都大）、中越大地震10周年事業：つながる絆 in 刈羽への参加（29日、NVNAD）
12	村：野田ホタテまつり（14日） チ：エフエム岩手エリア限定放送「くじなのだ（のだむラジオコーナー）」放送開始（11日）	見守り勉強会（5日、京都大（永田））、第22回野田村サテライトセミナー「買い物から社会と環境を考える：フードマイレージからみえる私たちの暮らし」（11日、大阪大（渥美・石塚））、エフエム岩手「くじなのだ（のだむラジオコーナー）」放送（11日）、第4回理事会・第3回定例会（13日、のだむラジヲ開局準備会）、写真返却お茶会（於総合センター・野田中仮設）（14日、写真班）、鍋パーティー（於野田中仮設・南浜地区コミュニティセンター）、クリスマス会（於城内地区児童クラブ（13日、チームオール弘前）、第5回 移動スタジオ（於野田漁港 ホタテ祭り）放送（のだむラジヲ開局準備会）（14日）、エフエム岩手「くじなのだ（のだむラジオコーナー）」放送（18日）、クリスマスプレゼント配布（於野田小学校・於野田保育園、日向保育園、玉川保育園）（19日、チームオール弘前）、学習支援活動（於野田中学校）・クリスマスプレゼント配布（於玉川保育園）、戸別訪問（於下安家仮設）（24日、チームオール弘前）、エフエム岩手「くじなのだ（のだむラジオコーナー）」放送（25日）
2015.1	村：なもみ等の小正月行事（15日） チ：エフエム岩手「くじなのだ（のだむラジオコーナー）」放送（1日）	エフエム岩手「くじなのだ（のだむラジオコーナー）」放送（8日）、第23回野田村サテライトセミナー「サルの社会と利他行動」（11日、大阪大（渥美・石塚他））、第4回のだむラジヲ開局準備会定例会（14日）、エフエム岩手「くじなのだ（のだむラジオコーナー）」放送（15日）、学習支援（於野田中学校）・交流茶話会にてリンパマッサージ講習会（於野田中仮設）・茶話会にてリンパマッサージ講習会（於南浜地区公民館）（17日、チームオール弘前）、1.17被災地交流会 in 西宮（17日、NVNAD、大阪大（渥美他）、京都大（永田）、関西学院大））、エフエム岩手「くじなのだ（のだむラジオコーナー）」放送（22日）写真返却お茶会（於生涯学習センター）、写真返却お茶会（於泉沢仮設）（25日、写真班）、エフエム岩手「くじなのだ（のだむラジオコーナー）」放送（29日）
2		エフエム岩手「くじなのだ（のだむラジオコーナー）」放送（5日）、シャレットワークショップ2014報告会（10～11日、八戸高専（河村）、京都大（永田）、首都大、工学院大・弘前大）、第24回野田村サテライトセミナー「ラジオって本当に面白いの？？ ラジオができること“いま”と“これから”」（11日、大阪大（渥美・石塚））、エフエム岩手「くじなのだ（のだむラジオコーナー）」放送

年.月	出来事（村内：村、チーム北リアス：チ）	チーム北リアスの活動 ※点線下段は、野田村外での活動、発信、学術発表など
		(12日)、エフエム岩手「くじなのだ（のだむラジオコーナー）」放送（19日）、交流茶話会・オカリナ・ギター（於野田中仮設、南浜コミュニティセンター）・児童クラブ学習支（於総合センター）（21日、チームオール弘前）、写真返却お茶会（於生涯学習センター・野田中仮設）（22日、写真班）、のだ暮らし体感交流ツアー・冬「～寒いけどあったかいのだ暮らしを体感するのだ！～」（23～25日、すずらん）、エフエム岩手「くじなのだ（のだむラジオコーナー）」放送（26、28日）、第5回のだむラジヲ開局準備会定例会（27日）
3	村：岩手県・野田村合同追悼式（11日）、城内地区・米田南浜地区高台団地造成工事完了（29日）	写真返却お茶会（於総合センター・南浜コミュニティセンター）（8日、写真班）、あんぴん作り（於阪大サテライト）・交流活動（於野田中仮設・泉沢仮設・南浜コミュニティセンター）・山田村議会議員との交流会（於阪大サテライト）（8日、NVNAD、関西学院大）、ハンドアロマ（於下安家地域）・クラフト体験・農作業手伝い（9日、NVNAD、関西学院大）、野田村東日本大震災犠牲者追悼式参加（11日、八戸高専（河村））、弘前大学・大阪大学学共催シンポジウム参加（11日、八戸高専（河村）、大阪大学（渥美・石塚））、NVNADボランティアバス（11～13日、NVNAD）、第6回のだむラジヲ開局準備会定例会（第2回のだむラジヲ創る会）（12日）、住民交流会（於泉沢仮設）（14日、八戸高専（河村））
		アメリカ応用人類学会SfAA 2015（於ピッツバーグ）研究発表（24～28日、貫牛、弘前大（李）、大阪大（渥美）、京都大（永田）、山口）
4	村：城内地区高台団地分譲に係わる契約締結調印式（5日）	見守り勉強会（10日、大阪大（渥美）、京都大（永田））、第26回野田村サテライトセミナー「三陸鉄道31年の歩み：沿線住民とともに」（11日、大阪大（渥美・石塚））、第7回のだむラジヲ開局準備会定例会（第3回のだむラジヲ創る会）・第5回のだむラジヲ開局準備会理事会）（12日）、三味線演奏会・茶話会（於野田中仮設、南浜コミュニティセンター）・学習支援活動（於総合センター）（18日、チームオール弘前）、第1回のだむラジヲ開局準備会作業部会（25日）、写真返却お茶会（於生涯学習センター、泉沢仮設）（26日、写真班）
5	村：ベアレンビアフェスタ（10日）、野田塩の道を歩こう会（24日）	キッズコーナーの運営補助（於ベアレンビアフェスタIN野田村2015）（10日、チームオール弘前）、見守り勉強会、第27回野田村サテライトセミナー「世界の災害復興に学ぶ」（11日、大阪大（渥美・石塚）・京都大（永田））、第6回のだむラジヲ開局準備会理事会・第2回作業部会（23日）、写真返却お茶会（於生涯学習センター・野田中仮設）（31日、写真班）
		第9回野田村ファンクラブのつどい（於関学梅田キャンパス）（21日、NVNAD、関西学院大他）
6	村：のだむラジヲを創る会（27日）	第7回のだむラジヲ開局準備会理事会（10日）、第28回野田村サテライトセミナー「写真のチカラ 写真返却活動から見えてきたもの」（11日、大阪大（渥美・石塚））、交流茶話会（於南浜コミュニティセンター、野田中仮設）・学習支援（於野田中仮設）・草刈り（20日、チームオール弘前）、写真返却お茶会（於泉沢仮設）（21日、写真班）、第8回のだむラジヲ開局準備会定例会（第4回のだむラジヲ創る会）（27日）、第4回のだむラジヲ開局準備会作業部会（28日）
7		第8回のだむラジヲ開局準備会定例会・第9回定例会（10日）、第29回野田村サテライトセミナー「野田村の宝を語ろう──地域資源としての「農業」と「趣味活動」」（11日、大阪大（渥美・石塚））、第4回のだむラジヲ開局準備会作業部会（12日）、写真返却お茶会（於生涯学習センター・野田中仮設）（12日、写真班）、交流茶話会（於野田中仮設）・畳上げ・窓拭き（於泉沢仮設住宅）・学習支援活動（於児童クラブ）・のんちゃん隠れ家活動（18日、チームオール弘前）
		コナモン大会での交流（於新潟県刈羽村）（24～26日、NVNAD、大阪大（渥美他）、刈羽村村民、野田村民）

年.月	出来事（村内：村、チーム北リアス：チ）	チーム北リアスの活動 ※点線下段は、野田村外での活動、発信、学術発表など
8	村：LIGHT UP NIPPON（11 日）、のだ祭り（21 ～ 23 日） チ：「のだむラジヲコーナー」の復活・LITGHT UP NIPPON での放送（11 日）	大阪大学未来共生イノベータープログラム・コミュニティラーニング（3 ～ 12 日、大阪大（渥美・石塚他））、第 9 回のだむラジヲ開局準備会理事会（7 日）、LIGHT UP NIPPON 参加（11 日、チームオール弘前、京都大（永田）、大阪大（渥美・未来共生イノベータープログラム学生））、第 30 回野田村サテライトセミナー「阪大生と久慈高校生による「のだむラジヲコーナー」の復活」（11 日、大阪大（渥美・石塚他））、野田村へ西宮子どもたち交流ツアー（於野田村）（20 ～ 24 日、NVNAD）、野田まつり手伝い・青年部のお手伝い（於のんちゃん広場）（21 日、関西学院大））、野田まつりへの参加（22 日、チームオール弘前）、茶話会（於野田中仮設）（22 日、関西学院大）、野田まつり手伝い、屋台出店（しいたけ）（於のんちゃん広場）（22 ～ 23 日、関西学院大））、写真返却お茶会（合同返却会）（於盛岡南イオン）（23 日、写真班）、シャレットワークショップ合宿（24 ～ 27 日、八戸高専（河村）、首都大・工学院大・弘前大）
9	チ：NVNAD ボランティアバスの終了（11 ～ 13 日）	第 10 回のだむラジヲ開局準備会理事会（10 日）、のだ暮らし応援交流ツアー（10 ～ 14 日、すずらん）、第 31 回野田村サテライトセミナー「野田村の地域力を語ろう：東京の大学研究室から見えた野田村の宝」（11 日、大阪大（渥美・石塚））、NVNAD ボランティアバス（11 ～ 13 日、NVNAD）、場内高台団地入居者交流会（於総合センター）（12 日、チームオール弘前）、まちあるき・新町交流 BBQ お手伝い・山田村議会議員との交流会（於阪大サテライト）・村民との交流 BBQ（於現地事務所）（12 日、NVNAD、関西学院大）、写真返却お茶会（於生涯学習センター）（13 日、写真班）、茶話会・ハンドアロマ・焼きそば（於野田中仮設・泉沢仮設・南浜団地）（13 日、NVNAD、すずらん、関西学院大）、第 5 回のだむラジヲ開局準備会作業部会（13 日）
10	村：第 61 回野田村大運動会（於山村広場）（4 日） チ：のだむラジヲ放送（於ぱあぷる前）（12 日）	第 61 回野田村大運動会（於山村広場）参加（4 日、チームオール弘前）、第 11 回のだむラジヲ開局準備会理事会（10 日）、第 32 回野田村サテライトセミナー「コミュニティ・ラーニング報告会――阪大生と久慈高校生が学んだ「野田村の今」」（11 日、大阪大（渥美・石塚他））、写真返却お茶会（於生涯学習センター）（25 日、写真班）、第 12 回のだむラジヲ開局準備会理事会（25 日） - - - - - - - - - - グループ・ダイナミックス学会 2015（於奈良大学）WS（11 ～ 12 日、京都大（永田・河合）、弘前大（李）、八戸高専（河村）、貫牛、大阪大（宮前））、IDRiM 2015 Conference（於インド）研究発表（28 日～ 30 日、貫牛、八戸高専（河村）、弘前大（李）、大阪大（渥美他）、京都大（永田））
11		第 33 回野田村サテライトセミナー「災害復興から地域再生へ――中越地震 11 年の復興をふりかえって――」（11 日、大阪大（渥美・石塚他））、写真返却お茶会（於生涯学習センター）（15 日、写真班）、野田村の支援・交流活動でのガイド（被災・復興状況の現場学習）（22 日、貫牛）、被災・復興状況の現場学習（22 日、チームオール弘前）
12		第 13 回のだむラジヲ開局準備会理事会（5 日）、写真返却お茶会（於生涯学習センター）（6 日、写真班）、第 34 回野田村サテライトセミナー「野田村の宝を語ろう――市日とのだ塩の魅力――」（11 日、大阪大（渥美・石塚））、クリスマスプレゼントの贈呈（於野田小学校）（18 日、チームオール弘前）、鍋パーティー（於北区町内会館・米田地区集落センター）・児童クラブ学習支援（於総合センター）（19 日、チームオール弘前）
2016.1		第 35 回野田村サテライトセミナー「東日本大震災から利他を考える」（11 日、大阪大（渥美・石塚））、第 13 回のだむラジヲ開局準備会理事会（12 日）、野田村子どもたちと西宮子どもたち交流ツアー（於西宮市）（15 ～ 18 日、NVNAD）、第 5 回のだむラジヲ創る会（20 日）、南浜地区でのキムチ作り講習会・野田中学校仮設・会場での交流茶話会・のんちゃんの隠れ家運営の小中学生向けの学習支援ボランティア（於総合センター、野田中仮設、南浜地区コミュニティセ

年.月	出来事（村内：村、チーム北リアス：チ）	チーム北リアスの活動 ※点線下段は、野田村外での活動、発信、学術発表など
		ンター）（23日、チームオール弘前）、写真返却お茶会（於総合センター）（31日、写真班）
		被災者交流会 in 西宮・震災21年行事（於西宮市役所東館）（17日、貫牛、NVNAD、大阪大（渥美他）、刈羽村村民）
2		第36回野田村サテライトセミナー「書道でつながる人と地域」（11日、大阪大（渥美・石塚他））、第15回のだむラジヲ開局準備会理事会（11日）、写真返却お茶会（於生涯学習センター 和室）（28日、写真班）、のだ暮らし応援交流ツアー（28～3月4日、すずらん）
		第10回野田村ファンクラブのつどい（於関学梅田キャンパス）（23日、NVNAD、関西学院大、大阪大（渥美他））
3	チ：のだむラジヲ放送（於ぱあぷる前）（27日）	野田村ボランティアバス（仮設住宅訪問、追悼式参加）（10～14日、NVNAD、関西学院大）、第37回野田村サテライトセミナー「東日本大震災からの地域復興を考える」（11日、大阪大（渥美・石塚））、第16回のだむラジヲ開局準備会理事会（12日）、シャレットワークショップ2015報告会（12日、八戸高専（河村）、首都大・工学院大）、写真返却お茶会（於南浜地区コミュニティセンター）（13日、写真班）
4		第38回野田村サテライトセミナー「野田村サテライトセミナーのこれまでとこれから」（11日、大阪大（渥美・石塚））、第17回のだむラジヲ開局準備会理事会（12日）、写真返却お茶会（於体育館）（24日、写真班）
5		第39回野田村サテライトセミナー「野田村から歌が生まれた一歌でつなぐ被災地と被災地」（11日、大阪大（渥美・石塚他））、第18回のだむラジヲ開局準備会理事会（12日）、野田村ファンクラブのつどい（於大阪市）（19日、NVNAD）、写真返却お茶会（於体育館）（22日、写真班）
		第11回野田村ファンクラブのつどい（於関学梅田キャンパス）（19日、NVNAD、関西学院大他）、研究発表（於デラウェア大学災害研究センター）（27日、大阪大（渥美・宮前・大門））
6		第40回野田村サテライトセミナー「海を渡った「かもめ号」の物語」（11日、大阪大（渥美・石塚））、写真返却お茶会（於総合センター和室）（19日、写真班）
7	チ：のだむラジヲ新スタジオ開所式（26日）	第19回のだむラジヲ開局準備会理事会（2日）、第41回野田村サテライトセミナー「県外避難者の協同の居間――みちのくだんわ室の取り組みをふりかえって」（11日、大阪大（渥美・石塚））、第20回のだむラジヲ開局準備会理事会（9日）、コミュニティ茶屋・プレイパーク・棒パンつくり（於十六日市）・草刈り（16日、チームオール弘前）、第21回のだむラジヲ開局準備会理事会（18日）、写真返却お茶会（於生涯学習センター）（31日、写真班）
		野田村ファンクラブ合宿（於兵庫県立体育館）（2～3日、NVNAD）
8	村：野田まつり（25日～28日）	第42回野田村サテライトセミナー「野田村での5年間の活動と熊本地震～5年間の活動をふりかえって見えてきたことを本音でトーク～」（NVNAD寺本より講演）（11日、大阪大（渥美・石塚）、NVNAD）、LIGHT UP NIPPON放送（のだむラジヲ開局準備会）（11日）、野田村夏休み宿泊学習会（11～12日、チームオール弘前）、大阪大学未来共生イノベータープログラム・コミュニティラーニング（18～28日、大阪大（渥美・石塚他））、野田村へ西宮子どもたち交流ツアー（於野田村）（26～29日、NVNAD）、ラジオ番組作り方講座（のだむラジヲ開局準備会）（26日）、のだむラジヲ放送（於野田まつり）（27日）、写真返却お茶会（於ねまーる）（27日、写真班）、のだ暮らし応援交流ツアー～これから先も野田村に寄り添い続けるのだ！！～（31～9月4日、すずらん）

年.月	出来事（村内：村、チーム北リアス：チ）	チーム北リアスの活動 ※点線下段は、野田村外での活動、発信、学術発表など
9		シャレットワークショップ・水害ボランティア（7～10日、八戸高専（河村）、京都大学（永田）、首都大・工学院大）、勉強会（電界調査）（10日、のだむラジヲ開局準備会）、第43回野田村サテライトセミナー「日本舞踊をもっと身近に～伝統芸能を通じて日常の健康、楽しみ、豊かさをご一緒に～」（11日、大阪大（渥美・石塚））、のだむラジヲ放送（於ぷちよ市）（24日、のだむラジヲ開局準備会）
		野田村ファンクラブBBQ交流会（於服部緑地公園）（11日、NVNAD、すずらん、関西学院大）
10	村：涼海（すずみ）の丘ワイナリー開所式（9日）、第一回野田村大学祭（於アジア民族造形館）（22日）	のだむラジヲ放送（於ワイナリー開所式）（9日）、第44回野田村サテライトセミナー「コミュニティ・ラーニング報告会・大阪大学人間科学研究科コンポジウム――野田村の多様性とフィールドワークを通じた共生――」（11日、大阪大（渥美・石塚他））、第一回野田村大学祭での運営補助（於アジア民族造形館）（22日、すずらん）、のだむラジヲ放送（於ぷちよ市）（22日）
		研究発表（於ノーサンブリア大学）（6日、大阪大（渥美・宮前・大門））、1st Disaster & Development Society Conf.（於同上）研究発表（8日、大阪大（渥美・宮前））、グループ・ダイナミックス学会2016（於九州大学）WS（9～10日、京都大（永田）、大阪大（渥美）、弘前大（李）、八戸高専（河村）、貫牛）
11		勉強会（田舎館村FM視察）（4日、のだむラジヲ開局準備会）、のだむラジヲ放送（於マルシェ）（6日）、第45回野田村サテライトセミナー「鮭の「い・ろ・は」11月11日は《鮭の日》鮭の生態・鮭料理」（11日、大阪大（渥美・石塚））、のだむラジヲ放送（於ぷちよ市）（26日）
12		のだむラジヲ放送（於野田漁港 ホタテ祭り）（4日）、第46回野田村サテライトセミナー「授業を「つくる」授業って？アイドルプロデュースと禅体験の授業から野田村での授業を考える」（11日、大阪大（渥美・石塚・超域イノベーション博士課程プログラム学生））
		野田村ファンクラブ・クリスマス交流会（於大阪野田）（2日、NVNAD他）
2017.1		第47回野田村サテライトセミナー「初夢ワークショップ：KOBE、台湾、中越から野田村へ」（11日、大阪大（渥美・石塚他））、野田村子ども達招待事業（USJ、プレーパーク、1.17行事、追悼式などへの参加）（於USJ、プレーパーク、西宮市勤労会館、満池谷など）（14～17日、NVNAD、野田村のこども・保護者）、第23回のだむラジヲ開局準備会理事会（29日）
		被災者交流会in西宮、震災22年行事（於西宮市勤労会館）（16日、貫牛、NVNAD、大阪大（渥美他）、益城町・刈羽村住民）
2	チ：チーム北リアス会合（於東京）（5日）	第48回野田村サテライトセミナー「わたしと『なもみ保存会』～野田村の小正月行事「なもみ」への想いを語る～」（11日、大阪大（渥美・石塚））、のだむラジヲ祭り開催（19日、大阪大（石塚）他）、のだ暮らし応援交流ツアー～寒い野田村であたたかい交流を！！～（25～3月3日、すずらん）
		野田村ファンクラブ（料理対決なのだ！～バレンタインに野田村の方たちへ感謝を伝えよう～）（於西宮レンタルキッチン）（12日、NVNAD、大阪大学生、すずらん、関西学院大）
3	村：野田村合同慰霊祭（11日）	シャレットワークショップ2016報告会&WS（2日、八戸高専（河村）、首都大・工学院大、京都大（永田））、野田村合同慰霊祭参加（11日、チームオール弘前）、第49回野田村サテライトセミナー「東日本大震災6年目を迎えて――ひとり1人の経験から学び、復興に活かす」（11日、大阪大（渥美・石塚他））
		SfAA 2017（於サンタフェ）研究発表（28～4月1日、京都大（永田・河合）、貫牛、八戸高専（河村）、大阪大（大門））

年.月	出来事（村内：村、チーム北リアス：チ）	チーム北リアスの活動 ※点線下段は、野田村外での活動、発信、学術発表など
4		第50回野田村サテライトセミナー「関西から大学生は何をしたくて来ているのか？～ボランティアバスを振り返る～」（11日、大阪大（渥美・石塚））、のだむラジヲ放送（於ぷちよ市）（29日）
		野田村ファンクラブ・ワインde交流会（於大阪大学渥美研究室）（29日、NVNAD他）
5		のだむラジヲ移動スタジオ（於ぱあぷる春祭り）（3日、大阪大（石塚）他）、第51回野田村サテライトセミナー「涼海の丘から、山葡萄ワインを世界へ～野田村産100％山葡萄ワイン紫雫　Marine Rouge 2016の楽しみ方　～」（11日、大阪大（渥美・石塚））、のだむラジヲ放送（於ぷちよ市）（27日）、写真返却お茶会（於新町地区コミュニティセンター）（28日、写真班）
6		第52回野田村サテライトセミナー「「前日」について考えてみませんか？」（11日、大阪大（渥美他））、写真返却お茶会（於新町地区コミュニティセンター）（18日、写真班）、のだむラジヲ放送（於ぷちよ市）（24日）
7		写真返却お茶会（於新町地区コミュニティセンター）（9日、写真班）、第53回野田村サテライトセミナー「「北紫雲丹」を育み、世界へ：ウニの生産から栽培、加工、販売戦略」（11日、大阪大（渥美・石塚））、野田村プチよ市への参加（於ねまーる）（30日、NVNAD）、のだむラジヲ放送（於ぷちよ市）（30日）
8		写真返却お茶会（於ほたてんぼうだい）（6日、写真班）、シャレットワークショップ合宿（10～13日、八戸高専（河村）、首都大・工学院大、京都大（永田））、第54回野田村サテライトセミナー「みちのく潮風トレイルの取り組み、魅力、活用方法『道』について」（11日、大阪大（渥美・石塚））、野田村宿泊学習（11～12日、NVNAD）、大阪大学未来共生イノベータープログラム・コミュニティラーニング（18～27日、大阪大（渥美・石塚他））、野田村へ西宮子どもたち交流ツアー（於野田村）（25～28日、NVNAD）、、のだむラジヲ放送（コミュニティ・ラーニング報告）（26日）2017年夏・のだ暮らし応援交流ツアー（30～9月3日、すずらん）、「野田村のみなさまの暮らしとお仕事に関するアンケート調査」実施（第2回）（弘前大（李他））
9		第55回野田村サテライトセミナー「都市公園整備事業「十府ケ浦公園」震災を経て、防災・憩い・賑わいの場を村民と協働で育む」（11日、大阪大（渥美・石塚））、のだむラジヲ放送（於ぷちよ市）（30日）
		野田村ファンクラブBBQ交流会（於大阪大学）（30日、NVNAD、すずらん、関西学院大OB・OG）、グループ・ダイナミックス学会2017（於東京大学）WS（30～10月1日、京都大（永田）、大阪大（渥美）、弘前大（李）、貫牛）
10		第56回野田村サテライトセミナー「コミュニティ・ラーニング報告会──私たちが見て、聞いて、歩いて考えた「野田村のトレイル」──」（11日、大阪大（渥美・石塚））、野田村大学祭での手伝い（於アジア民族造形館）（8日、すずらん）
11		写真返却お茶会（於野田村総合文化祭）（5日、写真班）、第57回野田村サテライトセミナー「野田村の食文化と鮭料理──鮭はどこまで食べられる？鮭の食べ方を学ぶ──」（11日、大阪大（渥美・石塚））、新町交流会（18日、京都大学（永田））、のだむラジヲ放送（於ぷちよ市）（25日）
		まちかね祭での出店（塩焼きそば）（於大阪大学）（3～5日、すずらん）
12		第58回野田村サテライトセミナー「野田村発138億光年宇宙の旅──つながっている宇宙・社会・いのち──」（11日、大阪大（渥美・石塚））
2018.1		のだむラジヲ・野田村商工会・スタンプ会合同打ち合わせ（10日）、第59回野田村サテライトセミナー「23年間災害ボランティアに関わってきて学んだこと」（11日、大阪大（渥美・石塚））、野田村の子どもたち交流事業（於西宮市）

年.月	出来事（村内：村、チーム北リアス：チ）	チーム北リアスの活動 ※点線下段は、野田村外での活動、発信、学術発表など
		（14～17日、NVNAD）、モノFab工房「モノづくりワークショップ」（於久慈工業高校）（27日）
		被災者交流会in神戸、震災23年行事（於西宮神社会館）（16日、貫牛、NVNAD、大阪大（渥美他）、刈羽村村民）
2	村：野田村と大阪大学による「大阪大学オムニサイト（OOS）協定」の調印（11日） チ：野田村サテライトセミナーの終結、チーム北リアスへ大阪大学野田村サテライトの寄贈・「チーム北リアス・野田村交流センター」へ改称（11日）	のだむラジヲフェスタ開催（10日）、第60回野田村サテライトセミナー「大阪大学野田村サテライト祭り──5年間（60回）の取り組みを振り返る　感謝のつどい──」・大阪大学オムニサイト（OOS）協定調印式（於生涯学習センター）（11日、大阪大（渥美・石塚））、のだむラジヲ振り返り会（12日）、シャレットワークショップ2017報告会&WS（23日、八戸高専（河村）、首都大・工学院大、京都大（永田））、2018冬・のだ暮らし応援交流ツアー（26～3月2日、すずらん）、のんちゃんハウス試泊（27日、八戸高専（河村））
3	村：東日本大震災犠牲者追悼式（11日）	写真返却お茶会（於生涯学習センター）（11日、写真班）、東日本大震災犠牲者追悼式（11日、チームオール弘前）
		デラウェア大学災害研究センター（DRC）シンポジウム開催（15日、貫牛、八戸高専（河村）、弘前大（李）、大阪大（渥美・大門）、京都大（永田））
4		
5		ベアレン野田スプリングフェスト手伝い（13日、京都大学（永田・牧田））
		野田村ファンクラブBBQ交流会（於大阪大学）（19日、NVNAD）
6		米田・南浜高台の復興セミナー・交流会（16日、八戸高専（河村）、京都大学（永田））ボランティアまつり（於保健センター）（18日、チームオール弘前）
7		
8		野田村支援交流活動・夏祭り（於新町地区コミュニティセンター）（5日、チームオール弘前、京都大学（永田・牧田））、野田村宿泊学習（11～12日、チームオール弘前）、大阪大学未来共生イノベータープログラム・コミュニティラーニング（17～26日、大阪大学（渥美・石塚・学生他））野田村へ西宮子どもたち交流ツアー（於野田村）（24～26日、NVNAD）、シャレットワークショップ合宿（30日～9月2日、八戸高専（河村）、首都大・工学院大・京都大・東北大）
		野田村ファンクラブ交流イベント（於兵庫県明石市）（24～26日、NVNAD）
9		2018夏・のだ暮らし応援交流ツアー（4～9日、すずらん）
		グループ・ダイナミックス学会2018（於神戸大学）WS（8～9日、京都大（永田・陳）、大阪大（渥美）、貫牛）、野田村ファンクラブ・料理対決（於兵庫県明石市）（29日、NVNAD、すずらん、関西学院大OB・OG）
10		
		IDRiM 2018（於シドニー）研究発表（2～4日、貫牛、八戸高専（河村）、弘前大（李）大阪大（渥美・大門）、京都大（永田））
11		米田・南浜高台の復興セミナー・交流会（2日、八戸高専（河村）、京都大学（永田））、写真返却お茶会（於体育館・野田村文化祭）（4日、写真班）、大阪大学未来共生イノベータープログラム・コミュニティラーニング報告会（11日、大阪大（渥美・石塚他））

年.月	出来事（村内：村、チーム北リアス：チ）	チーム北リアスの活動 ※点線下段は、野田村外での活動、発信、学術発表など
		まちかね祭での出店（ホタテ入り塩焼きそば）（於大阪大学）（2～4日、すずらん）
12		野田村クリスマス会の実施（22日、チームオール弘前）
2019.1		野田村・西宮子ども交流事業（於西宮市）（13～17日、NVNAD）
		被災者交流会 in 神戸、震災24周年行事（於神戸センタープラザ）（16日、貫牛、NVNAD、大阪大（渥美）、刈羽村村民）
2		2018夏・のだ暮らし応援交流ツアー（21～25日、すずらん）、シャレットワークショップ2018報告会&WS（21～22日、八戸高専（河村）、首都大・工学院大、京都大（永田））
3	村：東日本大震災追悼行事（11日）	写真返却お茶会（於新町地区コミュニティセンター）（10日、写真班）、追悼行事への参加（11日、チームオール弘前）
4		
5		野田村訪問（17～19日、NVNAD）
6		野田村訪問（15～17日、NVNAD）
7		令和元年度第1回野田村支援交流活動（6日、チームオール弘前）、野田村訪問（27～28日、NVNAD）、令和元年度第2回野田村支援交流活動（28日、チームオール弘前）、新町夏祭り手伝い（28日、チームオール弘前、京都大学（永田・牧田））
8		野田村宿泊学習支援事業（11～12日、チームオール弘前）、大阪大学未来共生イノベータープログラム・コミュニティラーニング（17～25日、大阪大学（渥美・石塚・学生他））、野田村訪問（23～26日、NVNAD）、シャレットワークショップ合宿（写真de温故知新WS）（25～28日、八戸高専（河村）、首都大・工学院大、大阪大（宮前）、東北大）、のだ暮らし応援交流ツアー2019夏（31～9月4日、すずらん）
9		
		野田村ファンクラブBBQ交流会（於森とリルのBBQフィールド）（9日、NVNAD、すずらん）
10		大阪大学未来共生イノベータープログラム・コミュニティラーニング報告会（15日、大阪大（渥美・石塚他））、令和元年台風19号被害への支援活動（20日、チームオール弘前）、台風19号支援・野田村での先遣隊派遣（21～22日、NVNAD）
		IDRiM 2019（於フランス・ニース）研究発表（16～18日、貫牛、八戸高専（河村）、弘前大（李）、大阪大（渥美・宮前）、京都大（永田・大門））、「ボランティアカフェ～From NODA Cafe」出店（於弘前大学第70回総合文化祭）（25～27日、チームオール弘前）
11		台風19号による被害に対する第2回支援活動（2日、チームオール弘前）
		大阪大学まちかね祭での出店（ホタテ入り磯汁）（於大阪大学）（2～4日、すずらん）
12		写真返却お茶会（於生涯学習センター）（15日、写真班、大阪大（宮前）、京都大（大門））、第3回野田村支援交流活動『野田村クリスマス会』（21～21日、チームオール弘前）
2020.1		
2		長期滞在研究（大門）（4日～12月25日）、シャレットワークショップ2019報告会・写真de温故知新WS（21～22日、八戸高専（河村）、首都大・工学院大、京都大（永田）、東北大）

年.月	出来事（村内：村、チーム北リアス：チ）	チーム北リアスの活動 ※点線下段は、野田村外での活動、発信、学術発表など
3	村：追悼式（11日）、防潮堤の完工（31日） チ：チーム北リアス会議（10日）	チーム北リアス会議（10日、貫牛、八戸高専（河村）、写真班（外舘）、弘前大（李）、大阪大（渥美・石塚）、京都大（永田・大門））、追悼式参加（11日、八戸高専（河村）、大阪大（渥美・石塚）、京都大（永田・大門））
4		新書カフェの開始（7日、京都大（大門））、新書カフェ（11、16、21～22日、京都大（大門））
5		新書カフェ（11、13～14、21、25、27日、京都大（大門））
6		新書カフェ（4～5、10、18、22、24、27、29日、京都大（大門））、北リアス（Zoom）座談会（商工会青年部編）（於Zoom）（25日、八戸高専（河村）、弘前大（李）、NVNAD（寺本）、大阪大（渥美・石塚・宮前）、京都大（永田））・現地参加（於生涯学習センター）（25日、商工会青年部・小野寺清貴他、京都大（大門））
7		新書カフェ（9～10、13、18、26、30日、京都大（大門））、北リアス（Zoom）座談会（漁業編）（於Zoom）（20日、八戸高専（河村）、弘前大（李）、大阪大（渥美・石塚）、京都大（永田））・現地参加（於生涯学習センター）（20日、小谷地勝・安藤正樹、京都大（大門））、Zoom茶話会の実施（於新町地区コミュニティセンター）（26日、弘前大（李）、京都大（大門））・遠隔参加（26日、チームオール弘前）、北リアス（Zoom）座談会（農業編）（26日、八戸高専（河村）、弘前大（李）、大阪大（渥美・石塚）、京都大（永田））・現地参加（於生涯学習センター）（26日、米田ヤス、小野寺信子、小野紀之、京都大（大門））、ブッククラブのだの開始（29日、京都大（大門））
8	チ：写真返却常設展示の開始（於現地事務所）（17日～12月25日）	新書カフェ・写真返却お茶会（於ひだまり公園）（2日、写真班、大阪大（宮前）、京都大（大門））、新書カフェ（4、11、24日、京都大（大門））、ブッククラブのだ（12、26日、京都大（大門））、大阪大学未来共生イノベータープログラム・コミュニティラーニング（於チーム北リアス・野田村交流センター）22～24日、「野田村のみなさまの暮らしとお仕事に関するアンケート調査」実施（第3回）（弘前大（李他））
9		新書カフェ（2、8、17日、京都大（大門））、ブッククラブのだ（9、23日、京都大（大門））、北リアス（Zoom）座談会（女性編）（於Zoom）（24日、NVNAD（寺本）、大阪大（渥美・石塚））・現地参加（於生涯学習センター）（24日、大平妙子、小林友美、中野琴子、山田陽子、京都大（大門））
10	チ：映画「浅田家！」の上映開始（2日）	新書カフェ（1、6、13、31日、京都大（大門））、ブッククラブのだ（14、28日、京都大（大門））
11		ブッククラブのだ（11、25日、京都大（大門））、大阪大学未来共生イノベータープログラム・コミュニティラーニング報告会（Zoom）（於チーム北リアス・野田村交流センター）（25日、大阪大（渥美・石塚）、京都大（大門））
12		ブッククラブのだ（9、23日、京都大（大門）） - - - - - - - - - - 『復興のための記憶論：野田村写真返却お茶会のエスノグラフィ』出版（大阪大（宮前））

阪大リーブル 75

東日本大震災と災害ボランティア
岩手県野田村、復興への道

発行日　2021 年 3 月 31 日　初版第 1 刷　〔検印廃止〕

編　者　渥美 公秀・貫牛 利一

発行所　大阪大学出版会
代表者　三成賢次
〒565-0871
大阪府吹田市山田丘 2-7　大阪大学ウエストフロント
電話：06-6877-1614（代表）　FAX：06-6877-1617
URL　http://www.osaka-up.or.jp

印　刷・製　本　株式会社 遊文舎

ISBN 978-4-87259-643-4　C1336

031 夫 源 病 こんなアタシに誰がした 石蔵文信 著 定価 本体1300円+税

032 ああ、誰がシャガールを理解したでしょうか？ 二つの世界間を生き延びたイディッシュ文化の末裔 圀府寺司 編著 CD付 定価 本体2000円+税

033 懐徳堂 懐徳堂ゆかりの絵画 奥平俊六 編著 定価 本体2000円+税

034 試練と成熟 自己変容の哲学 中岡成文 著 定価 本体1900円+税

035 ひとり親家庭を支援するために その現実から支援策を学ぶ 神原文子 編著 定価 本体1900円+税

036 知財インテリジェンス 知識経済社会を生き抜く基本教養 玉井誠一郎 著 定価 本体2000円+税

037 幕末鼓笛隊 土着化する西洋音楽 奥中康人 著 定価 本体1900円+税

038 ヨーゼフ・ラスカと宝塚交響楽団 （付録CD「ヨーゼフ・ラスカの音楽」） 根岸一美 著 定価 本体2000円+税

039 上田秋成 絆としての文芸 飯倉洋一 著 定価 本体2000円+税

040 フランス児童文学のファンタジー 石澤小枝子・高岡厚子・竹田順子 著 定価 本体2200円+税

041 東アジア新世紀 リゾーム型システムの生成 河森正人 著 定価 本体1900円+税

042 芸術と脳 絵画と文学、時間と空間の脳科学 近藤寿人 編 定価 本体2200円+税

043 グローバル社会のコミュニティ防災 多文化共生のさきに 吉富志津代 著 定価 本体1700円+税

044 グローバルヒストリーと帝国 秋田茂・桃木至朗 編 定価 本体2100円+税

045 屏風をひらくとき どこからでも読める日本絵画史入門 奥平俊六 著 定価 本体2100円+税

046 アメリカ文化のサプリメント 多面国家のイメージと現実 森岡裕一 著 定価 本体2100円+税

047 ヘラクレスは繰り返し現われる 夢と不安のギリシア神話 内田次信 著 定価 本体1800円+税

048 アーカイブ・ボランティア 国内の被災地で、そして海外の難民資料を 大西 愛 編 定価 本体1700円+税

049 サッカーボールひとつで社会を変える スポーツを通じた社会開発の現場から 岡田千あき 著 定価 本体2000円+税

050 女たちの満洲 多民族空間を生きて 生田美智子 編 定価 本体2100円+税

051 隕石でわかる宇宙惑星科学 松田准一 著 定価 本体1600円+税

052 むかしの家に学ぶ 登録文化財からの発信 畑田耕一 編著 定価 本体1600円+税

053 奇想天外だから史実 天神伝承を読み解く 髙島幸次 著 定価 本体1800円+税

054 とまどう男たち―生き方編 伊藤公雄・山中浩司 編著 定価 本体1600円+税

055 とまどう男たち―死に方編 大村英昭・山中浩司 編著 定価 本体1500円+税

056 グローバルヒストリーと戦争 秋田茂・桃木至朗 編著 定価 本体2300円+税

057 世阿弥を学び、世阿弥に学ぶ 大槻文藏監修 天野文雄 編集 定価 本体2300円+税

058 古代語の謎を解く II 蜂矢真郷 著 定価 本体2100円+税

059 地震・火山や生物でわかる地球の科学 松田准一 著 定価 本体1600円+税

060 こう読めば面白い！ フランス流日本文学 ―子規から太宰まで― 柏木隆雄 著 定価 本体2100円+税